U0154122

BaLiwakes

跨時代傳唱的部落音符

卑南族音樂靈魂

陸森寶

孫大川 著

國立傳統藝術中心 發行

目錄

序一 親族與土地之愛

　　音樂是國家的文化傳唱，隨著不同種族的融合，台灣擁有豐厚而多元的音樂；原住民族、漢族與先後來到的新住民，都有優美的音樂。這些音樂被傳唱、被留存，讓史料逐漸地完備；同時也透過音樂的再創新，來壯大與延續其發展。

　　卑南族音樂家陸森寶的創作，便是一個極佳的例子。他從卑南族的傳統古調出發，再輔以日治時期師範學校的西式音樂訓練，成功地以卑南族語的歌謠與現代接軌。同時，在他傳世的數十首歌謠作品中，詞意的內容強烈地表達了對於土地、親族的真摯情感：有部落生活的描述、對於前線作戰與即將出嫁的族內青年的祝福、虔誠的宗教禮讚以及歌頌族人賴以生存的土地山林等。今天，他的作品已經成為卑南族的後輩子孫歌唱與創作的靈感源頭，其音樂深深地影響並牽繫著族人的心靈。

　　本會責成國立傳統藝術中心，以「國民音樂家」的角度，將陸森寶的生命史加以研究記載，並向社會大眾推廣其創作作品，同時分別在台北與台東辦理紀念演唱會與研討會。

　　計畫主持人孫大川教授曾經擔任行政院原住民委員會副主委，熟稔各項原住民事務，學識淵博，加上他也是卑南族人，並與陸森寶有姻親關係，透過他洗練的文筆及辛苦的考據，使我們更能夠從陸森寶的處世哲學中，認識他的音樂作品。

　　我們在歷史的微光中，透過音符的力量所散發出的音樂魅力，還予這位時代音樂家應有的歷史桂冠與榮耀，紀念其為部落、為文化、為音樂默默付出的關懷。希望藉著傳記及音樂CD的出版，能夠讓社會大眾更加認識陸森寶——這一民族音樂的瑰寶。

行政院文化建設委員會主任委員　翁金珠

序二　用歌寫史・以愛入世

　　縱觀陸森寶的一生，他的音樂創作一如本書作者所分析比擬，有著集結音符、天主教與會所等「三種皈依」的時代疊影，他的音符也總是可以跳躍在亂世之中的部落，並跨越不同時代而被傳唱。藉由本書，相信讀者可以領略到陸森寶一生無時無刻都在「用歌寫史」，也隨時隨地都在「以愛入世」的豐沛能量與溫柔堅持。

　　陸森寶，1910年生於台東縣卑南族的南王部落，1988年辭世，享年79歲。熱愛音樂創作的陸森寶，終其一生寫了許多的歌謠，歌曲的內容包羅萬象，不僅廣為流行於卑南族各個部落，成為當時卑南族人共同傳唱的歌曲與生活記憶；更成為許許多多的後輩子孫歌唱與創作的靈感源頭，以音樂深深影響並牽繫著族人的心靈，諸如胡德夫、陳建年、紀曉君等卑南族民歌手，從中都可以發現其一脈相承、音樂世代傳承的意味。。

　　本書的出版乃本中心民族音樂保存計畫項下的子計畫，委由「中華民國台灣原住民族文化發展協會」（山海文化雜誌社）規劃執行，包括四項工作：（1）撰述陸森寶先生的生命史。（2）錄製陸森寶先生的音樂創作CD。（3）安排兩場紀念音樂會。（4）舉辦一場小型研討會。

　　傳記的執筆者孫大川教授，不僅是國內的學術菁英，同時也是陸森寶的姻親，親炙過他們那個世代的部落族老，對於歷史的爬梳，當能得心應手；惟在過程中，仍遭遇創作文本的書寫系統中，借用日文、羅馬拼音的卑南語書寫系統之間字義的歧異，增加了不少「追本究源」的功夫。包括山海文化雜誌社、財團法人耕莘文教基金會及國立台灣史前文化博物館對於本項計畫提供的協助，相關執行單位及作者的用心勞力，倍極辛苦，在此一併表示謝忱與敬意。

　　穿越時間的長廊，讓我們共同來感受上一代原住民知識菁英的心靈世界、人格風範及他傳世的優美作品。

國立傳統藝術中心主任　林德福

序三 獻給父親的傳記

我我覺得撰著家父陸森寶先生的傳記是件很困難的工程，因為撰著此書之人必須先具備多項特殊才華，方有能力精確地描述家父的故事和內心世界。首先，必須熟悉卑南族語和日語，因為家父的創作歌詞和親筆自傳等資料，都是以這兩種語言和文字來紀錄的，若不懂這兩種語言就很難繼續探索下去。其次，必須精通中國文學，才可能精確、不失原味地將卑南語和日語翻譯成中文，供讀者知曉。可惜符合這種條件的人極為稀少，尤其是今天的時代，原住民母語流失地相當嚴重，要尋找這樣的人才就更難上加難了。

不過我們很幸運，在這麼不可能的時代裡，文建會竟然還能找到一位精通卑南語、中國文學和略通日語的人才，請他來幫助我們撰寫家父的傳記，這位優秀的人才就是孫大川教授。孫教授也是卑南族人，他自小就生長在卑南族的家庭和族人之中，自然對卑南族文化有相當地瞭解。孫教授也是我的親戚，他是我的表哥，我們兩家的長輩素來保有濃情的互動關係，難怪孫教授對家父早就認識匪淺，這麼說來，孫教授正是撰述家父傳記的最佳人選了。果然今天當我閱讀教授所完成的傳記作品時，令我動容讚嘆！教授觀察入微、心思細膩，的確充分闡述了家父的內心世界。教授也廣博原住民古今中外之事，這學問對追述傳記的歷史源頭大有幫助。

其實，孫教授還沒找我之前，我就已經積極展開整理家父的資料了，我這麼做是為了未雨綢繆，以便有一天機會降臨的時候，我可以立刻充份提供相關之資訊。尤其去年一整年（2006年），我幾乎每天為這件事忙得頭昏腦漲，為什麼頭昏腦漲呢？因為我不懂卑南語和卑南文化習俗，雖然我是他的兒子，但這一方面我真的很慚愧。我的中文書寫能力也很差，連我自己也看不下去，可是，我想光這樣怯懦的話，就什麼事情都做不成了。於是，我硬著頭皮豁出去了，開始認真整理家父殘留的資料。此外還有一件事情，也是帶給我很大的困擾，那就是周遭人士的閒言閒語，在整理資料的過程中一直都有這種聲音。還好，我很感謝我二姊夫陳光榮長老，他精通卑南語和卑南文化，在他鼎力協助之下，我總算克服了諸多不可能的任務。我也很感謝我的姪女林娜鈴小姐，她給我很多加油鼓勵及文書上的協助。

今天，家父的傳記終於大功告成了，我感到無比地欣慰。但願本書能夠永遠存留，並帶給每一位讀者很多的趣味和省思。

陸賢文

序四　寫給那一代的人

　　小時候我常去南王，因為我最小的姨婆agam是老頭目姑拉老的二媳婦，她的夫婿semaliyaw是老頭目的二兒子。小姨婆瘦瘦的、皮膚白皙，我出生不到一歲，她的姐姐也就是我們掌家的姨婆arelabu病逝，她銜命照顧我們一家人。從我記事以來，便對她有很深的印象，她常到賓朗家裡來。老人家牙齒不好，卻又檳榔不離口。她有一個長筒形的小鐵罐，和一隻特殊的小鏟子；每次都先將檳榔塞進小鐵罐，用力鏟幾下之後再放進嘴裡咀嚼。見面的時候，老人家總不忘給我找糖吃，也常塞一些小錢幣到我口袋裡。她是我對祖母印象的原型。

　　因為這個緣故，我很早就認識陸森寶，她的太太陸夏蓮是小姨婆的二女兒。早年我們常有往來，只是小姨婆過世之後我便和他們漸漸疏遠了。直到陸森寶受洗成為天主教徒，我才又經常在教堂裡見到他的身影。他的二女婿陳光榮，是部落裡的傳教士，也是我從小認識、尊敬的老大哥，他娶二表姐陸素英，真是親上加親。印象中陸森寶總是在彌撒過後，召集教友聚集在賓朗天主堂外面走廊上練習他剛完成的聖歌。黑板上掛著他譜寫的大字報，一字一句反覆教唱。

　　民國七十七年三月底我從比利時唸書回來，母親見到我立刻提到陸森寶姨丈過世的消息，還說我出國這段期間，每遇到他總會問起我的狀況，也許他比我母親更了解遊子在外讀書的心情。其實，我出國的那幾年裡，表舅孫德昌校長也過世了，他是陸森寶的高班學長。很早以前，我就有為這些「第一個國家」所培育的知識份子寫傳的念頭，只是忽忽二十年過去了，直到今天才剛剛起步，實在慚愧的很啊……。

　　本書撰述的過程非常辛苦，但我的心志卻出奇的清朗、專注。半年來我訪問陸森寶周圍最親近的人，閱讀他那個時代的資料，一遍又一遍聆聽、校訂他創作的歌曲；少年時代的種種記憶紛紛湧上心頭，一些事、一些人物、一些褪了色的場景，彷彿作夢一樣，依稀呈現眼前。這本傳記，對我而言，因而不僅是獻給我的姨丈陸森寶，也獻給所有那一代的族人，以及那永遠喚不回的部落。

　　我首先要向宋龍生先生表達謝意，如果沒有他對南王部落長期的研究和熱情的整理，我恐怕很難在這麼短的時間內掌握陸森寶所屬的時代。而陳光榮姐夫和陸賢文表弟對陸森寶文件、影音和曲譜資料的詳細整理，也解決了我大部份的難題。

　　《山海》的林宜妙統籌了所有計畫的執行，一如往昔，她總是一肩承擔被我耽誤的後段工作和行政壓力。陳怡君負責最艱鉅的曲譜繕打和大事年表的整理，細膩且又有耐力。在族語、卑南掌故和日語部份，我的大表哥陳雄義是我最堅強的靠山。東華大學老同事簡月真教授代為翻譯若干日語文件，至為感激。而我的哥哥和幾位姐姐們，尤其是二姐孫秀女，常要隨時忍受我分派給他們的工作；其實沒有他們的支持，我什麼也不能做。美編方面，《山海》創刊期間結緣的秀美、明誠，多年後又來拔刀相助，熟悉的感覺歷久彌新。當然這幾個月來我日夜顛倒的工作方式，還得感激內人和小兒子的體諒和配合。

孫大川

跨時代傳唱的部落音符
卑南族音樂靈魂陸森寶

他以音樂為工具，

記錄每一個過程，也讚美每一個過程，

壹・家世與時代

一、台東平原上的卑南社

　　花東縱谷尾端的台東沖積平原上有四個台灣原住民族群，他們分別是排灣族、魯凱族、阿美族和卑南族；其中卑南族人口雖然不多，但卻是該地區最佔勢力且文化關係最爲複雜的一族。日治時代以前，卑南族和許多台灣的原住民族群一樣，都以部落的型態呈現，部落間或存在某種聯結的紐帶，但大都是鬆泛的，部落成員的認同邊界僅及於自己的部落[1]。根據日本學者的調查研究，「卑南族」其實是由八個主要部落組成的（圖1），它們是：

圖1：卑南族村落分布圖（1963年）。引自宋龍生《台灣原住民史・卑南族史篇》，頁7。

[1] 參見孫大川《夾縫中的族群建構：台灣原住民的語言、文化與政治》。台北：聯合文學，2000。

知本社（Tipul）、射馬干社（savakan，今之建和）、呂家望社
（Likavung，今之利嘉）、大巴六九社（tamalakaw，今之泰安）、阿
里擺社（Halipai，今之頂永豐）、北絲鬮社（uLivuLivuk，今之初
鹿）、日奈敷社（pinaseki，即檳榔樹格，今之賓朗）以及卑南社
（puyuma，今之南王），因而日本人常逕稱卑南族為「八社番」[2]。

　　神話傳說中，卑南族起源於一個叫「panapanayan」的地方。
「panapanayan」按卑南語有「出入口」的意思，顯示那可能是卑南
族從海上登陸的地點。知本的卑南人稱之為「ruvuahan」，有「發
祥」、「起源」的意思。這兩個地名，其實都指的是太麻里鄉美和
村海邊附近的山坡上，周圍長滿一叢又一叢高大古老的刺竹。神
話地理以這裡為起點，發展出沿著中央山脈由西南向東北延伸的
石生神話敘述，以及沿著海岸線向東跨過東海岸山脈的竹生神話
系譜[3]。一般都認為石生神話以知本為主社，而竹生神話則以卑南
（南王）為主社。有關這兩種起源神話的解讀，事實上還存在著許
許多多有待解決的課題[4]。不過從卑南族歷史經驗的脈絡來看，石
生和竹生神話多少也反映了台東平原近、現代族群和部落內外變
化的軌跡。

　　早期東部農耕技術的引進，似乎都和屏東、恆春有關。馬淵
東一於一九三〇年代初在屏東豬朥束社和滿州社進行調查，證實
sugarogaro（索卡魯卡魯）部族，乃是由知本舊社（kazekalan）「南
下西進」的卑南族人，他們在恆春、滿州、牡丹一帶建立了相當
的勢力，周旋於排灣族、恆春阿美族、馬卡道族和漢族之間[5]。可
見，至少到一六四〇年代初荷蘭人向東部探索之前，知本社以其
扼守屏東、台東間交通要衝之地利，實際扮演著卑南族各部落乃
至其他族群盟主之角色。

　　不過，荷蘭人開始介入東部事務之後，局面有了微妙的變
化，位處台東平原中心地帶的「卑南社」快速崛起、壯大。荷蘭
文獻中不斷出現的「pimaba」，應該就是漢語所謂的「卑南覓」，也
就是「卑南社」（puyuma）。「卑南覓」可能是族語「puyuma mi」
之記音，表示「我們都是puyuma人」的意思。「mi」是複數（我
們）的人稱代詞。在與卑南社密切合作之下，荷蘭人的的力量得

2 事實上卑南族的部落並不只這
  一些，斑鳩（vangkiu）、龍過
  脈（danadanaw）、寶桑
  （papoLo）亦屬之。
3 石生神話系統包括知本、建
  和、利嘉、泰安、阿里擺和初
  鹿，而竹生神話則包括南王、
  賓朗和寶桑。
4 比如說石生或竹生神話，是不
  是反映了原住民各族或部落遷
  徙來台的不同波次？是不是反
  映了石板文化和竹屋文化的不
  同類型？抑或它是不是高山
  （狩獵）文化與平原（農耕）
  文化不同發展階段的反映？
5 參見宋龍生《台灣原住民史‧
  卑南族史篇》，南投：省文獻
  會，1998。頁16-19；頁205-
  212。

以伸入花東地區，推行「東部集會」。而卑南社人也藉此累積實力，懾服花東一帶的阿美族。清初因協助平定朱一貴、林爽文之亂，卑南社人受到康熙、乾隆的賞賜，因而流傳了「卑南大王」和「進京觀謁」的種種故事。一八九五年，台灣割讓給日本，我們從日本人逕自以「卑南」統括「八社」作族名，便不難想見殖民政府如何重視「卑南社」在地方擁有的實力。直至明治四十一、四十二年（1908~1909），日本政府取消其領導家系向轄內各部落徵收貢租的權力，卑南社才迅速崩解、沒落。

一九六〇年代初，就在卑南族神話起源地ruvuahan的山坡上，族人供奉了傳說中卑南族的三位始祖：「塔巴塔布」、「派魯伍」、「索加索加伍」（圖2）（圖3）。更在竹叢下方豎立了「台灣山地人祖先發祥地」巨石紀念碑（圖4），旁側還分別有建和卑南人、北里排灣人以及都蘭阿美人祭祖的地方。這一方面反映了長久以來台東平原複雜的族群和

圖2（左）、圖3（右）：神話起源地之山坡上供奉了卑南族傳說中的三位始祖。（林宜妙攝）

圖4：巨石紀念碑場景。（林宜妙攝）

文化現實，同時也突顯了這個地區當代原住民重新組合自己主體性和歷史論述的種種努力。石生神話和竹生神話的詮釋糾纏，在新的脈絡和新的焦慮中，不但沒有消失，反而有了新的活力[6]。

二、puyuma：對抗中的團結

　　卑南社的崛起和它持續二、三百年的霸業，其促成的原因當然很多。從過去的歷史紀錄來看，可能是因為卑南社的人擅長藉外力創造槓桿式的優勢。另外，卑南社人似乎頗能接受新事物或外來人。部落裡歷代的重要領導人，對農業技術和新工具的引進，皆不遺餘力。有人推測，「puyuma」這個字的詞根，可能是「uma」，田地的意思。按卑南語構詞的規律，前綴「pu」乃表示位移的使役動詞。換句話說，「pu-uma」有「讓人種田」的意思。如果台東平原近、現代的確朝農耕方向發展的話，擁有土地的卑南社人，被視為「讓人種田」的地主，應該是一件相當自然的事，「puyuma」，極有可能即是「pu-uma」一音之轉[7]。更有趣的是，與「卑南王」故事關係密切的比那來（pinaLai），年輕時不但以「進入婚」方式落籍屏東馬卡道平埔族的部落，學習貿易和農耕，後來還娶了水底寮的漢女。卑南社第二十二代大頭目姑拉老（kuralau），其實是漢人鄭尚的孫子[8]。卑南族耆老因而有一種說法：「卑南人不但接受外來人，甚至還會慷慨地將頭目的位置讓給他們。」[9]此外，也有人認為卑南社人精通巫術招惹不得。

　　這些看法當然都是比較外部性的，有沒有一種內在的組織力量可以解釋卑南社如何維繫總體實力？我們認為以氏族家系（卑南語samauwan）為基礎的嚴格之「會所制度」（卑南語paLakuwan），可能是個關鍵的因素。卑南族其他各部落，是否也普遍具備同樣的組織構造，或許還需要進一步考察，但很清楚的是，卑南社人直到目前仍相對完整地保存了氏族家系和會所制度的持續運作。換句話說，卑南社在表面開放、趨新的同時，內部似乎仍存在一股強大的保守力量，使她在激烈變動的時代裡，始終保有彈性與再生的活力。之所以能夠如此，主要是因為此一保守的力量，乃是建立在一個既分化又統合、既對抗又團結的文化邏輯上，並淋漓盡致地表現在氏族家系和會所制度的運作中。

6 這一波的神話再現，我們傳記的主人翁陸森寶先生也有參與，並創作了好幾首膾炙人口歌謠，詳見附錄三。

7 這是長期精研卑南語的陳雄義（sigimuLi，七十九歲）先生的創見。另參考石德富《台灣卑南語構詞法研究》，北京：中央民族大學博士班論文，2004。頁31-32。

8 參見王河盛等《台東縣史・人物篇》，台東：台東縣政府，2001。頁38-41。其實初鹿著名的領袖馬智禮，也是祖籍福建的漢人。而前台東縣長陳建年，不但娶了彰化縣的漢族妻子，母親也是雲林北港的望族。

9 賓朗陳德清（kiosi，八十歲）族老語。

　　卑南社有六個主要的氏族家系[10]，它們分別是：（1）pasaraaD；（2）baLangatu；（3）sapayan；（4）raera；（5）arasis；（6）Lungadan。這六個氏族原本各自有自己的「會所」（paLakuwan），後來逐漸形成南北兩部的形態，人類學者稱之為對立的「二部組織」（dual organization）。北半部以pasaraaD為首，baLangatu、sapayan屬之，會所為「paTabang」；南半部以raera為首，arasis、Lungadan屬之，會所為「kaLunun」。南北兩部「會所」所轄屬地不同，收穫祭祭祀的方向也有差異。部落性的集體行動，原先以pasaraaD為主導，pinaLai（卑南大王）之後逐漸被raera所取代。不過，所有的集體活動，形式上或儀式上，仍以pasaraaD為優先；南北兩部的關係既對抗競爭又分工合作。這種情形在「少年會所」（Takuban）階段最為突顯。北部少年會所即「Takuban i-ami」，南部少年會所即「Takuban i-timul」（圖5），每年年祭期間（一般習慣稱之為「猴祭」，卑南語mangayangayaw），都有一項南北少年成員「互鬥」（卑南語mapingipingiT）的訓練儀式。在那個

10 宋龍生以母系氏族（clan，卑南語samauwan）和母系世系群（lineage，卑南語saya-mauwan）仔細討論了卑南社的親族團體，認為卑南社至少有二十個氏族及許多包含在其內的母系世系群。陳文德以「領導家系」的概念，扼要統括了卑南社的氏族社會。參見宋龍生《台灣原住民史料彙編4：卑南族的社會與文化》（下冊），南投：省文獻會。頁115-129。陳文德《台東縣史・卑南族篇》，台東：台東縣政府。頁201-203。

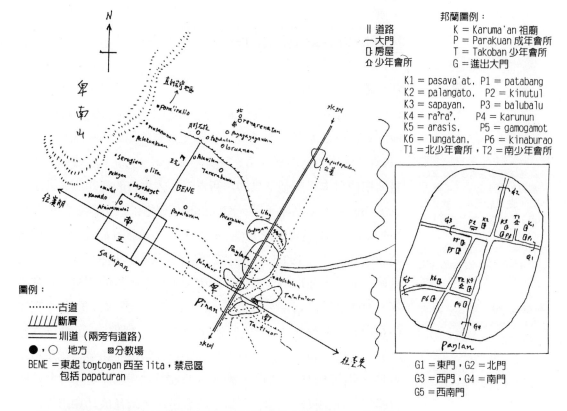

圖5：日據時代初期卑南社的舊址及部落內氏族與會所之大致位置。1929年後則由舊址西遷至今之南王。引自宋龍生《台灣原住民史・卑南族史篇》，頁90。

期間，南北兩會所的成員會彼此視對方為假想敵，遭遇時相互叫陣，繼而陷入集體拼命式的打鬥，或將對方擊倒，或猛抓對方的頭髮。直至雙方精疲力盡，才由一方頭目喊停，戰鬥方得終止。此時，挑戰者之頭目會獻上一塊肥豬油給對方擦身，消除筋肉的酸痛，而另一方則以生薑回贈，雙方言歸舊好，親如手足[11]。

不僅如此，會所是一個年齡階級的組織，十三歲至十八歲左右為「少年會所」（Takubakuban），十八歲至二十歲左右、成年禮之前為勞役階段，之後則進入「成年會所」（paLakuwan）[12]。根據傳統的習俗，即使是同屬一個系統的「少年會所」和「成年會所」，彼此之間仍有分工、競爭的緊張關係。至於不同的年齡層，雖是下對上服從，但上下之間始終存在對立統一的張力。總而言之，卑南社內部，從氏族家系、南北二部、少年與成年會所，到年齡階級組織，在在顯示卑南社是一個既對抗又團結的社會。難怪會有人認為，「puyuma」這個詞的原意有「團結」的意思，是指將六個分別建立且分散的家系和會所，團結在一起的行動[13]。

三、BaLiwakes和他的時代

陸森寶生於明治四十三年（1910）十一月二日，卑南族名為「BaLiwakes」（巴力瓦格斯），「baLi」是「風」的意思，baLiwakes，即旋風，形容陸森寶跑起步來猶如旋風。昭和十六年（1941）他改名為森寶一郎，民國三十五年（1946）改漢名為陸森寶。根據日本人所留下來的戶籍資料，陸森寶的母親原名「ビイン」（biyin），漢名羅美英，屬tarulibak氏族；父親原名「ダパス」（aredapas），漢名羅萬守，屬raera系統的「pakauyan」（圖6）。陸森寶於昭和二年（1927）入台南師範學校就讀，昭和八年（1933）畢業（圖7），並取得台灣公學校甲種本科正教員的資格。昭和八年（1933），任新港公學校（今三民國小）訓導；昭和十三年（1938），任寧埔公學校（今寧埔國小）訓導。昭和十六年（1941），回任新港公學校訓導；同時擔任新港庄新港青年學校指導員，指導棒球、相撲、體操、音樂、文藝等。昭和十八年（1943），任小湊國民學校訓導。終戰後，先留任成功鎮忠孝國小（原小湊國民學校），後接受鄭開宗（Dingsai）之邀，擔任台東農

11 「互鬥」的招數，除了叫陣挑釁之外，另有夜間偷襲騷擾的方式，偷襲者和驅趕者，同樣要纏鬥到精疲力盡。參見宋龍生上揭書，頁175-176。

12 年齡的分級其實是大約的，生理或其他種種因素會使進出年齡階級的歲數上下移動。

13 參閱林豪勳、陳光榮《卑南族神話故事集錦》，台東：台東縣文化中心，1994。又見陳文德〈民族誌與歷史研究的對話：以「卑南族」形成與發展的探討為例〉，刊於台大文史哲學報第59期，台北：台灣大學文學院，2003。頁157。

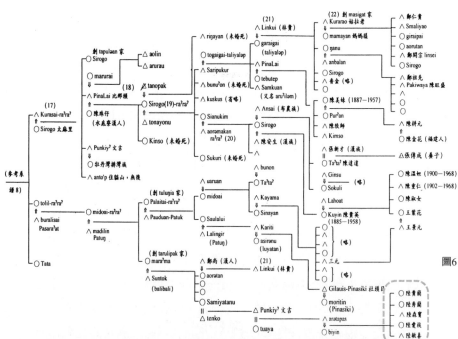

圖6：卑南社近古時期以後的拉拉氏族系譜。引自宋龍生《台灣原住民史・卑南族史篇》，頁221。

圖7：台南師範畢業典禮與全體師生合影。後第二排左三為陸森寶。攝於1933年。（陸賢文提供）

圖8：台東農校擔任體育衛生組長的陸森寶，1954年於畢業紀念冊的留影。（孫來春提供）

校（今國立台東專科學校）之體育和音樂老師（圖8），至民國五十年左右退休[14]。

14 參見王河盛等《台東縣史・人物篇》，台東市：台東縣政府，2001。頁71。民國五十年左右退休後，他仍受聘兼課，又三、四年才完全離開教職。

　　從父母的家系來看，「pakauyan」和「tarulibak」皆屬raera系統，因此陸森寶家族在部落中應該有著一定的地位。不過，陸森寶所屬的時代卻是卑南社大崩解的年代。raera氏族從荷蘭時期至清初pinaLai（卑南大王）崛起，不僅取代了pasaraaD氏族成了卑南社的領導家系，更逐步將整個卑南八社的領導權，從知本社手中移轉過來。然而，一八九五年之後，情況徹底改變了。做為一個已完成現代化且又野心勃勃的日本殖民政府來說，她很快地找到既細膩又有效地掌控台東平原族群或部落政治的手段。一九〇六年陸軍大將佐久間左馬太就任第五任總督之前，懷柔和「國語」（日語）教育的成功推行，不但使原住民第一次經驗到國家實體的存在，也學會了一個可以和外界溝通的共同語言和符號，原住民有了他們的「第一個國語」。一九一〇年（明治四十三年），也就是陸森寶出生的那一年，殖民政府開始縮緊政策，實施「五年理番計畫」，原住民很快地領受到「帝國的威儀」。就在這之前兩年（1908-1909），日本剛取消了卑南社領導家系向轄內各部落徵收貢租的權力，新的行政規畫，動搖了部落原有的權威秩序。此外，國家資本主義對原住民地區土地和產業的支配，以及愈來愈多移入部落的漢族人口，結構性的威脅到部落文化和社會的統一。一九二九年（昭和四年、民國十八年），卑南社在族人和日本政府共同主導下，由原來的台東平原中心地帶向西遷移至今天南王部落之所在地，並定名為「南王」[15]（圖9）。

　　做為領導家系的成員之一，又是少數接受師範教育的部落知識份子，面對這個巨大的變局，他會有什麼樣的想法呢？他曾採取過什麼樣的行動呢？更戲劇性的是，陸森寶一九四五年日本戰敗時，他正值三十五歲之壯年，被迫從他們成長的「第一個國家」、「第一個國語」，重新接受他的「第二個國家」、「第二個國語」。直到他辭世（1988）的那另一段四十三年的歲月裡，他又是怎麼活過來的？他如何回應他那斷裂的世代？他如何面對自己的部落？他又如何教養自己的子女？

　　從一個具體的個人出發，嘗試去深入了解某個族群或部落的變遷，一直是當前原住民研究中極為荒蕪的區塊。這除了是因為台灣學術圈對個人生命史、自傳、日記等的興趣還未達嚴格的學

15 原則上，我們全文將依文章之脈絡交替使用「南王」或「卑南」這兩個社名；為區別起見，一九二九年之後我們直接用「南王」這個新名。

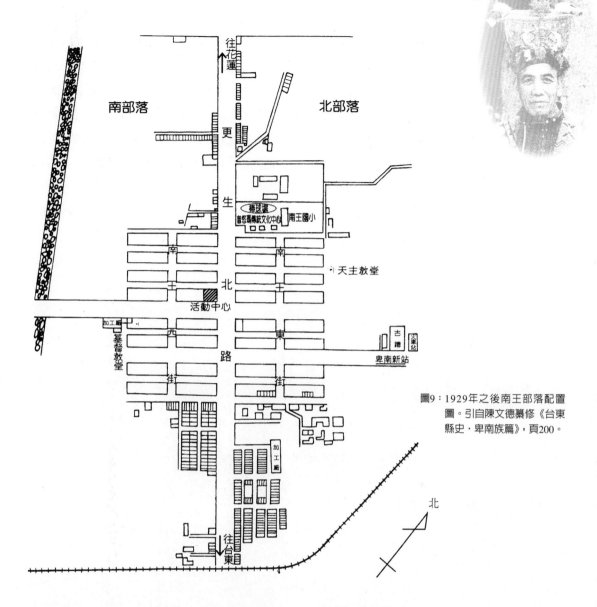

圖9：1929年之後南王部落配置圖。引自陳文德纂修《台東縣史‧卑南族篇》，頁200。

術自覺外，原住民本身也有它特殊的困難在。主要還是語言方面的問題。原住民族語分歧，歷來又沒有通行的語言符號系統，不要說留下來的個人性文件少得可憐，就連一般能顧及到原住民主體性觀點的國家文獻檔案，都不容易獲得。正是因為這個緣故，陸森寶的傳記研究，便顯得格外珍貴。他能說寫流利的日文，又能純熟地使用片假名或平假名來拼寫族語。雖然他留下的日記、書信不多，卻意外地在晚年親筆寫下了他童年的記憶。尤其難得的是，陸森寶一生音樂創作不輟，許多田野報導人甚至描述說他幾乎已到了作曲成痴的狀態。四十三首創作歌曲和其他即興的編創，貫串了他看似平靜又壯闊波瀾的人生。他謹守卑南族用歌寫

史的傳統，記錄了將近一個世紀卑南族人的生活、心情、遭遇、信仰與變遷。他用歌鼓舞了自己的族人，安慰驚慌失措的老人和那流離無根的少年靈魂。他的每一首歌流傳在卑南族每一個部落，成為四、五十歲以上卑南人的共同記憶。他那首感人肺腑的〈美麗的稻穗〉，在胡德夫渾厚嗓音的吟詠下，不但成了民歌時代的一個傳奇，也成了維繫原運世代原住民青年情感的力量。而他最後一首創作曲〈懷念年祭〉，經過「原舞者」的舞台詮釋，彷彿變成了一種召喚，指引不同地方、不同角落的原住民，循聲找回自己回家的路……。

貳‧部落教養

一、寫我少年

　　陸森寶最小的兒子陸賢文在整理父親的資料時，有一段令人驚喜的發現：

　　「我父親陸森寶先生，是在民國七十七年三月二十六日蒙主恩召的。他離開之後，關於他的生平事蹟，都是從他最親信的人口述當中得來的。這些口述資料雖然非常珍貴，但還是令人有些遺憾，遺憾的是：我們仍然不知道陸森寶先生真正的內心世界，以及他真正想告訴我們哪些事情？所以我常想，如果父親能夠留下一份親筆自傳的話，那就太好了！就可以彌補這些遺憾了！可惜沒有這些資料。

　　直到民國九十一年十二月的某一天，我的二哥陸誠惠先生在整理衣櫃的時候，才在父親的衣櫃最底層那裡，發現到這份父親的親筆自傳。為此，我和二哥都非常驚喜。父親過世十四年之後，我們才發現到這份資料。但是接下來，我們又面臨一個大難題，就是我們看不懂這份資料裡面的內容；因為這份資料是用日文平假名寫成的，可是這不是日語，這是卑南語。也就是說，父親用日文平假名來拼寫卑南族的語言。我們卑南族自古以來是沒有文字的，所以我父親只好用這種方式來述說他的故事。父親這種文章，不但我和二哥看不懂，就連卑南族人和日本人都看不懂，大家都陷入在團團的迷霧之中，真不知應該如何是好？……」[16]

　　這一份手稿（圖10）後來在陸

16 見附錄一，頁126。

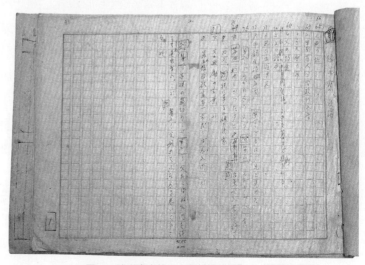

圖10：陸森寶自傳內文目錄原稿圖影。（陸賢文提供）

圖11：陳光榮、陸賢文編譯的《陸森寶親筆自傳》初稿封面。（陸賢文提供）

圖12：《我所知道的陸森寶先生》中有親人們對陸森寶深刻的回憶與懷念。（陸賢文提供）

森寶的二女婿，也就是他最倚重的得力助手陳光榮的協助下完成了初步的中文翻譯工作。陸賢文將其編輯成冊（圖11），不但前面有「編者的話」，後面還有「編者附記」，隨文更細膩、貼心地加上「註釋」和樸實無華的「插圖」，並題作《陸森寶親筆自傳》，以手稿形式流傳於親友之間 [17]。不僅如此，為進一步保存對父親鮮活的記憶，陸賢文還動員、邀約了陸家八位子女，和陸森寶的二女婿陳光榮、有名的外孫陳建年、早期學生曾修花等十一人，撰寫回憶文字，定名作《我所知道的陸森寶先生》[18]（圖12）。這些文稿構成了我們貼近陸森寶生命世界的第一手資料。不過，為求慎重起見，本文在引用陸森寶的親手自傳時，皆逐字逐句重譯了原文，盡可能保留他的語氣和原味 [19]。

　　陸森寶用日文拼寫的族語自傳，是用25×24六百字的稿紙寫的，從目次到結尾共三十頁（圖13）。第二頁右邊起筆處，作者有小字註記：「72. 2. 17朝3時」，可以斷定本自傳是七十二年二月十

17 見附錄一。
18 見附錄二。
19 有關陸森寶親手自傳的處理，本文皆根據此一原則。

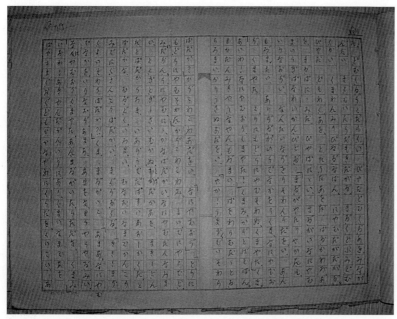

圖13：陸森寶用日文拼寫的族語
　　　自傳內文圖影。（陸賢文
　　　提供）

七日清晨三時開始寫的（圖14）。第三十頁右下方標明：「72. 3.
14」，結尾處又註記：「七五. 八. 七⋯」；可能自傳是在七十二年
三月十四日寫完的，而七十五年八月七日修訂完成。自傳分成八
個段落[20]，內容寫到陸森寶十五歲進入「少年會所」（Takuban）的
階段。小兒子陸賢文這樣推測父親的用意：

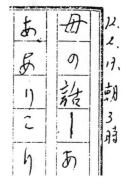

圖14：陸森寶親筆自傳中
　　　註記了起筆的時
　　　間。（陸賢文提供）

　　「我父親陸森寶先生的自傳，只寫到少年會所這裡，至於少
年會所之後的事情，他就隻字未提了。為什麼不繼續寫下去了
呢？依我猜測有兩種可能性：第一，可能是生活中忙事太多的關
係，以致父親找不出空檔時間繼續寫下去。第二，可能是父親不
好意思寫下去，因為再寫下去的話，就會寫到他在師範學校裡唸
書的情形。父親在師範學校那一段時光，正是他生命中最燦爛、
風光的時期，我想父親可能不好意思提起過去的輝煌戰績。所
以，他的自傳只寫到十五歲以前的事情而已。依照父親平時的行
事作風看來，我認為這種謙虛的可能性是很大的，正所謂：『好
漢不提當年勇』。」[21]

親炙過陸森寶本人和他子女的人，一定會欣然接受陸賢文的推
測，因為謙虛、低調、含蓄內斂，不僅是陸森寶性格中最突顯的
一部分，更是兩代陸家子孫共同傳續的風格。

20 陸賢文的譯稿將其分成九個
　　單元，有些單元還加上小標
　　記。
21 見附錄一，頁160。

（左側為手寫日文直書稿，右起左讀）

11.2.18. 朝3時

母の話ー

あみわたくこかの
あみわたくい
あんみわたくこいわまなやを
こりやみわたくい
あありやこりやみわたくい

あさみわたくらまず・とぢきぱいかぱあおわらこわぷくるくまだ
これ思われまいなやんぞい

二、我被父親疼愛

　　在自傳裡，少年陸森寶記憶最深、影響其人格發展最大的，應該就是他的父親阿肋達帕斯（aredapas）。母親畢英（biyin）在追述陸森寶出生時阿肋達帕斯欣喜若狂的情形說：

　　「當我生下你這一個男孩時，感到非常高興，你父親也歡喜莫名。他趕緊燒開水，把你抱起來交給我的母親，我的母親也立刻幫你洗澡。之後，你父親隨即找出自己洗乾淨了的衣服，提起水桶，奔向部落北邊的溪水，為自己淨身。到了溪邊，脫下衣服，躍入水中迅速沖洗，然後盛滿兩水桶，小跑步挑著回家。」（《自傳》；見附錄一，頁127。）

　　母親還提到父親在溪邊洗澡時，充滿象徵性的動作：他一邊沖洗，一邊向祖靈禱祝，告知新生命的到來；用水潑灑頭部、雙臂乃至全身上下，洗滌自己的污穢、罪愆，沖走自己的病痛、勞苦；藉此類比新生的兒子能和淨化後的自己一樣，無邪、健康，穿上乾淨的衣服，面對嶄新的人生。陸森寶撰寫此一自傳時，已經是一個七十五歲的老人，而且是一位虔誠的天主教老教友，文章一開頭便寫下母親在自己出生時的這一段回憶，其宗教涵意是非常明顯的。他彷彿在提醒讀者，基督宗教的受洗儀式，和卑南族的老傳統是一致的。同時，作者也藉著父親的行動含蓄地「預期」自己將有一個不一樣的人生。這樣的「預期」在他自傳稍後談到自己夢見參加射箭大會的段落裡，有更清楚的表達：

　　「我在讀蕃人公學校一年級的時候，有一天晚上作了一個奇怪的夢，夢見大家比賽射弓箭，許多人聚集在一旁觀看。前面四位射箭的人輪流上場，箭一發就掉落眼前；第五位雖成功射出，也只飛到五、六十公尺處便掉落地上。我是第六位出場的，當我把箭射出時，它竟直直飛出去，沒有掉落下來，全場觀眾驚嘆不已……。之後，我們轉移射箭位置。就在這個時候，前方突然出現一張白紙，沒多久那張白紙變成了小鳥的形狀，全場的人『啊嘎！啊嘎！』地驚呼起來。接著那隻小鳥又變成一隻更大的鳥，最後

竟變成一個人形，眾人皆驚叫不已。那個人飄到一艘船頂，就站在桅杆的頂端，船在海面行駛，消失在無際的海平線上……。」（《自傳》；見附錄一，頁130。）

夢見自己射箭技高一籌，又夢見飄揚的紙鳶和站在船頂划向天際的「人」……。作這個夢的主人，顯然對自己有許多的期許；期許自己技壓全場、出類拔萃；期許自己像被風吹起的紙和大鳥自由飛翔；期許自己站在船桅上，雲遊四海……。夢醒之後，夢的主人把夢境講給了父親，父親讚賞地說：

「啊，孩子，這眞是一個好夢，表示你可以跟得上別人，成爲眞正的人！」（《自傳》；見附錄一，頁130。）

從這些跡象來看，父親阿肋達帕斯對陸森寶日後人格特質的形塑，不但具有動力性的啓發作用，而且也是他人格發展的原型[22]。有三個童年的例子，可以讓我們看出這一對父子，如何在生命和人格上相互感應。

第一個例子，陸森寶提到自己在公學校四年級時，有一回全校師生要到知本溫泉遠足，父親因疼惜兒子身體瘦弱矮小[23]，堅決不准他同行。兒子雖然覺得遺憾，卻也深深感受到來自父親的疼愛。有一回，母親要兒子提兩隻水桶到家南邊的大水溝挑水。第一趟回來，父親就叫兒子休息去了。後來，兒子聽到母親罵父親說：「你就是這樣溺愛孩子，人家正在訓練他，你卻從中阻擾，孩子什麼時候才會懂事、能有自己的思想呢？」多年後，陸森寶也做了父親，娶了一位既嚴格又勤勞的妻子。三女兒陸淑英（yomiko）回憶一段高中時代的生活，她說：

「我們從小時候也是被我媽媽的聲音一直念念念……。因爲我媽媽沒讀什麼書，所以從來沒聽她説過你去看書啊什麼的……。那時家裡各式各樣的事情很多，媽媽總是指派這個、指派那個。我從學校回來，要割草、要餵牛……，她看不得我們閒在那裡。工作剛放下，被她看到了，立刻有新的派令下來，反正你不要靜靜的坐在那邊就對了。在這種情況下，我哪裡有時間唸書

[22] 這樣的人格影響力，我們在爾後的章節裡會隨處見到，尤其在陸森寶對妻子、兒女和待人處世的基本態度上，處處浮現父親的影子。

[23] 根據自傳，陸森寶是在大正四年（1915）四月一日入小學的，其實當時他還只是五歲左右的孩子，他是頂替二姐陸秀蘭（inaiLan）入學的，登記作七歲。部落營養環境不佳，又加上早讀，說他瘦弱矮小，應該是實情。

呢？小考、月考、期考一來，根本沒法準備。我只好告訴爸爸，因為他是讀書人，很了解學校的情況。爸爸就會給媽媽講：『孩子讀書的時候，不要叫她做這個、做那個，她要考試啊……。』後來媽媽看我在那裡看書，就會問說：『考試啊？』我說：『是啊，小考。』接著期中考、期末考，還蠻管用的，媽媽也無可奈何……。有時，我其實是在看小說，還好我媽媽看不懂。『明天還要考試？』算了，媽媽只好自己去割草。當然，不是每次啦，我還是常幫媽媽做家事……。」**24**

類似這樣對兒女的體諒和多方迴護，幾乎是孩子們對父親最深的共同記憶。看來，陸森寶的父親怎樣疼愛了他，他也怎樣疼愛著自己的子女。

　　第二個例子，故事很長，自傳中陸森寶花了相當大的篇幅來敘述，每一個細節他都沒有放過。那是他九歲的時候，有一天他和阿姨沙卡普（sakap）一同去放牛。他為了阻止當中一隻不斷去偷吃別人甘蔗的母牛，一怒之下用番刀丟擲洩忿；不料刀子竟不偏不倚砍中母牛的後腳跟，腳筋被砍斷了，那頭牛當場變成了一拐一拐的跛子。這種情況，在當時的部落環境裡，可說是滔天大罪。牛隻不但是主要的勞動工具，也是家裡財富的象徵。闖了禍的少年陸森寶，除了懊惱、害怕、哭泣，哪還敢回家。阿姨沙卡普屢勸無效之下，自己只好先回家去了。直到天黑，陸森寶不得已懷著忐忑的心趕著牛群回家。出乎意料之外地，他進家門時，發現家裡沒有一個人理他，父母親也沒有對他講什麼不好聽的話，就好像沒有發生任何事情一樣，自己因而大大地鬆了一口氣。不過，沒多久他就聽到父母親帶有火藥味的對話，母親顯然在責備父親對兒子的縱容。當兒子走進廚房時，父親果然一手抓住他，狠狠地將他「痛打」一頓。令兒子驚訝地是，棍子打在屁股上竟然一點都不痛，原來父親的「藤條」是用三、四根甘蔗頂端的花梗綁成的，輕柔易斷。儘管如此，父親生氣的樣子仍然令他害怕，放聲大哭，倉皇逃到公學校的花叢裡躲起來。不知實情卻又動了憐憫心的母親，尾隨在後，高聲召喚，勸兒子回家。躲了一陣子，全校烏漆抹黑，天氣又冷，心裡開始感覺毛毛的，只好畏首畏尾地摸回家裡。從縫隙中往裡看，只見大家圍在火堆邊

← 甘蔗的花

← 甘蔗的莖

繪圖：陸賢文

24 陸淑英訪談記錄，二〇〇七年五月二十五日，花蓮。

取暖聊天。父親似乎覺察到兒子回來了，拿起兩根乾蘆葦在火堆中點燃，便帶著火把在房子四周走來走去，找不到兒子只好回到火堆旁。接著父親開始向孩子們講故事，一個親身經歷過的恐怖故事：

「我很小的時候，有一天晚上因故被父親痛打，逃到家外面躲在牆角。可是沒多久，我正前方突然出現了一群鬼，他們的長相很可怕，有的瞎了一隻眼，有的跛腳，有的只顧一直笑，有的跳來跳去……，恐怖極了。過了一會兒，另一個更高大的鬼出現了，青面獠牙，跳來跳去向著我召叫：『來吧！來吧！來吧！』……。」（《自傳》：見附錄一，頁134。）

聽到這裡，少年陸森寶早已魂飛魄散、頭皮發麻，顧不得面子衝進屋子裡，故作鎮定地靠在二姐inaiLan身邊坐下。大家似乎也毫不以為意地繼續取暖聊天，好像忘卻了今天所有發生的事。事情過後的第三天，陸森寶因細故和二姐吵架，二姐抖出了真相：

「你這個膽小鬼，前天晚上原本躲在牆外不肯進來，是在聽了爸爸講鬼故事之後，才嚇得躲進來的，真是膽小鬼。」（《自傳》：見附錄一，頁135。）

至此，兒子才恍然大悟，原來父親的鬼故事是針對自己編的，難怪故事的情節和自己的處境那麼相似，陸森寶除了羞愧、無言，又一次領教了父親獨特的管教方式。有趣的是，這後來也變成了陸森寶管教子女的典型手段。大部份的子女都提到父親是一個很愛、也很會說故事的人，聲音和身體的表情豐富，孩子們不但聽得入神，也常常從中學得教訓或抒發生活中種種苦悶的情緒。他管教子女的細緻方式，可以從他勸導三子陸光朝戒煙的技巧略窺一二，光朝說：

「爸爸很有趣，我每次問他什麼他都不會直接給答案，他非常喜歡迂迴的方式。當兵的時候我有抽煙斗，原則上父親不希望我們抽煙，真要的話，也希望滿二十歲之後才可以。那一次回家，我想我已經二十四歲了，應該可以大大方方的抽煙斗。結果

就在我回部隊的前一天，他說：你抽的煙斗看起來很珍貴，可以借來看看嗎？他拿在手上欣賞、把玩，便帶走了。第二天，我覺得苗頭不對，又不好意思當面向他要回，翻箱倒櫃，就是找不到我的煙斗，我只好悶著頭回部隊去了。從那一次以後，我知道老人家還是不希望我們抽煙。」[25]

不論是用故事迂迴或用實際行動的迂迴，阿肋達帕斯和陸森寶父子兩代都非常重視處理人際關係的技巧，而技巧的背後，當然是對人誠懇和對子女無私的愛。

　　第三個例子，和寬容、正直有關。陸森寶提到自己的父親阿肋達帕斯，在那個時候，一直是部落頭目姑拉老（kuralaw）所倚重的人物。老頭目選了九位「甲長」[26]，部落重大的事，都得召集他們共同商議，最後做出裁決。每次的諮詢會議，姑拉老常指定阿肋達帕斯最先發表意見，頭目相當重視他對事情的見解與判斷。

　　在放牛的少年歲月裡，還有一件影響陸森寶極為深遠的事。有一天，他和八位好友一同去富源山上放牛，巧遇別人家的獵狗逮到一隻山羌。趁四下無人，八個少年決定要將山羌佔為己有，他們趕走了獵狗，奪下山羌，一組一組輪流將牠扛到隱密的樹叢中，喝了牠的血、分了牠的肉，並講好共同的說詞。不過，由於當時陸森寶一眼認出那隻獵狗是他公學校的老師阿納（ana）先生所養的，所以從頭到尾他一直感到不安。回到家裡，父親一問，他便一五一十地把真相全盤招供了。阿肋達帕斯大吃一驚，根據部落的習俗，搶奪別人的獵物是非常嚴重的罪。父親趕緊跑去找老頭目姑拉老，向他坦承報告事情的經過。不久阿納老師也來報案，知道情況之後，透過老頭目的協調，同意網開一面，給孩子們改過自新的機會，事情得以平息下來。這是部落倫理的第一課，阿肋達帕斯以身示範，將對孩子的愛、寬容與正直完美地整合成一體。這樣的自律精神後來也成了陸森寶最突顯的人格特質之一。大兒子陸宗獻在陸森寶過世多年之後，這樣追念自己的父親：

25　陸光朝訪談記錄，二〇〇七年五月十一日，台北。
26　大約像現在的鄰長。

「我們家裡有八個孩子，我排行第四，我上面有三個姐姐，我是長男。可能是長男的關係，所以父親對我很嚴格，尤其操守方面更是嚴格要求。還記得我國小的時候，只要家裡掉了一塊錢，父親就會找我問話，好像每次的主角都是我。我承認自己曾經拿過父親的錢，不曉得是不是有了那個紀錄的緣故，以致日後只要發生類似的事情，父親都會懷疑是我幹的，好幾次我都被冤枉了。（中略）被冤枉之後，我常偷偷地跑到菜園裡哭泣。後來，心思細密、觀察敏銳的父親，察覺得這件事情的嚴重性。於是有一天，父親私下叫我到他跟前，他告訴我說：『你是家中的長男，你的言行舉止一定會影響你的弟妹，我所以對你這麼嚴格，就是要讓你知道以身作則的重要性。』每次回想這一段往事，也讓我感受到父親的愛真偉大。他從來不因為我年紀小，就不跟我講道理。而且，父親自己也確實做到了『言教不如身教』的道理，許多事情他都會以身作則，他嚴謹的生活態度，是我們子女們學習的最佳典範。」[27]

圖15：陸森寶對自己的父母有很深的孺慕之思。1962年清明節陸森寶夫婦在墓園。（陸賢文提供）

三女兒陸淑英想到自己的父親那麼有才華、那麼優秀，文武都行，便猜想他一定非常希望他的八個孩子當中，能有幾個出類拔萃的人。但似乎事與願違。她曾在父親過世之前，感嘆地向他提及這件事，父親的回答很簡單：「至少，我的孩子沒有作奸犯科。」[28] 同樣的話他也曾對大兒子陸宗獻講過，他說：「我所教育的孩子絕對不會變壞，因為我自己做給他們看了！」[29]

透過親筆《自傳》，從小就被父親極為疼愛的陸森寶，在人格上明顯地深受父親教養的影響。少年生活中他與父親互動的種種細節，不僅是他記憶中最牢固的部份，更像酵母一樣，滲透到他整個生命世界，與他的人格發展共鳴、共振。二兒子陸誠惠記錄了父親對祖父母的孺慕之情（圖15）：

「我覺得父親是一個很孝順的孩子，雖然我的祖父母早已不在世間，但是父親每次經過祖父母的墓碑時，父親總是很自然地停下腳步，然後朝墓碑的方向行一鞠躬。其實父親與墓碑的距離還差一百公尺呢！每次看到這一幕，我就很感動。」[30]

27 見附錄二，頁180。
28 見附錄二，頁179。
29 見附錄二，頁185。
30 見附錄二，頁192。

三、我的第一頭牛

比那來（pinaLai）之後的卑南族，開始吸收恆春一帶漢人的農耕技術，台東平原的產業結構也逐漸有了變化。陸森寶的父親在他出生時歡喜地跑到卑南溪沖澡，並挑了兩桶水回來。水桶卑南話稱作「paetang」，「tang」是閩南語，是傳入的新工具，比卑南族傳統的「竹筒」（Lawas）有更大的盛水量。隨之而來的「挑」的技術，也成了卑南人日常生活的一部份。而農耕發達，作為主要勞動力的「牛」，當然扮演著愈來愈吃重的角色。牠不但可以象徵財富，同時也常常變成部落糾紛或犯罪的根源。在卑南公學校之「編年大事紀」中有這樣的記載：

（1）明治三十二年（1899）：三月六日，為偷牛事件，有二名憲兵來校。三月七日，因盜牛事件，黑葛原教諭及二名憲兵前來本校。

（2）明治三十二年（1899）：十月十一日，為盜牛事件，集合呂家社、pinaseki社、卑南社的頭目及通事至傳習所，對糾紛加以調停。十月十二日，決由呂家社給pinaseki社賠償金，賠償以結案。**31**

偷牛的事件可以這樣勞師動眾，可見牛隻在當時就像名牌車子一樣，足以引誘人去冒風險。也正因為如此，農業化以後的卑南社會，畜養牛隻變成家庭裡重要的工作項目，其責任則往往落在少年男童身上，甚至影響其就學的情況。因而少年陸森寶在四年公學校畢業後，也度過了三年的放牛生活。

陸森寶的第一頭牛是一隻母牛，生了兩頭小牛，一隻公的一隻母的。他有時跟著表哥或阿姨到田間牧放，誤砍牛之腳後跟的事，就是和阿姨一同牧放那一次發生的。有時他和部落的少年成組牧放，去的地方較遠，甚至要隔夜露宿，偷山羌那一回的狀況就是如此。他們一共八個人，分別是：巴那外（panawai）、比杜兒（pidur）、古堡（kubaw）、馬度努克（matunuk）、達帕斯（dapas）、吉拉威斯（gilawis）、頂丁（tingting）和陸森寶（BaLiwakes）自

31 宋龍生《卑南公學校與卑南族的發展》。南投：台灣文獻館，2002。頁139-140。《卑南公學校沿革史》之「編年大事紀」是宋龍生根據王葉花女士提供的手抄本整理完成的。

己；牛隻算一算總共有四十多頭，最常去的地方就是富源山上。

對卑南族的孩子來說，放牛固然是農耕生活的反映，但要成為一個眞正的男人，最重要的還是要學習打獵。陸森寶第一次設陷阱捉野兔，就是放牛時他的表哥教導的。而那次較大型的八人野放，則更是集體狩獵行動的模擬。他們都帶著狗，一共二十幾隻。少年陸森寶的狗有兩隻，一隻叫「八腳」（pakiaw）[32]，一隻叫「西巴克」（sibak）。八腳力氣很大，不怕和別人的狗相咬；西巴克擅獵，常捉到田鼠（kuLabaw）。由於富源一帶山羌很多，所以那一回八人都講好了，這次狩獵的目標鎖定在山羌身上。可惜，他們經驗不足，沒能如願，才發生了後來盜取別人獵物的行爲。

即使如此，整個獵殺山羌的過程卻又如實地呈現了部落倫理的若干面向。

繪圖：陸賢文

八個人當中，巴那外、比杜兒和古堡約十三、四歲，已經是少年會所（Takuban）第一年的成員（Takubakuban），另五個人則爲十歲上下。按會所的倫理，三位「Takubakuban」才是放牛、打獵的領導階層，其中又以比杜兒能力最好，他不但是第一個抵達山羌地點的人，也是不斷適時提出高明點子的人。不過，巴那外年齡最大，因此依然是眞正的決策者。大家兩人一組輪流將山羌搬運至隱密地點之後，三位「Takubakuban」負責宰殺的工作。根據獵人的習慣，這隻山羌應該歸屬於第一個抵達者比杜兒的名下，表示這是他的獵物，然後，再由他按規矩分享給大家。但，可能考慮到這是一次不名譽的圍捕行動，爲堵住大家的嘴，除了共飲山羌的鮮血外，也將牠分割成八等份，各自處理。

山羌事件之後，少年陸森寶和另一位伙伴安當（angTan）改到岩灣（wawan）一帶放牧。那段時間，安當的哥哥笛昂（diyang）和陸森寶的叔叔卡斯杜兒（kasetur）以及表哥殷肅（ginsu），正巧也在那附近設工寮工作。他們的工作是用牛車將山上的陶土搬運到山下，送到一個名叫韓巴桑（hangbasang）的漢人那裡，韓巴桑是專門燒製水缸的師父。陸森寶和安當在放牛之餘，常到工寮那

32 卑南語「pakiaw」指花狗。

裡幫三位長輩煮飯燒菜。這也是傳統卑南少年，在野地必須學習的功課之一。藉由煮飯燒菜，孩子們學會辨識各式各樣的野菜，熟悉木材的種類、性質和起火的技巧。有過這類訓練和經歷的卑南人，吃東西的口味大致上都會被傳統食材所決定，舌頭和腸胃終身被祖靈引導。陸森寶的小兒子陸賢文曾談到父親的口味習慣：

> 「父親年老的時候，我曾經問他最喜歡吃什麼山珍海味？喜歡吃中式口味呢？還是西式口味？結果父親回答說：『我比較喜歡吃野菜，尤其是tatukem。』tatukem是一種很普通的野菜，這種菜在鄉下地方到處可見。tatukem即龍葵。」[33]

俗名：過貓。
學名：過溝蕨
卑南族語：paqant

繪圖：陸賢文

工寮的野炊，看來不是童子軍野外求生的將就技藝，它是卑南族部落教養的一部份，讓你的舌頭保有祖先的記憶。

對一個小孩子來說，成群結隊的去放牛，固然是一件熱鬧、刺激又好玩的事，但它同時也暗藏著種種凶險。陸森寶的經驗中，就遭遇過卑南大溪的暴漲，也曾迷了路，更踩到過毒蛇的頭……；只要一個不小心，任何一件事，都可能造成無法挽回的悲劇。所以，放牛的生涯還必須伴隨著某種心志或精神力量的培養。有一回，山上工寮的白米吃完了，陸森寶只好下山回家補給。次日，天剛亮他便扛著背包上山。走在四處無人遼闊的荒野，穿過兩旁被樹叢、竹林掩蓋幽深狹窄的山路，他第一次深刻地經驗到如排山倒海而來的孤獨、寂寞和恐懼的感覺，這是成熟卑南族男人在山上狩獵時，時常要面對的身心狀態。根據部落的教導，這種不依賴別人，以自己的存在本身獨自面對外在世界的勇氣，正是從「少年會所」(Takuban)到「成年會所」(paLakuwan)整個陶成訓練的總目標。與此同時，為排除那看不見的命運和凶險、超越人力所無法克服的界線，族人還得學習一套和自然、和祖靈、和神祇溝通對話的語言和儀式。少年陸森寶當天獨自返回山上工寮的路上，就採取了一種最簡單的儀式：半路上，他隨手折下一根帶葉的樹枝，橫在路中央，然後一腳跨過，他深信這樣可以阻止各種邪靈的跟蹤。

33 見附錄一，頁164。

　　三年放牛的生活，看似瑣碎，卻是陸森寶童年記憶中最飽滿的一頁，他有了新朋友，有更寬廣的活動空間，經歷了一些冒險故事，學會了生活中必需的技能，身心的承受力也擴大了。如果說進入「會所」（Takuban），是卑南族傳統教養正式開始，那麼放牛的那段歲月，無疑是卑南人的學前教育了。從陸森寶的例子來看，「學前教育」對他後來人格的塑造，似乎既自然又有效。

　　十二歲那年多天，陸森寶和放牛的伙伴們開始認真討論今年是否要進入少年會所（Takuban）？馬度努克（matunuk）、達帕斯（dapas）、阿金（akin）和住在部落南邊的吉拉威斯（gilawis）、古興（gusing）等，都決定正式參加。陸森寶因而回家尋求父親的許可。阿肋達帕斯疼惜兒子體格瘦弱，恐怕禁不起「會所」嚴酷的磨練，不太鼓勵他當年加入，父親說：

　　「如果你加入Takuban，你上一級的長輩會交付給你許多的任務，你會疲於奔命。在少年會所裡，即使天氣非常寒冷，你們低年級的仍要打赤膊，只能在下半身圍上短短的藍裙。無論刮風下雨，你們都得當長輩們的跑腿，幫他們回家拿飯盒，帶到會所給他們吃；一定要等到長輩們全部吃飽之後，你們低年級的才可以開始吃飯。不管是白天、晚上甚至三更半夜，你們如果被發現犯了錯，高年級的長輩會立刻叫你們出列，拿棍子來伺候。你們只能順從，站到長輩面前，誠心接受他們的棍棒。而長輩們打人的時候，絕不手軟，打在你們屁股上的聲音，是vek、vek、vek那樣結實的聲音。不過，無論怎樣疼痛，你們都不可哇哇哀叫。」（《自傳》；見附錄一，頁154-155）

繪圖：陸賢文

父親本來想藉對Takuban嚴苛訓練的生動描述，看看能不能讓小兒子知難而退。然而，BaLiwakes（巴力瓦格斯）有他自己的考量。他想到：如果今年自己不和同年紀的伙伴一同進入少年會所，明年他們將高他一級，自己只能任由這些傢伙們擺佈欺負了。為了說服父親，他還想盡辦法博取好友馬度努克家人的支持，得到了入會儀式中必備的短圍裙。父母看兒子意志這麼堅定，便不再阻止了。進入會所那一天，一大清晨馬度努克就來邀約，父親拿起圍裙為他圍上腰際，還給他穿上一件少年專用的傳統小上衣，並正色地說：

「孩子，你即將進入少年會所，今後不管遭到什麼困難和艱辛，都要咬緊牙關忍受下來。長輩無論給你交代什麼樣的任務，或責罰痛打你的屁股，你都不能偷懶或放棄。」（《自傳》；見附錄一，頁156。）

「少年會所」（Takuban）是一棟用竹子和茅草搭蓋起來的椿上建築（圖16），有梯子可以進入上層，那是少年成員們聚會議事、用飯生活的地方（圖17）。中央有火塘，四周有座架，後方有床舖，上方有置物架。空間的配置及使用，都有相應的身份與倫理規範。陸森寶記下了他踏進會所時所經驗的第一件事：

圖17：會所上層便是少年成員起居、生活的地方。引自中研院民族所編譯《番族慣習調查報告書第二卷：阿美族、卑南族》，頁365。影像因背光非常模糊，孫大川略作修復。

圖16：會所之外觀。引自中研院民族所編譯《番族慣習調查報告書第二卷：阿美族、卑南族》，頁363。

「我們跑到會所之後，便沿著梯子爬上去，馬度努克在前，我緊隨在後。當馬度努克一腳踏進會所裡面時，長輩們立刻給他取了一個新的名字叫格拉賽（kelasai），接著也給我一個新的名字叫阿肋力沙樣（arelisayan）。爾後我們彼此都要用這個新的名字，同輩之間直接稱呼原來家族的名字，是不禮貌的事。」（《自傳》；見附錄一，頁156-157。）

會所的命名，象徵這些十二、三歲的卑南少年，即將告別自己的童年，並在「血緣身份」之外，以堅強的意志去贏得自己另一個「部落身份」。從男性地角度來說，進入少年會所之後，這個男人便不再屬於家庭，他對部落或公眾的事務要負起更多的責任。這

除了要培養強烈的團隊意識之外，體能、膽識和各式各樣的戰鬥技能，都是「會所」所擔負的教養使命。父親清晨的訓誨，同時也是以血緣家長的身份，將兒子交付給部落的一種宣示。

其實少年會所成員的召集，通常是在年底芒草花開的時節，先於成年會所舉行「大獵祭」（mangayaw）之前起動；它的召集有

圖18：猴祭中之「刺猴」儀式。
（陸賢文提供）

一個重要的任務，即要完成「猴祭」的儀式（圖18）。猴祭在卑南社稱作「basibas」，有衝破年關的意思。不過，在其他卑南族部落則稱之為「mangayangayaw」，顯示它和成年會所的「大獵祭」關係密切。「mangayangayaw」在構詞上是「mangayaw」的重疊語，有模擬或練習練習的含意。少年會所的成員經過四、五年的養成，即進入苦役階段，離開少年會所成為成年會所最低階的勞役成員，南王人稱之為「miyaputan」，其他部落則稱之為「mivaLisen」，「tan」和「vaLisen」即是對此一過渡階段卑南族男子的專稱，通常它需要通過二至三年的嚴格訓練[34]，才能成為「bangsaran」，即「俊彥」，用一個通俗卻又貼切的說法說，即「帥哥」[35]；同時並晉升「成年會所」（paLakuwan），成為真正的男人。自傳中，陸森寶回憶了他第一次參加猴祭的情形，描述刺猴、棄猴之後，回到「Takuban」受到族人盛裝迎接的心情。四、五位少年沿梯站立，一個接一個，將少女們送來的「havai」（麻糬），遞進會所裡面。「rahan」（祭司）祝禱之後，最高年級即將

34 「miyaputan」的字根是「tan」，「tan」乃對成年男子的專稱，「puetan」為動詞，有使其成年的意思；加上前綴「miya-」，表示狀態「正在進行」，即準備成年的意思。「vaLisen」的字根是「vaLis」，有「轉變」的意思，後綴「-en」成為名詞，指轉變後的那個人；前綴「mi」，亦表示狀態「正在進行」，即正轉變為成年人的意思。前者以「tan」為中心，做詞性的變化；後者強調「轉變」的事實，做詞意的引申。

35 「bangsaran」的字根是「bangsar」，即「帥」、「俊」的意思，後綴「-an」，轉為名詞。

離開少年會所的長輩們，在小頭目的引領下，輪流一個年齡層、一個年齡層地去棒打低年級的晚輩們，做爲惜別的禮物。屁股挨打的少年，痛得面孔扭曲，傷痕瘀血，卻沒有一個人哭出聲音來。陸森寶因爲是初入會所的第一年，可免受皮肉之痛，明年再算。但，即使如此，仍讓他留下膽顫心驚的回憶。

參‧帝國的學校

一、蕃人公學校

日本據台初期，對台灣原住民的政策，主要是以綏撫爲主軸。這當中最核心的任務之一，即是興辦教育，特別是國語（日語）教育，因爲這是掌握其認同釜底抽薪的辦法。第一任總督樺山資紀延攬了與他同屬鹿兒島縣的相良長綱[36]，負責恆春、台東一帶的政務。相良長綱有軍事、農商、外務和教育的資歷，也是樺山資紀原住民綏撫政策的服膺者。一八九五年中，他出任代理恆春支廳長，一八九六年四月二十一日眞除，立即著手創立「恆春國語傳習所」，並設「豬膀束社分教場」，開啓「蕃人」教育的端緒。與此同時，相良長綱也積極籌設「台東國語傳習所」，並於一八九六年五月二十二日率員一千多人登陸台東，與卑南社頭目姑拉老、馬蘭社頭目潘骨力見面，說明「綏撫工作」的重點。一八九七年（明治三十年）五月，地方行政改制，台東獨立設廳，相良長綱被任命爲台東廳長。一八九七年五月十八日，台東國語傳習所獲准設立馬蘭社分教場和卑南社分教場，台東平原進入了另一個新的紀元。部落的教養模式，被迫要去面對一個以帝國爲後盾，強大的現代化教育體制。

卑南社的族老，以姑拉老爲首，對這一新的變化似乎並不排斥，還配合「卑南社分教場」預定校舍用地的張羅。日據時代卑南社的位置，在今南王部落之東南。根據口傳資料，比那來（pinaLai）時代以前，卑南社人聚居在邦蘭（panglan）這個地方，周圍被高大綿密的竹林所圍繞，有六個出入口。原來的六大氏族，各有其祖靈屋，也分別有六個成年會所，以及南、北兩個少年會所。比那來的時代，由於農業的傳入，牛和豬隻的飼養和牛車的進出，很快地挑戰了原來的空間配置，愈來愈多的人移住至部落外面。更嚴重地是，清同治九年至光緒六年之間（1870-1880），台東地區發生了霍亂（或天花）流行的疫情，族人星散四方。疫情過後，大多數的人不再回到邦蘭原址，卻逐漸在其東邊

36 相良長綱，日本九州薩摩藩鹿兒島人，生於仁孝天皇弘化四年（1847），曾任軍職，官拜陸軍大尉。後因病轉任文職（1875），先後在農商務省、書記局、外務省工作，一八八六年並轉入教育界。明治二十八年（1895）六月來台，歷任恆春支廳長、廳長、撫墾署署長、台東支廳長、廳長等職。明治三十七年（1905）三月，肺炎病逝台東。參見王河盛等《台東縣史‧人物篇》，台東市：台東縣政府，2001。頁172-174。又，宋龍生《卑南公學校與卑南族的發展》，南投市：台灣文獻館，2002。頁29-30。

形成「TuwuTuwur」聚落，在其東南邊形成「tatimuL」聚落，在其南邊形成「puwupuer」聚落。這便是日本據台當時卑南社的聚落狀態[37]。

　　最後校舍選擇的地點在TuwuTuwur和tatimuL交界處，大約就在三個聚落的中央地帶[38]。一九四五年之後，學校原址成為舊卑南鄉公所所在地[39]（圖19）（圖20）。一八九七年十一月三日，

圖19：原來的卑南蕃人公學校，戰後成為卑南鄉公所。圖為卑南蕃人公學校師生合影（陳雄義提供）

圖20：原來的卑南蕃人公學校，戰後成為卑南鄉公所。圖為卑南鄉第二屆民選鄉長新舊移接典禮攝影紀念，攝於42年4月1日。（陳雄義提供）

[37] 參見宋龍生《台灣原住民史·卑南族史篇》，南投市：省文獻會，1998。頁223。又，參見圖5。

[38] 宋龍生非常注意校舍選擇在三聚落中央位置的影響力，甚至認為這是對卑南社人傳統「二部組織」的挑戰，可能也是成年會所由原來的六個，接二連三廢弛成兩個的原因。我們認為這恐怕是過度詮釋，卑南族傳統社會的解體有更複雜的結構性因素在。宋龍生的看法，請見前揭書，頁41-43。

[39] 據陳雄義先生告知：「卑南社分教場」後來改稱「卑南蕃人公學校」，一九二九年卑南社西遷至今之「南王」，學校也跟著搬遷至今之「南王國小」，「分教場」原址改作「役場」所在地。一九四九年，則為卑南鄉公所。卑南村、南王村改隸台東市之後，卑南鄉公所遷至太平村，而原鄉公所廢棄迄今。

「台東國語傳習所卑南社分教場」宣告成立，廳長兼傳習所所長相良長綱親自主持開學典禮，現代教育正式在卑南族的社會誕生。開學那一天總共有四十六名學生到校，包括四位女生。他們不都是卑南社的族人，還包括賓朗、初鹿、阿里擺和斑鳩等部落的學生，這都是動員部落頭目、長老等分頭勸導入學的結果。可以想像，「分教場」設立的過程，一定是在殖民政府和部落領導人密切合作的情況下進行的。因而「分教場」對雙方來說，其功能當然不僅是現代知識的傳授而已。我們從《卑南公學校沿革史》的「編年大事紀」來看，大事紀自明治三十年（1897）六月十八日起，至昭和六年（1931）三月三十一日止。所記述的內容，至少到明治三十八年（1905）之前，不少是直接涉入部落非教育性質的事務[40]。之後，這種情況似乎獲得一些釐清，至少學校行政當局，不必再處理譬如某部落牛隻被偷而進行協商、仲裁的記錄。但是，有關國家身體（國體）和對天皇的效忠，卻透過學校各式各樣的課程安排和儀典實踐，偷偷置換了部落的身體。換句話說，日本殖民政府在原住民地區積極籌設「蕃人公學校」的目的，現代知識的傳授是其次的，它其實是帝國威儀的在地臨在，也是部落族人身心規訓的新場所。

　　相良長綱的招生辦法，也包括一些具體可見的誘因。凡前來就學者即發放學生制服及出席津貼，衣服有上衣、褲子、帽子和帶子，津貼則按每日十五錢並依其出席日數比例發給[41]。除此之外，「分教場」對其優秀畢業生進行長時間的追蹤、輔導，使其成為部落的中堅份子。陸森寶入公學校時的阿納（ana）老師，即是明治三十六年（1903）「卑南社分教場」第一屆甲科畢業認定考試第一名的畢業生。而後來成為原住民第一位醫生、國民大會代表、省府委員的南志信（sising），以及留校任教的泰萬（Daiwan）[42]，都是第一屆甲科的優秀學生。一九〇五年「分教場」升格為「卑南公學校」，校務更加穩健，培育了一批又一批具現代視野的卑南族知識份子，較著名的有：陳重仁（ポラギヤン；1902-1968）、鄭開宗（リンサイ；1904-1972）、王葉花（トアナ；1906-1988）和賓朗部落的孫德昌（スウントク；1906-1985）等，當然也包括陸森寶在內；他們應該算是卑南族第一代的知識份子[43]。

40 參見宋龍生《卑南公學校與卑南族的發展》之附錄，頁135-211。

41 同上。頁51-54。

42 泰萬（Daiwan）甲科第一屆畢業考試第一名，留校任職。一九〇三年，學校還替他和他另一位同學chipoka申請入台北醫學校，未果。公學校的「大事紀」，一直到一九一三年七月六日都有與泰萬相關的記事。宋龍生說他後來入婚Lungudan家族的arelavu，遷入pinaseki（賓朗）部落，然後不知其所終。其實arelavu是賓朗paelabang家族的成員，她是我的姨婆laikim（孫來金）。他們生有一子，即taibok，後來離異，不久，抑鬱以終。

43 當然當時還有其他「學校」畢業的卑南精英，如知本公學校的陳實（1901-1973）等。

　　這樣一個新時代的氛圍，定然深深影響了少年陸森寶。大正四年（1915）四月一日，因為父母親不想讓他的二姐陸秀蘭（inaiLan）入學，拿他來頂替。當時陸森寶才五歲多，學校年齡卻被登記作七歲。從陸森寶父母積極主動地爭取兒子提早進入公學校的態度來看，經過將近二十年的經營，日本在原住民地區的基礎教育工作，似乎已經獲得了相當的成果。《自傳》中陸森寶入學的第一個印象是，公學校裡就學的學生許多是二十歲以上的成年人，有的已經十八歲了卻才來上一年級。其實原住民過去都沒有精確計算年齡的方式，日本人來了之後，為了方便戶籍的登錄，大都以目測的方法來推斷年齡。而日據之初的「國語」教育，很大一個部份就是要處理那些還有學習能力的成年「本島人」。因此，根據當時國語傳習所的施行規則，傳習所分甲、乙兩科，甲科以十五歲至三十歲的成年人為對象，乙科則為八歲至十五歲。甲科主要是傳習日語，兼以初步之閱讀與作文，期間約計半年。前文提到的泰萬（Daiwan）入學時十九歲，同學南志信（sising）十八歲。他們當中也有二十一歲的，比如畢業考試成績名列第七名的孫三元（samguan）。乙科的課程除日語外，還包括閱讀、作文、寫字、算術等；同時可以視狀況選加漢文、地理、歷史、唱歌或體操等當中的一個科目，有女學生則得加開裁縫科；修學期限為四年 [44]。陸森寶入學時，雖已是公學校時代了，但原住民地區就學年齡參差不齊的情況，看來和「分教場」時期沒有太大的分別。

　　學校裡有卑南族的老師，那就是阿納（ana）先生，他是「分教場」時代第一屆的畢業生，以雇員的身份留校協助教學。陸森寶提到阿納老師很會教學，有一回為了讓大家瞭解「日出時，太陽冉冉升起」的句意，他雙手比出一個圓形，然後讓圓形從低處慢慢往上升。看他的動作，大家才明白「冉冉」到底是怎麼一回事。每天清晨有朝會，當時的「simada」校長 [45] 先用日語訓話，然後由阿納老師即席用卑南語口頭翻譯。記得有一次的訓話內容是這樣的：

　　「三年級、四年級的同學，明天你們來上學時，務必攜帶這麼大（比手勢）的圓形石頭來，我們要堆砌水溝。」（《自傳》；見附錄一，頁129。）

44 參見宋龍生《卑南公學校與卑南族的發展》，頁8-9。

45 陸森寶親筆自傳中，並未敘明校長之全名，查卑南公學校歷任校長名單，有可能是「島田善吉」先生。

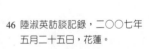

顯然在那個時代，學校常常要借用學生和部落的勞動力或資源來改善校舍。可能年紀還太小的緣故，陸森寶對蕃人公學校的回憶頗為簡略。不過，造成這個結果的原因是，像撿石頭、砌水溝、配合國家儀典、應付從總督到各級大小官員到訪的繁雜「外務」，在有限的教學人力下，四年能有什麼樣令人印象深刻的學習成果，實在很難期待。反而，畢業後三年的放牛生涯，留給他永恆的回憶。

二、我的二姐

　　如母親所期待的一樣，陸森寶在兩個姐姐出生之後，成為阿肋達帕斯的長子。兩個姐姐一生保護、鍾愛她們的這個弟弟（圖21）。大姐陸貴蘭（amiyadang），因口腔癌病逝，二姐陸秀蘭（inaiLan）卻活到一百零一歲（1904-2004），傷痛地看著摯愛的弟弟先自己而去（圖22）。陸森寶的三女兒陸淑英（yomiko）提到父親和兩個姐姐的感情：

　　「爸爸跟我說過，他說他為什麼很用功讀書？後來又為什麼考上台南師範學校？最大的支持來自他的兩個姐姐。她們都非常疼愛他，他的穿著或其他種種，她們都替他打點得好好的。弟弟每次上學，姐姐會把熱水裝在瓶子裡，把弟弟的頭髮燙得漂漂亮亮，讓他乾乾淨淨去上學⋯⋯。」[46]

46 陸淑英訪談記錄，二〇〇七年　五月二十五日，花蓮。

圖22：二姊陸秀蘭，妹妹鄭愛枝哀戚瞻仰陸森寶遺容。攝於1988年。（陸賢文提供）

圖21：陸森寶的姊妹。前排右一小妹鄭（陸）愛枝，右二（坐者）大姊陸桂蘭，右三（坐者）二姊陸秀蘭。後排右一（立者）二姊之長子陸茂昌。約攝於1950年代。（陸賢文提供）

　　《自傳》裡，陸森寶提到二姐的地方很多，除了因砍傷牛隻躲在屋外偷聽到父親講鬼故事，嚇得進屋挨坐在二姐身旁的那次事件外；他之得以進入蕃人公學校，還是因爲頂替二姐而來。鬼故事那一次，後來雖因姐弟吵架，二姐拆穿了眞相；但，驚恐的弟弟衝進姐姐身邊卻裝作若無其事的那一幕，依然令人動容。

　　不僅在蕃人公學校這件事上二姐成全了陸森寶，三年放牛生活之後，弟弟渴望入學台東公學校，inaiLan一路相挺。其實，陸森寶在蕃人公學校四年畢業之後，就有繼續升學的念頭，父親並不答應，理由是他太瘦小，沒有體力每天走路來回於卑南台東之間。另外兩個理由是父親沒有說出來的：一是家裡貧窮，沒錢繳學費；一是家裡需要有人照顧牛隻。不過，每次看人一起去台東考試，求學的念頭便更加強烈。放牛生涯的第二年，他聽說台東公學校很不容易考上，以蕃人公學校的基礎，光憑在家裡自修是不可能考上的。他打聽到卑南蕃人公學校，開辦了專爲升學考試而設的輔導班。他決定去上課。接下來的問題是：牛怎麼辦？後來他想出了一個辦法，就是把牛綁在學校附近，每一節下課跑過去將牛移到有草的另一個區塊。課程只在上午，中午過後，便可以恢復正常的作息。想通了，心情就好多了。不久，輔導班開始上課，巴力瓦格斯（BaLiwakes）這樣描寫當時的情形：

　　「每天早上，我背著背包，跳到母牛背上，呼叫牠的小孩，然後一同去上學。我會直接到『法丟丟』（vaTiuTiul）這個地方，先把母牛綁好，才進入課堂。上課時，我常被母牛『哞〜』的叫聲所驚嚇。牠的叫聲，的確是在呼喊我，提醒我牠的孩子們走遠了。我立刻心情浮躁，小牛走失了，我待會兒去哪裡找牠們呢？直到下課鐘響，其他的人喧鬧、玩耍，只有我用力地跑去看我的牛。先移動母牛，再去驅趕牠的孩子們，讓牠們靠近母親一些。之後，再用力地跑回教室。課間休息的時候，我無法隨其他的人一同嬉戲，光忙著爲我的牛跑來跑去。」（《自傳》；見附錄一，頁148-149。）

　　就這樣熬過了四個月，考試的日期快到了。巴力瓦格斯的心理壓力愈來愈大。考試本身當然是壓力的主要來源，但是怎樣說服父

親讓自己繼續升學？仍然是一件令人頭痛的事。更現實的一個問題是，如果順利考上台東公學校，用什麼錢去買他們規定的漢式制服和鞋子呢？學費的問題又怎麼辦？巴力瓦格斯不敢直接找父親，他把問題一股腦兒丟給了二姐。那一年弟弟十一歲，姐姐十五歲：

「姐姐沉默不語，我心頭便慌亂了起來……。沉吟一會兒，姐姐才說：『弟弟，既然這樣，我們來去拔青菜，然後趁一大清早到台東市街去叫賣。換得了錢，就可以買你的衣服和鞋子了。』我聽姐姐這樣說，當然非常高興，『但，我們要到哪裡去找青菜呢？』我問姐姐。『媽媽說我們田裡邊道路內側有許多青菜，你們可以去取用。』姐姐這樣回答。我們立刻一同去察看，青菜果然長的又好又嫩。二話不說，我們馬上開始拔菜，然後帶回家裡清洗，捆成一把一把的，豎立在水缸下面。那時已經黃昏，姐姐說：『明天我會很早叫醒你，你醒來時要打好精神，我們要把菜帶到台東去賣。』我說：『好！』

第二天一大早，姐姐來叫醒我。她在我的籃子裡裝了五把菜，在自己的籃子裝了八把菜，便一同往台東的方向走去。我們到『sibitai』時 [47]，天色還很暗；到馬蘭時，天剛破曉；抵達台東街上時，則天已大白。我們專門找日本人的住宅去叫賣：『おくさーん、野菜は要りませんか？』（夫人，你需要青菜嗎？）我們用日語這樣探問。她問是什麼？我們說：『おくさーん、野菜は要りませんか？』她又問：『一束なんば？』（多少錢？）我們說：『五錢。』（五毛錢）日本太太看了看，就買了一把。我們問遍了日本人的家屋，她們每一家都給了錢，我們一共賺了六十五錢。隨後，我們還去打聽鞋子的價錢，結果一雙要九十錢，我們尚不足二十五錢。因此，我和姐姐繼續每天到台東賣菜。我們的錢就這樣多起來了，姐姐為我買了一雙圖樣很美的鞋子，我非常高興。我們還一同去縫製一套漢式衣服。我們還沒考試，衣服、鞋子卻都備齊了。不過，我們只能勉力買一套衣服，無法再買換洗的了。然而對於這一點我並不在意，我實在歡喜極了。不久，我隨著大家一起去考試，勉強考上四年級。父親雖然常說，我不可能去上學、不可能趕得上人家；但看我和姐姐每天清晨到台東

47　sibitai，即軍營。

賣菜，毫不懶惰，也就不再說什麼了。」(《自傳》；見附錄一，頁150-151。)

如果沒有二姐inaiLan行動的支持，巴力瓦格斯恐怕永遠無法走向他後來繼續求學之路。《自傳》中提到他和二姐買了一雙圖樣很美的鞋子，心裡特別高興。其實這大概都是早期台灣鄉下孩子共同的經驗，鞋子的香味，令人彷彿觸摸到文明的衣角，讓未來的路輕快起來。不過，對陸森寶來說，這事顯得更加刻骨銘心。原來這並不是巴力瓦格斯第一次擁有鞋子。前一年(十歲)，他和他的朋友安當(angTan)在岩灣放牛，有將近一個月的時間在山上工寮幫叔叔卡斯杜兒(kasetur)、表哥殷肅(ginsu)等煮飯。表哥為了答謝他，送他一雙鞋子(tabi)[48]。巴力瓦格斯試穿在腳上，跑一跑、跳一跳，果然棒極了，今後不必再擔憂腳會被刺傷。接著巴力瓦格斯說：

「第二天我就回家了，目的就是要給爸爸媽媽看我的新鞋。回家的路上，我沒穿上鞋子，而是將它塞進懷裡，顯示自己打從心裡的珍愛和歡喜。我捨不得先穿，覺得該先讓爸爸媽媽看一看。一進家門，我穿上鞋子，展示在他們面前。他們驚喜地說：『哇，孩子！實在太相配了。』二姐inaiLan跟在我後面一邊看一邊說：『弟弟，它真的太適合你了！』我聽了更加歡喜，立刻跑到我朋友達帕斯(dapas)和馬度努克(matunuk)家裡秀一秀。剛巧那天傍晚我們家親戚殺豬，聽人說：任何東西，只要抹上豬血，它就會變得更強更堅固。正好有滿滿一大碗豬血在旁，我分出一點，然後塗刷在我的新鞋子上。之後，將它放在床底下。次日清晨醒來，立刻摸出我的鞋子，卻令我大吃一驚，鞋子竟然被老鼠給咬了。左腳那隻啃噬在鞋面上，情況比較輕，右腳那隻則被咬破了一個洞。且牠們咬啃的地方，大都在鞋子的扣鈕處，鞋子怎麼還能穿呢？我非常傷心，撫摸著我的鞋子哭了起來。那雙鞋子我只穿過一次，就是昨天晚上那麼一次，之後就沒有再穿了……。」(《自傳》；見附錄一，頁147。)

48 註四十八：表哥送的鞋子是「たび」(tabi)，乃日本傳統的布鞋。分兩種：一種是穿在室內的，通常為白色或紫色，可譯為「布襪」；另一種稱作「地下足袋」(じかたび：jikatabi)，黑色，下田工作時穿，可譯為「丫巴鞋」。不過，為了方便大家了解，本文皆譯作一般的鞋子。

從這些少年時代點點滴滴的回憶，我們不難看出二姐inaiLan和弟弟之間深厚的情感(圖23)。民國七十七年(1988)陸森寶先姐姐

而過世，inaiLan傷心極了，有時候還對孩子們碎碎唸說：

「你看你爸爸，說不要抽煙、不要喝酒、不要嚼檳榔，他就是那種人……。看看嘛，那個不抽煙、不喝酒、不吃檳榔的人先走了，我這個愛抽煙、喝酒、吃檳榔的人卻長命百歲、活得好好的啊……。」**49**

陸森寶的小兒子陸賢文也這樣談到她可愛的姑媽：

圖23：陸森寶和二姊情誼至老不衰，圖為陸森寶夫婦（右邊）和二姊inaiLan夫婦攝於1987年12月31日大獵祭迎獵門。次年三月陸森寶辭世，這是他最後一次參加大獵祭。（陸賢文提供）

「我姑媽活到一百多歲。過世前三、四個月，我想她老人家應該很孤獨、寂寞吧？她的眼睛到底怎麼看這個世界呢？我到南王探望她，她在街上檳榔攤旁邊的屋簷下，安靜地坐在小板凳上，看著來來往往的車子。我上前打招呼，並問她在看什麼、想什麼？她高興地說：『我在看馬路上的汽車啊，好有趣喔，車子跑來跑去，有大的、有小的，有各式各樣的車型，也有紅色的、白色的、黑色的……。』她說什麼的時候，便有著不同的表情，讓我覺得她的眼睛所看到的世界好像都是很美好的；我們認為簡單的東西，在她老人家眼裡卻充滿趣味。我想，她一定是一個非常開朗的人。哇，活到一百歲耶。有時候我到她家裡去，她看到我就直接呼叫爸爸的名字，因為大家都說我像爸爸。看她叫我的表情，好像真的在呼叫自己的弟弟一樣，神情充滿懷念。我感到訝異，竟然有這樣一個姐姐……。」**50**

民國九十三年（2004）九月二十日二姐inaiLan過世，她的晚年常和我如今已九十四歲的母親孫貴花（tivitiv）在一起（圖24）（圖25）。陸森寶的妻子是我最小的姨婆鄭美麗（agam）的大女兒（圖26），我們兩家有姻親的關係，長久以來大人們之間時常往來。我有幸偶而得以親炙這些八、九十歲卑南族老人們的餐會，聽她們吟唱古調，訴說部落遙遠的往事，既心疼於她們深沉的寂寞，又羨慕她們純真、圓實而超脫的生命情調。老人家們每回相聚，唱著唱著總不忘唱幾首陸森寶的曲子，像是盤旋在家族記憶中的低迴詠嘆……。

49 陸淑英訪談記錄，二〇〇七年五月二十五日，花蓮。
50 陸賢文訪談記錄，二〇〇七年二月二十四日，台東。

圖24：愛唱歌的老人們。前排左一孫貴花（tivitiv），左二陸秀蘭（inaiLan），右一南靜英，右二鄭愛校。攝於2000年，元月19日。（孫大川提供）

圖25：陸森寶的二姊陸秀蘭（inaiLan）（右一）與孫貴花（tivitiv）（右二）晚年常常相伴一起。（孫大川提供）

圖26：陸森寶的岳母鄭美麗（agam）晚年。她是賓朗人，為paelabang家族的成員。（孫大川提供）

三、台南師範

　　台東公學校的前身，即一八九七年設立的「台東國語傳習所」，首任校長即台東廳長相良長綱；一九○五年改制為六年制公學校。早期日本殖民政府將初等教育工作分雙軌，台灣孩童進「公學校」，日本孩童進「小學校」，原住民則另有體系（蕃人公學

校)。台東公學校原址位於今台東縣政府南邊，即後來的東師附小、東師實小[51]。

在二姐inaiLan的全力支持下，陸森寶考進台東公學校四年級，與一般漢人競爭。親筆自傳手稿中（第九頁），陸森寶自擬了一份非常簡單的年譜（圖27），註記他從五歲至二十二歲的主要經歷。十二歲考進台東公學校插班四年級，三年後完成後半段的學程（十四歲）（圖28）。不過，值得注意的是，手稿中十五歲那一年，他仍留在台東公學校，並註明高一。顯然，陸森寶有繼續升學的打算。根據大正十一年（1922）「台灣教育令」的新規定，公學校得設兩年制高等科及兩年制補習科，提供那些想繼續升學的六年制公學校畢業生或同等學歷者就讀。據說，陸森寶在台東公學校讀書的後幾年，曾在日本籍校長[52]家中幫傭打雜，一方面賺取學費，另一方面也沾染濃厚的求學氛圍。果然，兩年後（1927），他和校長的兒子一同考上台南師範學校，那年台東地區只有他們兩位考取，巴力瓦格斯，則是他們那一屆唯一的原住民[53]。

圖27：陸森寶自擬的年譜——見自傳手稿（陸賢文提供）

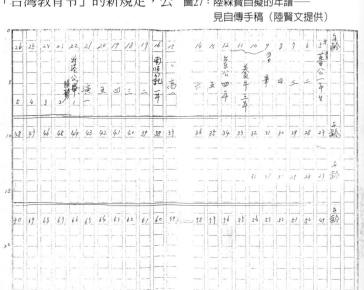

圖28：台東公學校畢業合影，前二排右四為陸森寶。攝於1927年3月。（陸賢文提供）

51 李雄揮纂修《台東縣史·文教篇》，台東市：台東縣政府；2001。頁49-57；頁124-130。

52 查日據時期台東公學校歷任校長名單，這位校長可能是迫田修先生，他是鹿兒島人，大正十二年（1923）七月至昭和四年（1929）之間任台東公學校校長，並於次年調任卑南公學校校長。

53 陸淑英訪談記錄，二〇〇七年五月二十五日，花蓮。又請參閱劉美蓮《台灣兒歌與民謠之旅》，台北：台北音樂教育學會，1999，頁61-62。

日本殖民政府據台的初期，爲能快速掌握民心，其教育政策之著重點主要在「國語」（日語）普及化之推動上。在當時總督府「學務部」代理部長伊澤修二的規劃下，將教育分爲「應急事業」和「永久事業」兩個部份。應急事業主要爲培育講習員，用最短的時間培育各地方的小學校長、教員和國語傳習所所長及教員。講習員之入學資格爲曾經擔任過日本本土的小學校本科正教員，身體狀態良好，並可在台灣本島從事五年以上的教職工作者，培訓時間約六個月。講習員的培訓前後共舉辦七屆（1896-1901），共二百六十四名畢業生，他們大都成爲台灣日式教育的第一線先鋒[54]。「永久事業」的主要內容，即要設立國語學校和師範學校，做爲未來教育長遠發展的骨幹。明治二十九年（1896）四月先成立國語學校師範部，以培育國語傳習所和公學校的日籍教員爲目的，在日本本土招生，來台後實施二年教育。明治三十一年（1898）七月，發佈「公學校令」，明文規定應在台灣各地設立「公學校」，導致原國語學校師範部無法應付龐大的師資需求。因此總督府乃於明治三十二年（1899）四月創設以培育台籍公學校教員爲主的師範學校。師範教育體系因而形成雙軌：一爲日本人爲主的國語學校師範部，一爲台灣爲主的師範學校[55]。當時設立的師範學校有台北師範學校、台中師範學校和台南師範學校。其間，因就學狀況不佳，三所師範學校分別在明治三十五年（1902）、三十七年（1904）廢除，並將其工作併入國語學校師範部，分甲科、乙科。甲科負責原來的日籍教員之培育，乙科則繼續以培育台灣籍教員爲主[56]。

直到大正八年（1919），由於受到台灣島內廢除六三法運動，以及日本內地延長主義思潮的影響，使得當時的總督明石元二郎不得不轉而支持同化主義[57]，發佈「台灣教育令」，台北師範學校和台南師範學校重新設立。同年十月田健治郎出任台灣第一任文官總督，他於大正十一年（1922）二月進一步修訂「台灣教育令」，廢除了將台灣人和日本人在教育上區別的政策，長久以來的教育雙軌制，終於轉變成日台一體的單軌制。新修訂的「台灣教育令」，規定師範學校設置小學師範部及公學師範部。修業年限爲普通科五年、演習科一年，共六年。陸森寶昭和二年（1927）進入台南師範（圖29），接受的教育正是此一日、台「共學」方針下

54 李園會著《日據時期台灣師範教育制度》，台北市：南天，1997。頁12-37。

55 同上，頁2。

56 同上，頁13。

57 所謂廢除六三法運動，是大正七年（1918）夏天林獻堂等人在東京發起的運動，主要是要求將台灣納入日本帝國憲法體系的運動。「六三法」給予台灣總督制訂不同於日本本土的法律，是一切差別待遇的源頭。「內地延長主義」是日本受一次大戰後民族自決及民主主義思潮的影響所引發的運動；反對將台灣視爲殖民地，標榜日台融合、一視同仁。參見遠流台灣館編著《台灣史小事典》，台北市：遠流：2000。頁124，126。

圖29：陸森寶入學台南師範時，
　　　新生與導師合影。前排右
　　　一（坐者）為陸森寶。
　　　（陸賢文提供）

的現代教育。

　　在《自傳》和親友的回憶文字中，有關陸森寶在台南師範求
學的情況，我們只能看到一些簡略、籠統又零碎的記錄。不但他
個人的書籍、書信和文件在他死後大量流失，甚至台南師範學校
的檔案資料也所剩無幾；再加上和他同輩的好友大都亡故，我們
很難對他這段時期的生涯細節，進行確實的復原 [58]。他的小兒子
陸賢文，在和姐夫陳光榮合譯父親的親筆自傳之後，於〈編者附
記〉中有這麼一段文字：

　　「我父親是在十五歲那一年 [59]，以優異的成績考上台南師範
學校的，當時全校只有他一個人是原住民學生 [60]。他在學校裡，
首次接觸到鋼琴，並對鋼琴產生濃厚的興趣，後來他得到全校鋼
琴比賽冠軍。有一次，日本天皇的弟弟 [61] 到台南訪問，我父親被
學校推選出來，代表所有中等學校，以鋼琴演奏的方式來迎接貴
賓。（中略）。後來，校長在介紹我父親的時候，還講了一段令人
印象深刻的讚美，校長說：『他不是日本人，也不是漢人，他是
真正生長在台灣的人，他的能力比一般人強，他的名字叫巴力瓦
格斯。』

　　父親除了音樂才華之外，在運動方面也有很傑出的表現。他
打破當時台灣中等學校四百公尺的紀錄，並且得到鐵餅、標槍等
五項第一名的成績。（中略）。我們都知道，父親還在台東家鄉放

58 爾後如何循線找到日本方面
　的資料，恐怕是未來研究陸
　森寶唯一可行的道路。我們
　這次只蒐集到兩封他日本同
　學的信件，正嘗試以它們為
　基礎，進行日本方面的調
　查，成敗未卜。
59 陸森寶入學時應為十七歲。
60 陸森寶可能是班上唯一的原
　住民，但他前後屆仍有原住
　民的子弟在台南師範就學，
　雖然人數不多。
61 當時來訪者應為裕仁天皇的
　叔叔朝香宮鳩彥親王。

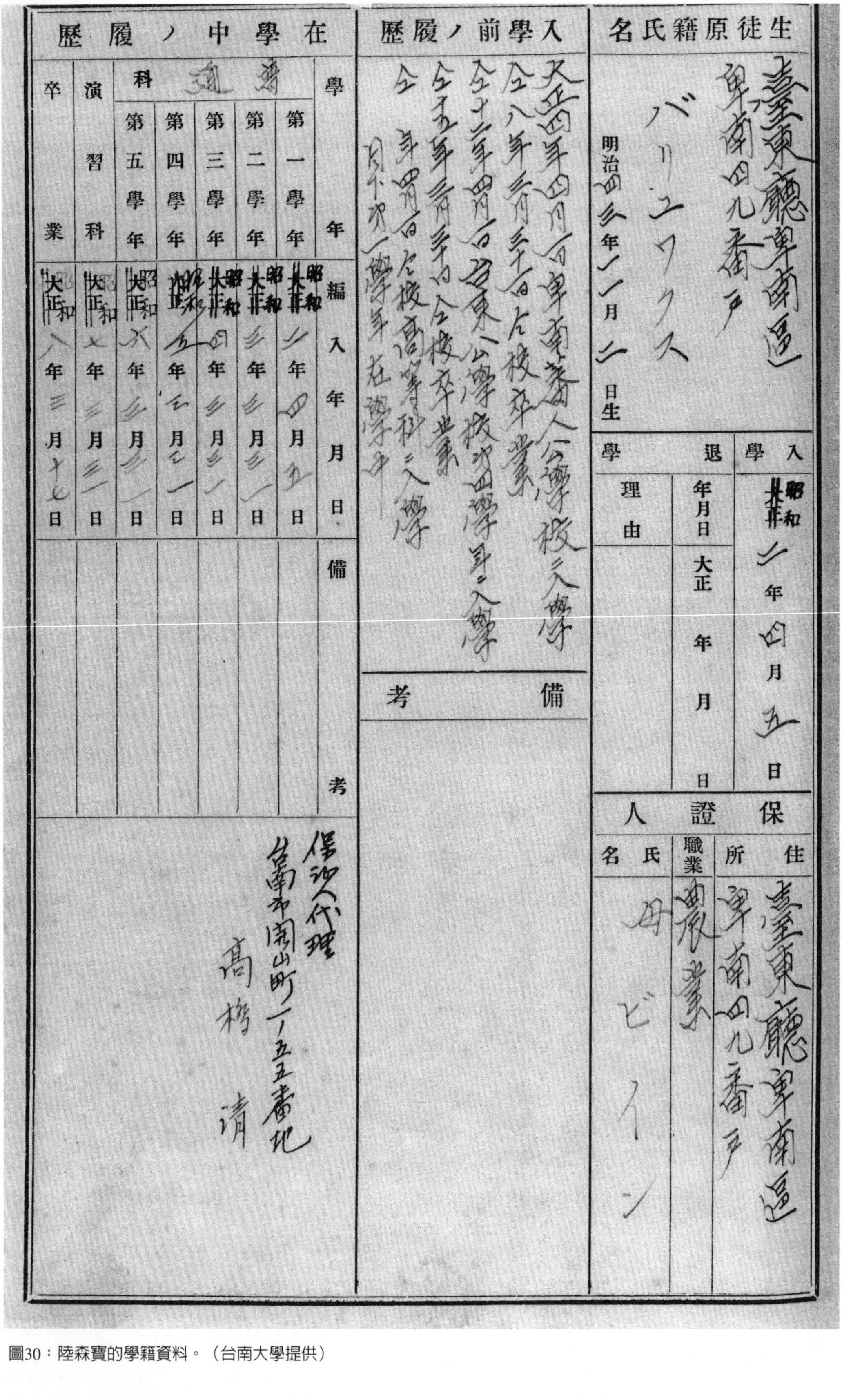

BaLiwakes

| 在　學　中　ノ　履　歷 | 入　學　前　ノ　履　歷 | 生徒原籍氏名 |

生徒原籍氏名

臺東廳卑南區
卑南四九番戶

バリワクス

明治四三年一一月二日生

入學　昭和二年四月五日

退學　年月日　大正　年　月　日

學理由

備考

保證人

住所	職業	氏名
臺東廳卑南區 卑南四九番戶	農業	母 ビイン

入學前ノ履歷

大正四年四月一日卑南蕃人公學校ニ入學
大正八年三月三十一日左校卒業
大正十二年四月一日臺東公學校高等科四學年ヨリ入學
大正十三年三月三十一日左校卒業
昭和年月日左校高等科ニ入學
一學年在學中

備考

在學中ノ履歷

科　通譯

學年	編入年月日	備考
第一學年	昭和二年四月五日	
第二學年	昭和三年　月　日	
第三學年	昭和四年　月　日	
第四學年	昭和七年三月　日	
第五學年	昭和八年三月十七日	
演習科		
卒業		

保護人代理
臺東南山町一五番地
高橋清

圖30：陸森寶的學籍資料。（台南大學提供）

牛的時候，他是連一雙鞋子都買不起的小孩。他的父親（我的祖父）也對他說：『你這又矮又瘦的身材，是絕對無法持續走路到台東公學校唸書的。』可是誰知道，後來這瘦弱的小孩竟然成爲運動場上所向無敵的黑馬。」（《自傳》；見附錄一，頁160-161。）

這雖然是兩段非常簡略的文字，但是大體上已相當清楚地勾勒出陸森寶在台南師範學校學習、生活和表現的梗概。底下我們便從他自己留下的一些影像資料，嘗試拼湊他在台南師範的生命軌跡。

根據陸森寶的學籍資料（圖30），他是昭和二年（1927）四月五日入學的，姓名記作「バリユワクス」，保證人是母親「ビイン」。入學前的履歷：

· 大正四年四月一日卑南蕃人公學校入學。
· 大正八年三月三十一日同校卒業。
· 大正十二年四月一日台東公學校第四學年入學。
· 大正十五年三月三十（一）日同校卒業。
· 同年四月一日同校高等科入學。
· 目下第一學年在學中。

這些記錄，讓我們對陸森寶的求學歷程一目了然。而他在台南師範學校先入普通科五年，再入演習科一年，於昭和八年（1933）畢業。有關他在學業和操行方面的成績，在缺乏任何資料的情況下，我們無從敘述。不過，在他過世之後，有一封來自日本友人的慰問信，以及一篇追念的文章，可以給我們一個第一手直接又鮮明的線索。

慰問信是陸森寶台南師範學校六年同班同學盛福秀寫來的（圖31）。盛福秀是日本鹿兒島人，戰後多次返台訪友，陸森寶是他探訪的好友之一。他的信是這樣寫的（圖32）：

「夏蓮夫人：

驟聞陸森寶先生辭世，令我震驚不已。由衷地敬呈哀悼之

序次	氏　名	出身 州廳	學校	年齡
1	陳　水	澎湖	高雄一公	22.6
2	蔡得員	高雄	琉球公	22.3
3	バリヲワクス	臺東	臺東公	21.6
4	鍾德榮	高雄	內埔公	21.2
5	呂元強	同	旗山一公	21.0
6	魏秋福	臺中	豐原公	20.10
7	謝萬水	臺南	嘉義二公	20.10
8	許火龍	同	臺南二公	20.6
9	洪松煌	同	嘉義一公	20.5
10	林瑢庚	高雄	湖內二公	20.4
11	大江道尚	福岡	恒春小	20.4
12	鄭燕南	臺南	朴子公	20.3
13	陳枝留	同	鹽水公	20.2
14	蔡子寬	同	北港公	20.2
15	劉清祥	高雄	小池角公	20.2
16	林仁和	同	左營一公	20.0
17	陳瓊遠	同	臺東公	19.11
18	郭漢傑	臺南	麻豆公	19.8
19	竹田一郎	廣島	新營小	19.8
20	石山惠雄	山形	六小	19.8
21	宇木實	佐賀	新營小	19.8
22	鄭席珍	臺南	麻豆公	19.7
23	黃楓橋	同	附公	19.6
24	王萬洲	同	新化公	19.6
25	陳培堯	同	新化農補	19.5
26	蔡榮霖	高雄	旗山小	19.4
27	黃謙遜	臺南	斗六小	19.4
28	櫻井健一	兵庫	臺南高小	18.11
29	陳鴻章	臺南	斗六小	18.6
30	入村省二	新潟	南門小	18.2
31	佐藤一雄	愛知	花園小	18.0
32	北崎剛	大分	南門小	17.9
33	福田清	福岡	旗山小	17.4
34	盛福秀	鹿兒島	花園小	17.2

圖31：這是陸森寶同班同學之名錄，34號即盛福秀先生。3號為陸森寶。入學時間記作大正十三年度入學，與其他資料不符。（台南大學提供）

意。想到夫人以及家屬們的悲傷，真不知該說什麼來表達我們內心的哀悼。

回想起來，BaLi桑（我們班同學都叫BaLiwakes君為BaLi桑）和我們共同進入台南師範就讀是昭和二年，距今六十年前的事了。六年的歲月，我們一同住在學校宿舍，吃同鍋飯，一起玩耍，也一起唸書。我們感情猶如兄弟。

BaLi桑個性溫厚篤實又有愛心，深受全班同學的尊敬。特別是在運動和音樂方面他才華出眾，還曾在蒞臨南師的宮殿下

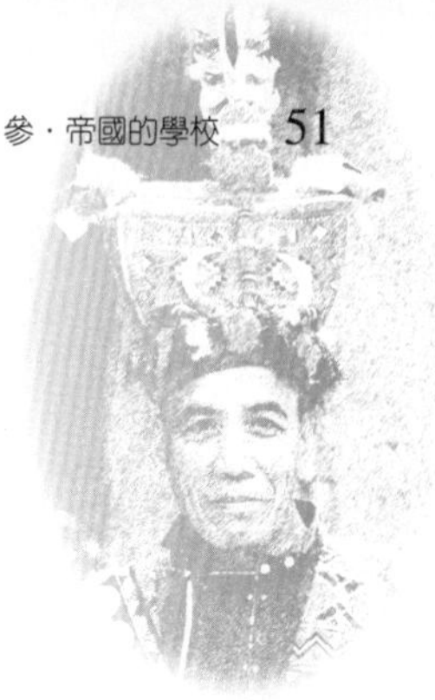

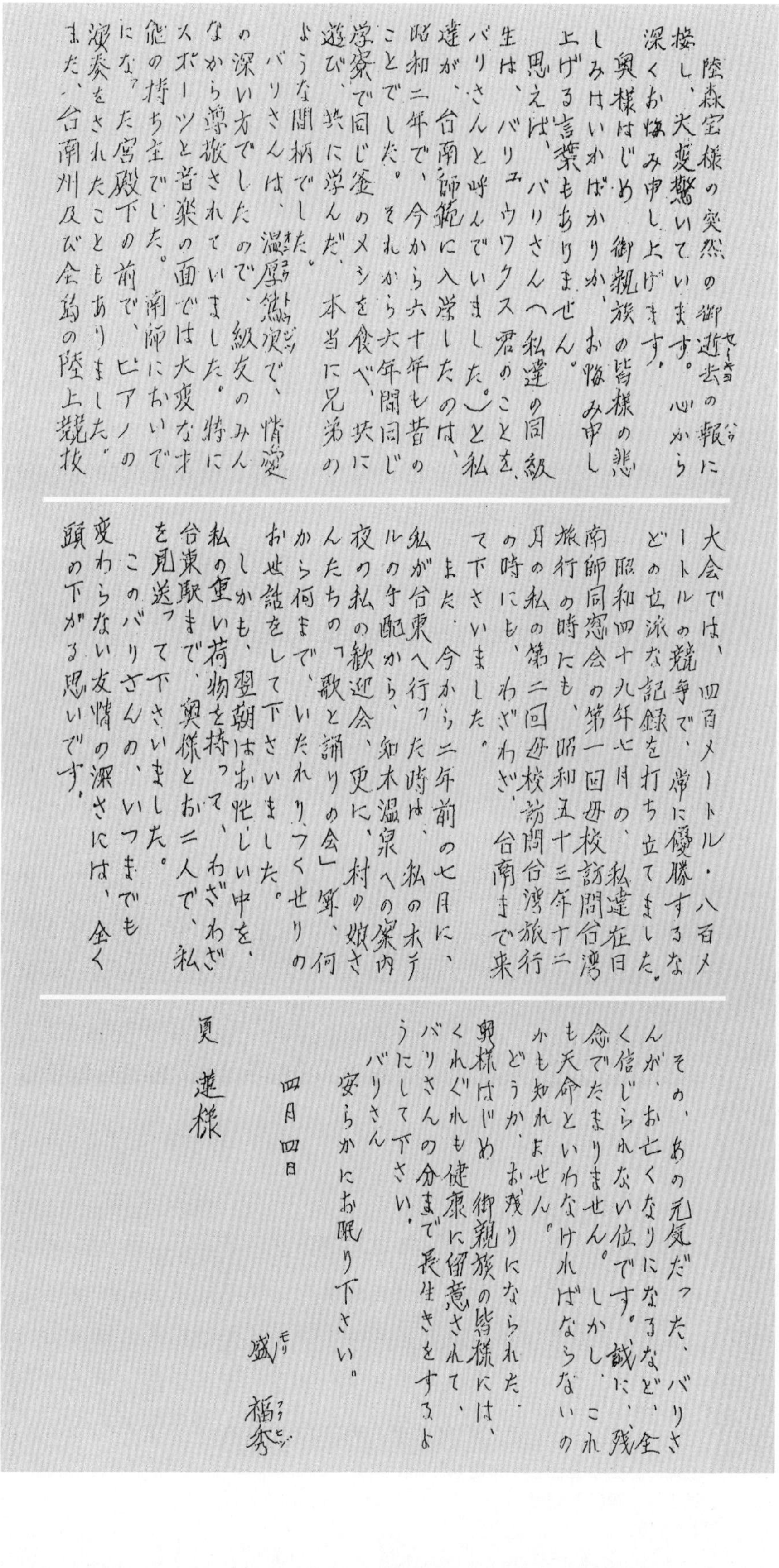

陸森宝様の突然の御逝去(セイキョ)の報(ホウ)に
接し、大変驚いています。心から
深くお悔み申し上げます。
奥様はじめ御親族の皆様の悲
しみはいかばかりか、お悔み申し
上げる言葉もありません。
思えば、バリさん（私達の同級
生は、バリュウワクス君のことを、
バリさんと呼んでいました。）と私
達が、台南師範に入学したのは、
昭和二年で、今から六十年も昔の
ことでした。それから六年間同じ
学寮で同じ釜のメシを食べ、共に
遊び、共に学んだ、本当に兄弟の
ような間柄でした。
バリさんは、温厚篤実(オンコウトクジツ)で、情愛
の深い方でしたので、級友のみん
なから尊敬されていました。特に
スポーツと音楽の面では大変な才
能の持ち主でした。南師においで
になった宮殿下の前で、ピアノの
演奏をされたこともありました。
また、台南州及び全島の陸上競技
大会では、四百メートル・八百メ
ートルの競争で、常に優勝するな
どの立派な記録を打ち立てました。
昭和四十九年七月の、私達在日
南師同窓会の第一回母校訪問台湾
旅行の時にも、昭和五十三年十二
月の私の第二回母校訪問台湾旅行
の時にも、わざわざ、台南まで来
て下さいました。
また、今から二年前の七月に、
私が台東へ行った時は、私のホテ
ルの手配から、知本温泉への案内
夜の私の歓迎会、更に、村の娘さ
んたちの「歌と踊りの会」等、何
から何まで、いたれりつくせりの
お世話をして下さいました。
しかも、翌朝はお忙しい中を、
私の重い荷物を持って、わざわざ
台東駅まで、奥様とお二人で、私
を見送って下さいました。
このバリさんの、いつまでも
変わらない友情の深さには、全く
頭の下がる思いです。
その、あの元気だった、バリさ
んが、お亡くなりになるなど、全
く信じられない位です。誠に、残
念でたまりません。しかし、これ
も天命といわなければならないの
かも知れません。
どうか、お残りになられた、
奥様はじめ御親族の皆様には、
くれぐれも健康に留意されて、
バリさんの分まで長生きをするよ
うにして下さい。
バリさん
安らかにお眠り下さい。
四月四日
盛(モリ) 福秀(フクヒデ)
夏 遊様

圖32：陸森寶日本同班同學盛福秀慰問信原件。（陸賢文提供）

面前演奏鋼琴。在台南州及全島的陸上競技大會上，不論四百公尺或八百公尺競賽，他總是得冠，寫下輝煌的紀錄。

昭和四十九年七月，我們在日南師同學會第一次訪問母校時；以及昭和五十三年十二月我第二次訪問母校時，BaLi桑都特地趕到台南來。

距今兩年前的七月，我造訪台東，他為我安排住宿，帶我到知本溫泉，晚上開歡迎宴會，還邀我去參加村裡婦女的『歌舞會』[62]，對我照顧的無微不至。而且，隔天早上還在百忙之中抽空為我搬運我厚重的行李，並和夫人到台東火車站送我。BaLi桑這份恆久不渝的友誼深情，令我感佩不已。

我真不敢相信那位健康硬朗的BaLi桑已經過世了，我實在感到無比的惋惜。不過，這也許是天命吧。

夫人及各位家屬，為了BaLi桑，請務必注意身體的健康，長命百歲。

BaLi桑，敬請安息！

盛　福秀　四月四日」[63]

　　另一篇紀念文章，是陸森寶台南師範的學弟杉田市郎（圖33）寫的，收在他的文集《足跡》（《あしあと》）一書中（圖34），篇名題作「バリワクス先生のこと」（圖35）：

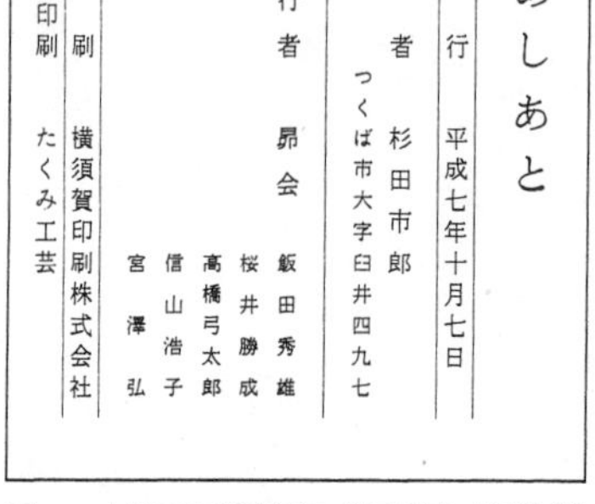

　　「平成三年十二月下旬，我收到一封寄自台灣台東市署夏蓮的來信。信封上的確是寫著我的地址，但是我對這位名為夏蓮的人卻毫無印象。打開信一看，驚覺這竟是台灣友人陸森寶老師的訃文，而夏蓮正是陸夫人之名。

62 可能是七月份收穫祭部落婦女的樂舞吟唱；也可能是陸森寶特別安排的部落歡迎會。
63 信由國立東華大學民族語言與傳播學系的簡月真教授翻譯。

圖33：杉田市郎夫婦（前排）與陸森寶的表弟許乃吟夫婦（後排）在日本合照。（陸賢文提供）

あしあと

発行　平成七年十月七日
著者　杉田市郎
　　　つくば市大字臼井四九七
発行者　昴会
　　　飯田秀雄
　　　桜井勝成
　　　高橋弓太郎
　　　信山浩子
　　　宮澤弘
印刷　横須賀印刷株式会社
表紙印刷　たくみ工芸

圖34：杉田市郎著作《足跡》的版權頁。（陸賢文提供）

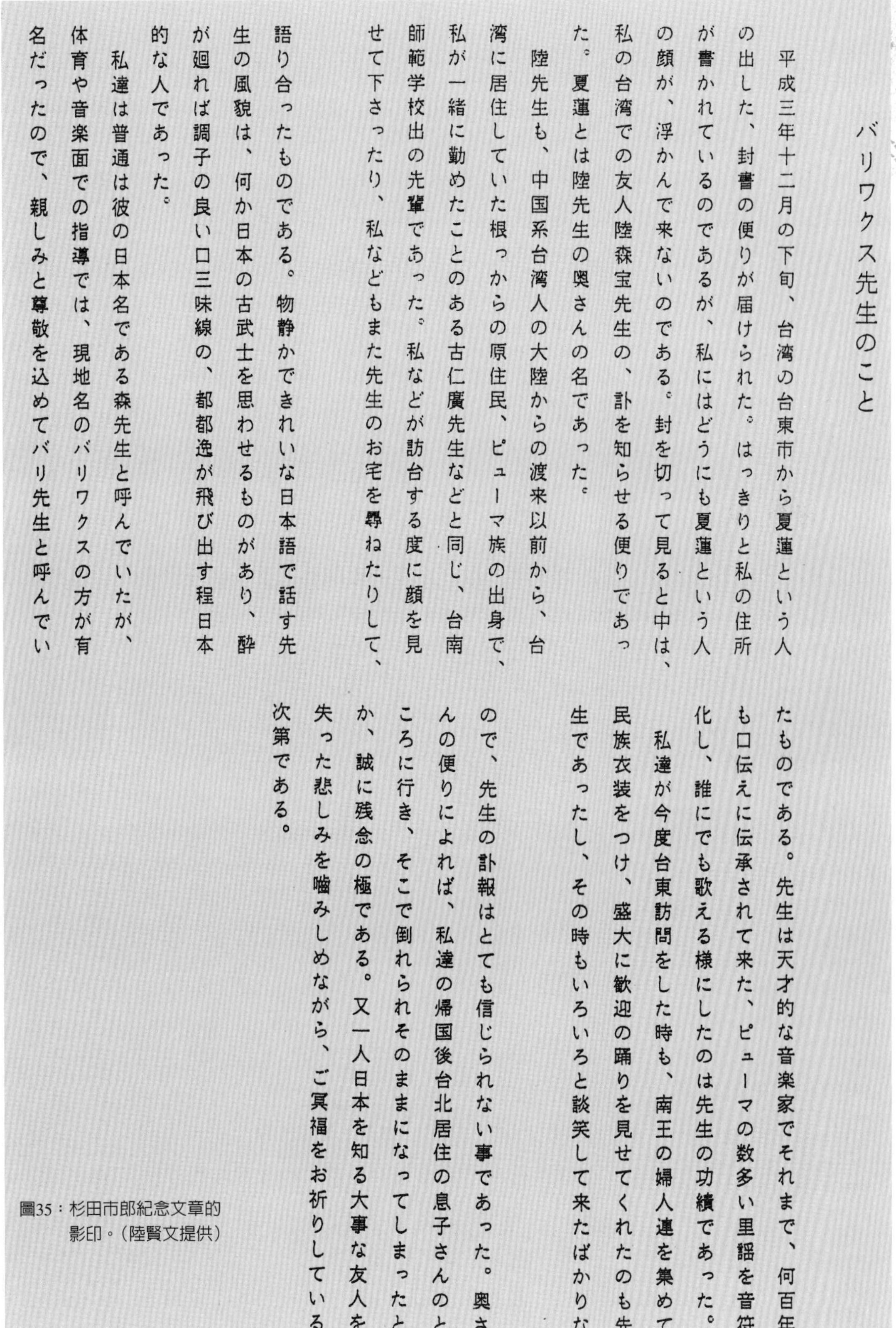

バリワクス先生のこと

平成三年十二月の下旬、台湾の台東市から夏蓮という人の出した、封書の便りが届けられた。はっきりと私の住所が書かれているのであるが、私にはどうにも夏蓮という人の顔が、浮かんで来ないのである。封を切って見ると中は、私の台湾での友人陸森宝先生の、訃を知らせる便りであった。夏蓮とは陸先生の奥さんの名であった。

陸先生も、中国系台湾人の大陸からの渡来以前から、台湾に居住していた根っからの原住民、ピューマ族の出身で、私が一緒に勤めたことのある古仁廣先生などと同じ、台南師範学校出の先輩であった。私などが訪台する度に顔を見せて下さったり、私などもまた先生のお宅を尋ねたりして、語り合ったものである。物静かできれいな日本語で話す先生の風貌は、何か日本の古武士を思わせるものがあり、酔が廻れば調子の良い口三味線の、都都逸が飛び出す程日本的な人であった。

私達は普通は彼の日本名である森先生と呼んでいたが、体育や音楽面での指導では、現地名のバリワクスの方が有名だったので、親しみと尊敬を込めてバリ先生と呼んでいたものである。先生は天才的な音楽家でそれまで、何百年も口伝えに伝承されて来た、ピューマ族の数多い里謡を音符化し、誰にでも歌える様にしたのは先生の功績であった。

私達が今度台東訪問をした時も、南王の婦人達を集めて民族衣装をつけ、盛大に歓迎の踊りを見せてくれたのも先生であったし、その時もいろいろと談笑して来たばかりなので、先生の訃報はとても信じられない事であった。奥さんの便りによれば、私達の帰国後台北居住の息子さんのころに行き、そこで倒れられそのままになってしまったとか、誠に残念の極である。又一人日本を知る大事な友人を失った悲しみを噛みしめながら、ご冥福をお祈りしている次第である。

圖35：杉田市郎紀念文章的
　　　影印。（陸賢文提供）

陸老師是中國系台灣人從大陸渡海遷台之前，就已經住在台灣的道地原住民，他是卑南族人，和我曾共事過的古仁廣老師[64]一樣都是台南師範學校畢業的學長。每次到台灣他都會來看我，我也曾到老師府上拜訪過，相談甚歡。他沉穩地說著一口高雅日語的神采容貌，總讓人想到日本古代剛毅正直的武士。酒意微醺，興致一來，會以口仿奏三味線吟唱都都逸[65]。他，就像個道地的日本人！

我們平常都稱呼他森（moLi）老師，不過，在體育與音樂等方面，其族名『BaLiwakes』比日本名更為有名；所以，我們又愛又敬地稱他為『BaLi』老師。老師是天才型的音樂家，他將許多數百年來口傳至今的卑南古調，編成人人皆能吟唱的歌曲，這是老師的一大功績。

我們上回造訪台東時，老師召集了南王的婦女朋友們，身穿傳統服飾，以舞蹈盛大地歡迎我們。才剛與老師談笑共度美好時光，現在卻接到老師的訃文，讓我真不敢相信這是事實。夫人信中提及，我們回日本之後，老師前往住在台北的兒子家，之後便病倒溘然辭世。我感到萬分的遺憾，失去了一位通曉日本的重要友人，我忍著悲傷，在此虔誠地為他祈冥福。」[66]

兩份來自日本的資料，充分證實陸賢文對父親在台南師範學院傑出表現的讚嘆，並非是對先人的溢美吹捧，而是確有所本。日本友人至少見證了陸森寶在台南師範時期，兩項特殊的才華和他那獨特的人格特質。

雖然自幼瘦弱，總是讓疼愛他的父親有理由阻止他去做一些事；但毫無疑問地，陸森寶在體能方面，有著無法壓抑的潛力。果然十七歲一進入台南師範，他在體育方面的天份，立刻展露光芒，引人注目。日本帝國的教育，相當重視體能和身體威儀的養成。從一八九五年中日甲午戰爭，中間經過一九〇五年的日俄戰爭、一九一四年的第一次世界大戰、一九三〇年代後期對中國的長期用兵，最後終於在一九四一年發動太平洋戰爭；日本據台的五十年，事實上都是處在一種軍事擴張的狀態。做為日本殖民地

64 古仁廣先生也是南王部落的卑南族人，曾任南王國小校長。

65 「三味線」（shamisen）乃日本傳統撥弦樂器的一種，用貓皮或狗皮製作的三弦琴，以撥手彈奏。「都都逸」（dodoitsu），為日本傳統大眾歌謠的一種，於酒席等助興時吟唱，以三味線伴奏。歌詞簡短，採七音句－七音句－七音句－五音句的方式呈現，多為情歌。本註由簡月真教授譯註。

66 本文由簡月真教授翻譯。

的台灣，除了短暫一段時間由文人執政外，歷任的總督幾乎都是軍事將領出身，這當然會反映在帝國政府的教育措施和國民性的形塑上。按大正十一年（1922）新修訂的「台灣教育令」，師範學校的課程中，「體操」每週的教學時數為三小時，六年不變，乃語文相關課程外份量最重的科目（表1）。大正十五年（1926），亦即陸森寶考進台南師範的前一年，總督府又修訂了師範學校的課程規則（表2）。體育時數明顯提高了（五小時、四小時），而且根據教學內容，男生體育課程中，增設擊劍及柔道；普通科第五學年和演習科教育實習課則增設三小時的軍事講習 [67]。正是這樣一種「尚武」的教育氛圍，使得像陸森寶這樣的原住民，有機會嶄露頭角，並受人尊敬。

表1：大正十一年公學師範部學生各科目每週教學時數表

| | 普通科 | | | | | | | | | | 演習科 | |
| | 第一學年 | | 第二學年 | | 第三學年 | | 第四學年 | | 第五學年 | | | |
	男	女	男	女	男	女	男	女	男	女	男	女
修身	2	2	1	2	1	1	1	1	1		2	2
教育					2	2	3	4	5		5	5
國語漢文	○9 △12	○9 △12	○9 △12	○8 △11	○5 △6	○5 △6	5	4	4		4	3
臺灣語	○3	○3	○3	○3	○3 △2	○3 △2	2	2	2		2	2
英語	4	(2)	4	(2)	4	(2)	4	(2)	4		2	
歷史	3	3	3	2	3	2	2	2			1	1
地理											1	1
數學	4	4	3	2	3	2	2	2				
博物	2		3		2	2	1	1			1	1
物理化學					2	2	3	2	3		2	3
法制經濟											2	
實業（男）家事（女）					2		2	3	2			2
裁縫				4		5		4				3
圖畫	1	1	1	1	1	1	1	1	1		1	1
手工	1	1	1	1	1	2	2	2	2		2	2
音樂	1	2	1	2	2	2	2	2			2	2
體操	3	3	3	2	3	3	3	3	3		3	3
計	32	32 (34)	33	32 (34)	34	32 (34)	34	32 (34)	34		34	34

轉引自李園會《日據時期台灣師範教育制度》；頁189。

67 李園會著《日據時期台灣師範教育制度》，台北市：南天，1997。頁189；頁193-194。

表2：大正十五年公學師範部男生各科目每週教學時數表

| | 普　　通　　科 | | | | | 演習科 |
	第一學年	第二學年	第三學年	第四學年	第五學年	
修身	2	1	1	2	2	2
教育				2	4	5
國語漢文	○9 △12	○9 △12	○5 △6	5	4	4
臺灣語	○3	○3	○2 △1	2	2	2
英語	4	4	4	(3)	(3)	
歷史	3	3	3	2	2	1
地理						1
數學	3	4	4	4	3	2
博物	2	2	2	1		1
物理化學			3	3	3	2
法制經濟						3
圖畫	1	1	1	1	1	1
手工	1	1	1	1 (1)	2 (1)	2
音樂	1	1	1	2	2	2
體育	5	5	5	4	4	4
實業			2	2 (2)	2 (2)	2
計	34	34	34	34	34	34

轉引自李園會《日據時期台灣師範教育制度》；頁189。

底下我們不妨藉家屬所提供的照片及文物資料，對陸森寶在台南師範時期的運動表現作一番巡禮。

一進入師範學校，陸森寶的運動潛力顯然就被老師們發現，很快地加入學校的田徑隊。圖36就是陸森寶南師一年級時，與田徑隊友、教練的合影。前排左一坐在地上的陸森寶，皮膚黝黑，應該是南台灣田徑場上陽光充分曝曬的結果[68]。那一年學校的田徑比賽，他得了優勝（圖37）。陸森寶的運動強項主要在中、長距離的賽跑，圖38、圖39即是他和教練、隊友們訓練、比賽的合照紀念。不過，陸森寶在學期間運動生涯的巔峰，應該是在他普通科五年級和演習科的那一年。昭和六年（1931）十月二十五日，

68 身為卑南族的陸森寶，他的家族其實都長著潔白的皮膚。

圖36：陸森寶一年級和田徑隊友
與教練合影。前排左一
（坐者）為陸森寶。（陸
賢文提供）

圖37：一年級田徑優勝紀念。
左為陸森寶。（陸賢文
提供）

圖38：田徑隊友與教練合影，
前排右三為陸森寶。
（陸賢文提供）

圖39：長跑選手合照，
左一為陸森寶。
（陸賢文提供）

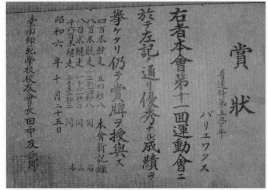

圖40：破紀錄獎狀。（陸賢文提供）

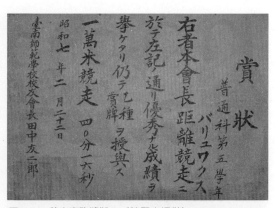

圖41：一萬米賽跑獎狀。（陸賢文提供）

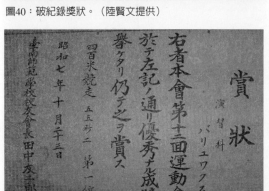

圖42：四百公尺比賽第一名。（陸賢文提供）

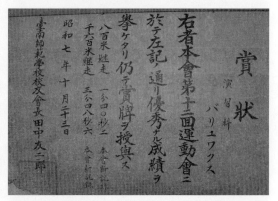

圖43：八百公尺等接力賽紀錄刷新。（陸賢文提供）

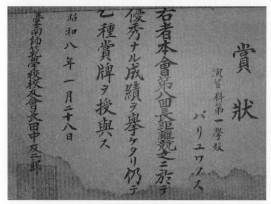

圖44：長距離競走優勝獎狀。（陸賢文提供）

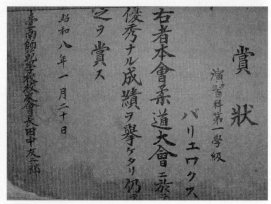

圖45：柔道獎狀。（陸賢文提供）

他在台南師範學校校友會主辦的第十一回運動會上，分別打破了四百公尺和八百公尺賽跑、以及八百公尺和一千六百公尺接力的大會紀錄（圖40）。昭和七年二月二十二日，一萬公尺賽跑，獲乙種賞牌（圖41）。同年十月二十三日，校友會第十二回運動會上，他得了四百公尺冠軍（圖42），其隊伍並再次刷新八百公尺、一千六百米接力賽紀錄（圖43）。昭和八年元月，也是陸森寶在校的最

圖46：南師角力選手與校長合影，二排右一半
　　　蹲者為陸森寶。（陸賢文提供）

圖47：Apollo選手與教練合影，中間立者乃新的Apollo陸森寶。（陸
　　　賢文提供）

圖48：Apollo，陸森寶。（陸賢文提供）

圖49：陸森寶四百公尺衝刺的剎那。（陸賢文提供）

圖50：與八百、一千八百公尺接力破紀
　　　錄的隊友合影，左二為陸森寶。
　　　（陸賢文提供）

圖51：南師選手祝賀陸森寶破紀錄合影。前排中間為陸森寶。（陸賢文提供）

後一年，他不但獲得了長距離賽跑的獎項（圖44），也在柔道方面
有所表現（圖45）（圖46）。由於他打破多項紀錄，因而成了學校
「Apollo」選手的成員（圖47）（圖48）。他破四百公尺紀錄最後衝
刺的鏡頭（圖49），以及和隊友破八百公尺、一千六百公尺接力的
雄姿（圖50）；不但流傳於前後屆的師友之間，也贏得大家的祝
福與尊重（圖51）。琳瑯滿目的的獎牌（圖52），記錄著陸森寶在

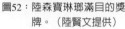
圖52：陸森寶琳瑯滿目的獎牌。（陸賢文提供）

南師既多彩又輝煌的歲月。事實上，在他畢業之後的教書生涯裡，他一直擔任體育老師，也熱心推動部落的體育活動。

　　南師求學的階段中，陸森寶另一個令人驚訝的表現，是他在音樂方面的稟賦。如果體育像「風」（卑南話「baLi」），則陸森寶「BaLiwakes」的族名，正好反映了他「閃動如風」的一面。但這畢竟不是他生命的全部，他的同學盛福秀和學弟杉田市郎都提到了這一點。學弟甚至稱譽他是天才型的音樂家，他不但將族人的古調加以模擬創作，也可以在微醺之際仿奏三味線、吟唱都都逸，而且還能入木三分。家屬們提到初入台南師範唸書的陸森寶，一接觸鋼琴便迷上了它，並終生不渝。大兒子陸宗獻提到過父親的樂器，他說：

圖53：彈奏鋼琴的陸森寶。（陸賢文提供）

「記得我父親有許多樂器，有洞簫、吉他以及很多可以演奏的樂器。雖然父親有吉他，但是我從來沒有看過他彈奏，因此那些樂器就成為我的玩具了。有一天，知本天主堂的外國神父要回國了，他留下了一台鋼琴要賣，我父親用七萬塊買下了那部鋼琴。不過後來聽說，那七萬塊錢也是教友們湊錢所樂捐的。」[69]

　　這架鋼琴後來也成了陸森寶創作或家屬聚會時重要的工具（圖53）。據說，在南師求學期間，他總是盡一切力量利用空檔時間勤練鋼琴，也因此引起師長們的注意

圖54：音樂教室裡的陸森寶。（陸賢文提供）　　　　圖55：音樂教室裡的陸森寶。（陸賢文提供）

圖56：音樂會上伴奏鋼琴的陸森寶。（陸賢文提供）

圖57：陸森寶鋼琴彈奏。（陸賢文提供）

（圖54）（圖55）。許多跡象顯示，
陸森寶中晚年以後源源不絕的音
樂創作才華，根基大都奠定於這
段時期。我們可以想像做為一個
運動場上的風雲人物，又有那麼
重的功課壓力，而一週也只不過
有一到兩個小時的音樂課程，若
非強大的吸引力和相應的天份，
他是不可能在這方面有所成就

圖58：日本皇族朝香宮鳩彥
視察台南師範學校，
1927年11月11日。
（台南大學提供）

的。事實證明，他做到了，他不但成了學校音樂會上的鋼琴伴奏
（圖56）或獨奏（圖57），也在裕仁天皇的叔叔朝香宮鳩彥親王來
訪時（圖58），在他面前演奏鋼琴。請注意，這離陸森寶入學（四
月一日）不過是七個多月（十一月十一日）的時間而已。除非有
過人的才氣，我想這幾乎是不可能的事。他的子女，除了次子陸
誠惠承襲了父親體育方面的天賦外（圖59）；三子陸光朝不但是

圖59：陸森寶夫婦參與次子陸誠惠體專校慶。攝於1975年
　　　10月20日。（陸賢文提供）

圖60：陸森寶的三子陸光朝專精各式弦樂器之調音與修
　　　護，更擅長製作小提琴。（林宜妙攝）

圖61：陸森寶的三子陸光朝於工作室即興演唱父親的歌
　　　〈懷念年祭〉。（林宜妙攝）

圖62：陸光朝譜尤瑪樂器館的工作間佈滿各式維修工具。
　　　（林宜妙攝）

圖63：陸森寶的小兒子陸賢文以吉他彈奏父親的歌。
　　　（林宜妙攝）

圖64：陸森寶的小兒子陸賢文聆聽音樂的神情。
　　　（林宜妙攝）

一位專業的鋼琴調音師，也是台灣少數擁有製作小提琴技術的人
（圖60）（圖61）（圖62）；而小兒子陸賢文，是很好的吉他手，音
樂方面的造詣，令人很難不想起他的父親（圖63）（圖64）。孫子

輩中，音樂血脈豐沛；金曲獎最佳作曲獎、最佳國語男演唱人獎
（2000，第十一屆）、演奏類最佳專輯製作（2007，第十八屆）得
主陳建年，即是突出的代表例子。

　　其實台南師範時期最令人好奇又感佩的，並不單是陸森寶在
體育和音樂方面的外顯表現，他那高度自制、平衡又沉穩內斂的
人格特質，似乎在當時已經達到了某種程度的成熟。他能調和自
己閃電如風的體能（動）和細膩理性的音樂靈魂（靜），實在不是
一個浮躁、驕傲的年輕心靈所能做到的。他的同學盛福秀說他：
「個性溫厚篤實又有愛心，深受全班同學的尊敬。」事實上陸森寶
終其一生，不論是對妻子、兒女、學生或朋友，始終懷抱極度的
謙虛和與人為善的態度，他所有周遭的人對此都有強烈的印象和

經驗，並口徑一致地做出證言。他的自制、平衡
和沉穩，並沒有讓他成為一個自以為是或過度嚴
肅的人。孩子們說他愛說故事、會說笑話，並擅
於化解衝突；看來幽默感似乎也是他人格特質中
不可分割的一面。南師時代他喜歡和同學出遊
（圖65），甚至脫光衣服在台南海灘耍寶（圖
66）。直到晚年，他始終保持和部落族老親密的
往來，在大獵祭（mangayaw）的獵場（圖67），
也在知本溫泉露天的澡池中（圖68）（圖69）。

圖65：陸森寶和同學出遊，自在且頑皮。攝於安平忠
　　　烈祠，左一為陸森寶。（陸賢文提供）

圖66：陸森寶光身在海灘耍寶。（陸賢文提供）

圖67：陸森寶和好友在大獵祭的獵場夜宿。1982年底。左二為陸森寶。（陸賢文提供）

圖68圖69：陸森寶在溫泉泡澡。另外兩位老友，左一是古仁廣校長，中間是王國元（景元）先生。攝於1976年12月31日。（陸賢文提供）

或許我們仍然可以追問，產生在陸森寶身上的人格特質，有多少來自他的父親阿肑達帕斯？有多少來自他的部落教養？又有多少來自帝國的學校？每一個人都不是一個孤立的存在，各式各樣的緣會條件，都可能是形塑我們人格的力量。只是有人可能偏執於一方，有人可能將各方力量相互抵銷甚至對立；當然，也有人有這樣的才情與福份，集合各方正向的力量，把他所屬的時代的光彩，虛懷領受並活出在他的人格之中。BaLiwakes，或許就是這樣的一個人。世俗價值中的成敗榮辱，在此已經不是我們該當去斤斤計較的事。他這樣告訴他的大兒子，也這樣告訴他的三女兒。他帶頭樹立榜樣，讓我們看到人格的力量。

肆‧巨變中的行止

一、從部落到國家

如果說協助日本人進入台東平原、設立卑南社分教場及卑南公學校的姑拉老（kuralaw，1860--1932）代表的是由清國轉入日本帝國巨變中的卑南社第一代領導人，那麼由分教場、公學校所培養的知識份子，承擔著比第一代領導人更複雜、更深刻的部落巨變。做為一個已完成現代化、具有國際戰略、講究知識與效率的日本帝國來說，它對台灣東部的經營，遠非像胡傳那樣的滿清落伍官吏所能企及 [70]。日本殖民政府從行政、產業、土地、基礎建設到教育文化等，無不仔細規劃、步步為營。花東一帶的原住民，第一次嚴肅地面對國家的臨在；而從部落到國家正是二十世紀上半葉，全體原住民共同的遭遇和命運。

分教場時期的第一屆畢業生泰萬（Daiwan）先是留在分教場任教，後來轉到關山教書；南志信（sising）當了醫生，並在國府遷台前後扮演舉足輕重的角色；孫三元（samguan）則入婚賓朗部落，成了該部落的重要領導人。他們和初鹿部落的馬智禮、南王部落的陳宗志（mudungan），形成在地的穩定力量。大正十一年（1922）「台灣教育令」修訂之後，陸續有卑南族的年輕人從台南師範畢業，他們算是較完整接受日本中等教育的新一代卑南人。我們根據台南師範的畢業名錄，臚列如下：

(1) 陳實（バントル，川村寬；1901-1973），知本人。大正十一年畢業於台北師範學校，大正十三年（1924）結業於台南師範「學力補充講習科」（三個月）。
(2) 陳重仁（ポラギセン，稻葉重人；1902--1968），南王人。大正十四年（1925）畢業於台南師範舊制本科 [71]。
(3) 孫德昌（スウントク，大迫重二；1906-1985），賓朗人。昭和五年（1930）畢業於台南師範演習科 [72]。
(4) 陸森寶（バリユワクス，森寶一郎；1910-1988），南王人。昭

和八年（1933）畢業於台南師範學院演習科。

（5）古仁廣（kuatur，古村廣；1910-1982），南王人。昭和九年
　　（1934）畢業於台南師範演習科。

另外有幾位影響南王部落也非常深遠的知識份子，應當一並討
論：

（6）鄭開宗（リンサイ，志波巖；1904-1972），南王人。昭和二年
　　（1927）畢業於台灣總督府農林專門學校農業科。

（7）陳耕元（アゲワツ），上松耕一；1905-1958），南王人，昭和
　　七年（1932）嘉義農林學校畢業。後被推薦至日本橫濱商專
　　深造，昭和十年（1935）歸國。

（8）王葉花（トアナ，稻葉花子；1906-1988），南王人。昭和三年
　　（1928）畢業於台北第三高等女學校，隨即入台北第一師範公
　　學校教員養成講習科就讀，昭和四年（1929）畢業。

（9）南信彥（オルマカン；1912-1962），南王人，畢業於嘉義農
　　校，後入台灣總督府警察官及司獄官練習所[73]

　　他們當中除南信彥和陳實之外，全都是卑南公學校的畢業
生。從傳統部落的角度來看，這些接受過若干現代知識的年輕
人，既令人羨慕也令人困惑。他們可能參與過屬於部落傳統的教
養，但並不完整；他們可能自己試圖或被族人期待去扮演部落和
帝國之間的橋樑，卻又往往弄得內外兩失[74]。排山倒海而來的巨
變，任誰都無法抵擋，捲在第一波浪潮的這些知識青年，如何決
定自己的行止和進退？實在是一個值得反覆深思、探討的課題。
尤其值得注意的是，這個課題具有普遍性，我們可以在花岡一郎
身上看到，也可以在樂信・瓦旦和高一生身上看到；更可以在台
灣漢人以及五四運動前後的中國知識份子身上看到。這些受過帝
國洗禮的部落成員，不單是屬於那個要去面對浪潮的人，他們本
身也是浪潮的一部份。因而我們想進一步了解的是：陸森寶如何
回應這個課題？這不是什麼理論或意識形態的問題，而是一個生
命和實踐的問題。

　　和大多數接受帝國師範教育的原住民一樣，陸森寶花很長的

73 南信彥的資料頗有缺漏，未
　及深究。上述人物除南信
　彥、陳耕元、陳實我較無印
　象外，其他族老大都見過。
　資料簡述，皆依王河盛等
　《台東縣史・人物篇》，台東
　市：台東縣政府，2001。

74 至少就從這九位卑南族第一
　代知識精英的例子來看，他
　們的第二代幾乎都不能說族
　語，和部落也有一定的隔
　閡。同樣，他們也永遠無法
　成為真正的日本人。

圖70：陸森寶初任教師時攝於
新港公學校，1933年。
（陸賢文提供）

圖71：與寧埔公學校校長西小路馬記及同仁合影。
後排中間為陸森寶，前排右一坐者為新婚妻
子陸夏蓮女士，懷裡抱的是大女兒陸彩英。
（陸賢文提供）

圖72：陸森寶擔任新港青年學
校指導員。（陸賢文提
供）

時間求學。南師那六
年（十七歲至二十三
歲），正是他要通過
部落會所苦行期
（miyabutan）的考驗
進入成年（bangsaran）的關鍵階段。畢業之後，自一九三三年起
到日本戰敗（1945），他有將近十四年的時間一直在新港一線的阿
美族部落任教。先在新港公學校（1933-1938）（圖70），之後轉任
寧埔公學校訓導（1938-1941）（圖71）。一九四一年回任新港公學
校，並擔任新港庄新港青年學校指導員（圖72）。一九四三年接任
小湊國民學校訓導（圖73），直到戰後。這長達十三、四年的時

圖73：小湊國民學校畢業紀念。
前排右二為陸森寶，1943
年。（黃貴潮提供）

圖74：陸森寶夫婦結婚紀念照（1939年11月3日），前坐者右二為新娘的母親、我的小姨婆鄭美麗（agam），二排立者右一為陸森寶的學長、我的表舅孫德昌（大迫重二）。（陸賢文提供）

圖75：陸森寶夫婦於新港公學校宿舍合影，襁褓中者為長女陸彩英。（陸賢文提供）

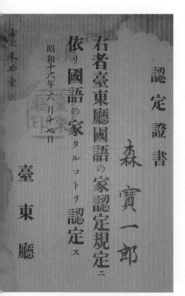

圖76：國語家庭認定證書。
（陸賢文提供）

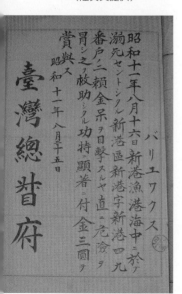

圖77：陸森寶冒險救人，總督府頒獎。（陸賢文提供）

間，他完成了和陸夏蓮女士的婚禮（圖74），生下了大女兒陸彩英（yuko）（圖75）和二女兒陸素英（miyoko）、三女兒陸淑英（yomiko）。一九四一年被認定為「國語家庭」（圖76），並於同年從「バリユワクス」改名為「森寶一郎」。

　　資料顯示這段時期的陸森寶，是一位相當稱職的師長，他指導學生音樂、相撲、體操和棒球，皆卓有績效。昭和十九年（1944），他所任職的小湊國民學校還成了台東廳小學體操示範學校。他那與人為善的性格，不但冒險救過將溺斃的同胞（圖77），也贏得許多海岸線阿美族人恆久的友誼。他的四女兒陸華英就有這麼一段回憶：

　　「我又想到一個很溫馨的故事，是發生在父親身上的。記得民國七十二年左右，我父親到台東成功鎮拜票，因爲父親在爲某一位候選人拉票。成功鎮是台東縣很偏遠的鄉鎮，當父親來到成功鎮時，他發現有很多白髮皤皤的老人家，也前來歡迎家父的到來。父親覺得奇怪，後來經過領隊介紹之後，父親才恍然大悟，原來這些老人家都是父親在日本時代的學生。因爲父親二十三歲剛從台南師範學校畢業時，曾經來到成功國小教書，就是今天的成功鎮三民國小，而這些老人就是當年的學生。

　　這些老人說，前兩天有人告訴他們陸森寶老師要來，他們聽了都非常興奮，大家都很想來看看這位闊別四十多年的陸老師，看他現在長什麼樣子？結果今天一看，發覺陸老師還是很年輕，至少比他們還年輕。父親聽了笑起來，就回應他們說：『因爲陸老師今天有染頭髮，而且又配上一條很漂亮的領帶，所以當然比各位還年輕。』這些老人又說，他們平時每次提到陸老師的時候，腦海裡就浮現出許多美好的記憶。他們還記得陸老師曾經帶他們去遠足，他們最喜歡遠足了。後來有一個老人家也講話了，他向父親報告說：『陸老師，我很感謝你以前教我數學、自然……等科目。可是那些科目我早忘光了，不過有一件事我倒沒有忘記，就是當年你講的每一個故事我都沒忘記，直到今天，我還能夠講述給我的孫子們聽。』爲了表示他所言不虛，他又立即重點式地舉出兩個故事。我父親聽了哈哈大笑，父親說自己已經不記得了。」[75]

陸森寶早期最用心培養的部落歌手吳花枝（hanay），後來也嫁到長濱，認識許多成功、長濱一帶的部落耆老，她說只要一提到「moLi」（森）老師，大家都印象深刻，並表示懷念[76]。我們沒有太多的證據來證明陸森寶在這段時間是否開始進行音樂創作；但是，擅長歌舞的海岸阿美，一定增加並豐富了他的音樂元素和靈感，我們不難在他後來的創作中，聆聽到海浪的聲音。

　　當然我們不能因此獨斷地認爲海岸教書的這段時期，陸森寶遺忘了他的部落。不過，從他結婚的形式、居家的服飾、國語家庭的殊榮，以及申請取得日本姓名等種種跡象來看，帝國的身

75 見附錄二，頁188-189。
76 吳花枝訪談記錄，二〇〇七年七月十一日，台東。

體，顯然取代了他部落的身體，這正是日本殖民政府遠遠高明過滿清政府的地方。我們身體的語言、生活的品味、人格的美感經驗，幾乎都被置換掉了。事實上，陸森寶原來的部落，就在這段期間，正面臨著天翻地覆的變革。

此一變革並不是一個孤立的事件，有帝國的因素，有土地、人口、產業的因素，也有族群政治和部落內部文化價值斷續的問題。為能掌握一個整體的輪廓，並藉此得以捕捉那個時代變動的氛圍，有幾項關鍵性的變化，應該先加以標示出來：

● 明治四十一、二年（1908-9），日本政府明令禁止對卑南社老頭目kuralaw（姑拉老）的納貢及服勞役。

● 大正元年（1912）台東製糖株式會社獲准於卑南街設立。

● 大正六年（1917）總督府公佈「移住獎勵要領」，逐漸擴大日本內地向台灣東部的官、私營移住。

● 大正八年（1919）完成台東平原之業主權查定工作，確立原住民完全的私有財產制。同年，卑南區改稱為台東區，自古以「卑南」做為台東平原一帶代稱的情況從此改變，無論在空間概念或行政區劃上，台東與卑南從此分開。

● 大正十三年（1924）台南學甲人王登科移居台東平原，陸續帶動西部漢族之東移，徹底改變了台東平原的人口結構。

● 昭和元年（1926）花東縱貫鐵路全線通車，路經初鹿、斑鳩、賓朗、馬蘭至台東，橫跨台東平原。

● 昭和十一年（1936）由明治三十八年（1905）以來，即不斷增修的卑南大圳工程終於完成，刺激台東平原土地的水田化[77]。

77 參閱鄭全玄《台東平原的移民拓墾與聚落》，台北縣中和市：知書房出版。頁53-113。又，孟祥瀚《台東縣史‧開拓篇》，台東市：台東縣政府。頁95-120。

78 從表3，我們可以看到卑南部落從一九〇三年漢人（31）卑南人（1014）的人口數，至一九三九年漢人（1237）卑南人（1129）人口數的巨大變化，感受那種族群人口數的強大壓力。

這裡簡要提出的每一項，皆環環相扣，全面挑戰卑南社人的存在與生活。製糖工業的發展、水圳的疏通，不但改變傳統土地利用的方式，也帶來大量的移民（表3），族群人口的比例大幅度翻轉[78]。人口增加，市、街形成，交通設施被要求改善，連帶引發熱絡的商業活動。業主權查定完成，土地私有化，成為可以買賣的商品，原住民土地快速流失的惡夢於焉開始。我們有理由相信，昭和四年（1929）卑南社人由原來的卑南舊址，向西遷移至目前較靠近山區的「sakuban」地方建立南王部落，乃是上述種種結構性

表3：日據時期台東街、卑南庄的漢人與土著人口數。

年分 大字	1903 [2] 漢人	1915 [1] 漢人	土著	1920 漢人	土著	1925 漢人	土著	1930 漢人	土著	1935 漢人	土著	1939 [3] 漢人	土著
台東街													
台東	1204	1533	227	1573	212	2351	474	2823	991	4157	1032	6648	1118
馬蘭	-	124	2575	80	2444	129	2614	187	2401	559	2851	807	2882
旭	-	-	-	3	2	93	21	258	256	949	471	2096	412
利基利吉	-	23	344	8	384	11	349	8	323	15	354	195	318
猴子山	3	34	361	44	369	50	402	37	326	84	283	151	372
富原	-	-	-	-	-	-	-	-	-	-	-	268	-
加路蘭	3	65	284	-	256	6	243	20	223	41	249	193	281
卑南庄													
卑南	-	31	1014	182	1015	190	751	345	910	592	826	1237	1129
利嘉	53	66	1905	57	1640	131	1413	187	1231	498	1283	761	1284
日奈敷	-	1	381	7	341	6	309	45	287	117	290	264	298
初鹿	40	87	1071	90	1023	102	820	138	832	273	951	654	938
知本	18	30	1209	72	1849	128	1639	282	1372	677	1491	1273	1456
美和	-	-	-	-	-	218	1	90	62	209	152	266	148
（射馬干）	43	15	873										

引自：鄭全玄《台東平原的移民拓墾與聚落》，頁79。

因素造成的直接結果。宋龍生的研究指出，此一遷社的重大事件，有以鄭開宗（Dingsai）爲核心的第一代卑南族知識青年介入，包括陳重仁、王葉花兄妹，並還牽涉到當時的台灣總督府石黑文教局長與台東廳長之間指揮權責的面子問題 [79]。查鄭開宗生於一九〇四年，一九二七年剛從台灣總督府農林專門學校農業科畢業；而陳重仁生於一九〇二年，一九二五年畢業於台南師範；至於王葉花則生於一九〇六年，一九二九年才從台北第一師範學校公學校教員養成講習科畢業。他們在這件事情上熱心討論、參與遊說是極有可能的；但其深入的情況或影響的程度，恐怕相當有限。此外，像這麼重大的遷徙工程，不可能是在這樣鬆散的行政程序下進行。不過，這毫不減損他們三位先生後來在捍衛卑南部落文化的可敬貢獻。

從卑南遷移至南王（sakuban）的這段過程，陸森寶到底參與了多少？我們不得而知；但對整體原住民文化、社會的巨大變

[79] 宋龍生根據鄭開宗之子鄭祥鳳的文章以及王葉花的口述，對這段歷史的描述頗為詳細，但缺乏官方文件及其他部落耆老的佐證。恐怕還需要更多的查證。見宋龍生《台灣原住民史・卑南族史篇》，南投市：省文獻會，1998。頁308-313。

遷，他一定有所感悟；而他回應的基本立場爲何？我想我們只能從他後來的具體行動來加以了解。

二、從第一個國語到第二個國語

隨著中日戰爭爆發，一九三七年起日本進入「戰時體制」，經濟的型態一切以支援作戰爲總目標。部落裡開始有人志願到中國戰區作戰。一九四一年日軍發動太平洋戰爭，全國陷入全面作戰狀態。日本徵集了八回的「高砂義勇隊」，赴南太平洋作戰，我們的父執輩不少人或自願或被迫參與了這場慘烈的戰爭[80]。部落的婦女在面對和親人生離死別的那段歲月裡，傳誦著許多不知作者是誰的離亂歌謠，藉以寄託無常的命運[81]。據我所知，這些歌謠不但成爲部落裡五十歲以上的人的共同記憶，也是陸森寶極爲喜愛的歌曲。唱這些歌，對那些經歷過那個時代的人來說，既矛盾又蒼涼，歌聲彷彿是那充滿母性的「部落」，寬厚地擁抱並原諒她那既傲慢卻又即將面臨崩解的「國家」。這是陸森寶那一代的知識份子，所要面對的第二波巨變。

第一個國家（日本）被第二個國家（中華民國）取代了。陸森寶他們好不容易花了三十年的時間內化學習的「第一個國語」，被迫歸零，再度跌入「失語」的狀態[82]。民國三十四年（1945）日本戰敗投降，三十八年國共內戰的結果，國民黨政府倉皇遷台，原住民重新面對另一個扭曲、虛僞卻又極端「眞實」的「國家」與時代。

國府遷台初期，原住民知識精英大致先留滯原職。民國三十六年發生「二二八事件」，卑南族南志信（卑南社）、馬智禮（初鹿）介入協調。爲避免台東地區事態惡化，馬智禮等人接納當時的台東縣長謝眞，並聯合布農族人加以保護。排灣族、阿美族和其他各部落未隨事件的發展而鼓盪，乃是當時「後山」穩定的主要原因之一[83]。

王學新在分析日據初期台東地區原住民族群向背的一篇文章中，指出：

80 參見孫大川〈被迫讓渡的身體──高砂義勇隊所反映的意識構造〉，《當代雜誌》第二百一十二、二百一十三期，2005。
81 我曾介紹、分析了幾首那時流行的這類戰爭歌謠，來說明原住民用歌寫詩、寫史的傳統。參見孫大川〈用筆來唱歌──台灣當代原住民文學的生成背景、現況與展望〉，《台灣文學研究學報》創刊號。台南：國家台灣文學館，2005。
82 孫大川〈不再被歸零的國語〉，「山海的文學世界──台灣原住民族文學國際研討會」手冊序言，2005。
83 孟祥瀚《台東縣史‧開拓篇》，台東市：台東縣政府，2001。頁152-156。

「日據初期台東抗日軍之所以潰敗，除武力不如日軍外，原住民族群不表支持實爲最大原因；而台東卑南阿美原住民之所以會奮不顧身的助日抗清，實受潘文杰之勸誘所致；至於平埔族的自組軍隊剿劉（德杓）卻起因於長久以來深受欺凌而萌發之怨恨。」[84]

透過族群內部複雜之關係去解釋當時卑南社頭目姑拉老和其他原住民部落領袖的向背決策，固然有它一定的道理。但，這是一個在其文化中已長期習慣有「國家」或「王朝」概念的人的想法。至少就卑南族的經驗來看，一個居於絕對弱勢的「部落」民族，面對強大的「國家」力量，「存在」、「自保」是他最高、也可能是唯一的決策考量。滿清、日本交替之際，那一代的卑南社領導人姑拉老依此原則做出了決定；一九四五年日本殖民政府交出政權，南志信、馬智禮也依據同樣的原則帶領族人迎向巨變的到來。至於這是不是如王學新所言「原住民族群本無漢人之忠君愛國意識」[85]，則可能會引起誤會。我認識的那些曾經歷日據時代的卑南族耆老中，大都樸實厚道、心思單純。他們對日本的感情是眞誠的，對後來的中華民國的忠誠也是眞實的。這也正是爲什麼，他們在太平洋戰爭爆發時可以無私地以樂舞鼓勵自己的子弟往前線作戰，也可以在八二三炮戰時以同樣的心情鼓舞在前方作戰的子弟的原因。對一個沒有文字的民族來說，歷史都是當下的，我們只能尊重當時的人的當下抉擇。只有那些習慣玩弄文字的人，才喜歡對歷史指指點點，不斷地對當事人評頭論足。

84 王學新〈日據初期台東地區抗日戰事中原住民族群向背之分析（一八九五－一八九六）〉，《台灣文獻》第四十七卷第四期。南投市：台灣省文獻委員會，1996。頁146。
85 同上。

戰爭結束時，陸森寶和其他人一樣暫時留職小湊國民學校。民國三十四年十二月二十九日，台東接管會派鄭開宗爲台東農業專修學校校長。民國三十五年學校遷至今康樂里，九月改制爲台東縣立初級農業職業學校。在鄭開宗的力邀之下，陸森寶由小湊國民學校轉台東農校，任音樂和體育老師（圖78）。次年七月鄭

圖78：台東農校開校紀念，鄭開宗校長與全體師生合影。左一立者爲陸森寶。（陸賢文提供）

圖79：台東農校獲四十八年縣長
　　　杯棒球賽優勝，與陳耕元
　　　遺照合影。後排右一為陸
　　　森寶。（陸賢文提供）

開宗辭職，由陳耕元接任。對陸森寶來說，鄭開宗和陳耕元皆是
提拔他的恩人，終身感激。陳耕元於民國四十七年因車禍喪生，
英年早逝。次年由陸森寶一手訓練的農校棒球隊獲縣長杯優勝，
特別捧出陳校長遺照合影，以表追思（圖79）。之後，陳耕元次子
陳建年從政，由縣議員至省議員，陸森寶一路支持。

　　因於這樣的轉折，陸森寶遲至民國五十一年才從農校退休。
一來體育、音樂課可以不太用到新的國語（漢語）；二來剛上來
的新生，大都生在日據時代，皆略通日語，而台東農校後來被定
位為以原住民公費生為主的學校，教學上仍有其方便之處。他的
學生天主教的曾建次輔理主教（卑南族）這樣描述當年陸森寶上
課的情形：

　　「陸老師非常客氣，從來不罵學生。學生在底下搗蛋，他就
站在那邊很忍耐的等，看他們什麼時候吵完。在他那樣的一個年
齡，當然國語（中文）的表達不很流利。因此，能說的他盡一切
力量表達，說不出來的他就用帶動的，反正體育課就是要大家
跑、大家跳。」[86]

　　自己的「國語」被歸零，這對一個被培養要去推展國語（日語）
的教師來說，當然是一件非常尷尬的事。尤其是那些仍留在國民
小學的前朝遺老，情況更是不堪，他們被迫要去教導一個他們完
全不會的「第二個國語」。也就因為這樣，他們沒像陸森寶那麼幸

運，大都很早便離開教育的崗位。陳實，民國三十九年選任台東縣「平地山胞」縣議員，四十一年短暫回校，四十四年退休，務農。陳重仁，民國四十四年退休，務農。王葉花，民國三十九年選任台東縣「平地山胞」縣議員；之後，居家。孫德昌，民國四十三、四年左右從賓朗國小退休，務農（圖80）。鄭開宗，民國三十六年辭去農校校長之後，轉任台灣省政府農林廳技正，未再回到學校體系。

這些受過現代教育的第一代卑南族知識份子，因為政治的因素，他們的前半生和後半生是斷裂的。更令人傷感的是，他們大部份的子女也因「第一個國語」被歸零，從ㄅ、ㄆ、ㄇ、ㄈ開始，學會的是新的「第二個國語」，不但族語能力喪失，也無法用「第一個國語」和父母交談；世代間也斷裂了。他們當中有的抑鬱以終，有的默默傳承文化，有的熱心宗教，也有的成了酒瓶的俘虜。這是一百年來，台灣原住民最悲慘的人才耗損。

這個斷裂的鴻溝，必須找到一個工具、一個方法或一種語言來加以接續。我們認為陸森寶終於找到了他的工具和語言：那就是音樂，一個可以跨時代傳唱的部落音符。

陸森寶在世的時候，曾受到王葉花在台北任教的女兒王洲美的鼓舞，整理過自己的作品，並附一篇短序（圖81）：

圖80：孫德昌（suntok），日名大迫重二，卑南族賓朗村人，台南師範昭和五年（1930）畢業。與鄒族高一生（矢多一生）同班。（孫大川提供）

「一般地說，原住民（山地人）熱愛歌唱，自古以來每逢喜慶，便立刻著裝打扮，聚集在一起唱歌跳舞，這是表達歡樂的最高方式。原住民的歌曲附有歌詞的很少，而以無詞義的naLuwan、iyahei、iyahu來唱的居多。我作曲作詞希望族人唱歌的理由是：我們的年輕人大都遺忘了『山上的話』（族語），而山上的話包含著『paLakuwan』（會所）的訓魂（斯巴達教育）。當自己作的曲子，在眾人中或教會裡被歌唱的時候，我感到無限的欣喜，這是我作曲作詞唯一的安慰和樂趣！我也會藉用他人的曲譜來作曲，我認為能被人利用也是好的。我並不想在市面上特別在音樂界擴大出版自己創作的歌曲。我想，我還沒有這個資格。『把你創作的歌送過來吧，用日語或原住民語都可以。』王洲美老師這樣勉勵關

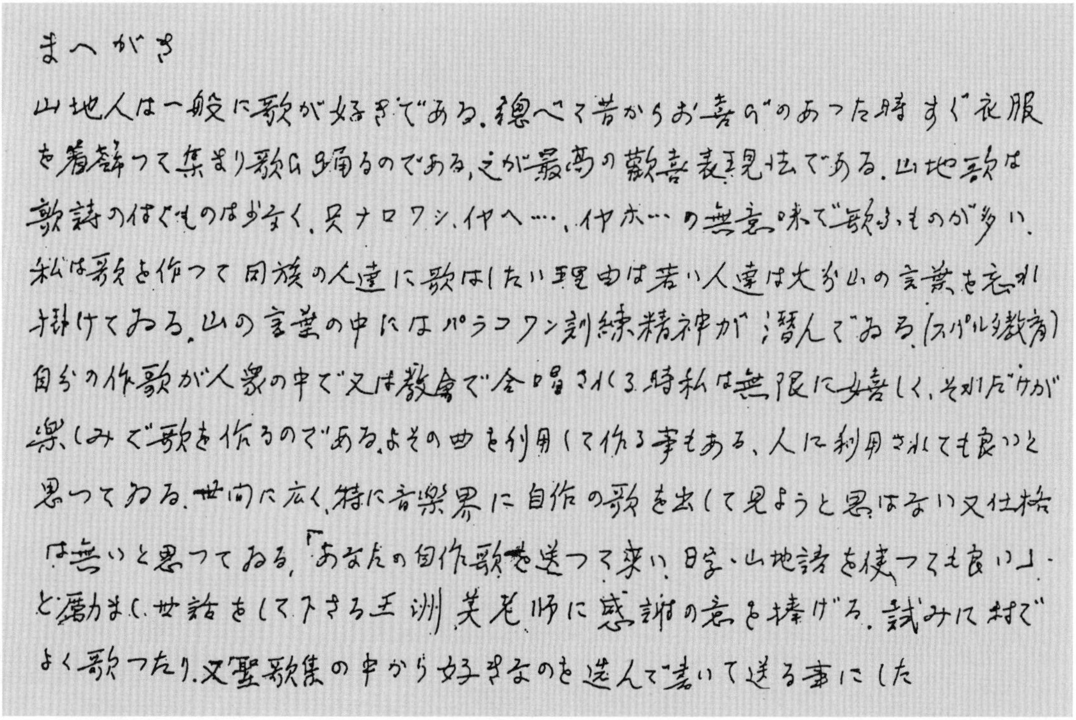

まへがき

山地人は一般に歌が好きである。總べて昔からお喜びのあつた時すぐ衣服を着餝つて集まり歌ひ踊るのである。之が最高の歡喜表現法である。山地歌は歌詩のはぐものは少なく、只ナロワシ、イヤヘ…、イヤホ…の無意味で歌ふものが多い。私は歌を作つて同族の人達に歌はしたい理由は若い人達は大分山の言葉を忘れ掛けてゐる。山の言葉の中にはパラコワン訓練精神が潜んでゐる（スパル鼓舞）自分の作歌が人衆の中で又は教會で合唱されてゐる時私は無限に女喜しく、それだけが樂しみで歌を作るのである。よその曲を引用して作る事もある。人に利用されても良いと思つてゐる。世間に廣く、特に音樂界に自作の歌を出して見ようと思はない又仕格は無いと思つてゐる。「あなたの自作歌を送つて來い。日字、山地語を使つても良い」と勵まし世話をして下さる王洲美先師に感謝の意を捧げる。試みに村でよく歌つたり、又聖歌集の中から好きなのを選んで書いて送る事にした

圖81：陸森寶歌曲集子的親
　　　筆序言。
　　　（陸賢文提供）

懷我，藉此深表謝意。就這樣，我將村子裡大家常常唱的曲子和聖歌，集中挑選自己喜歡的幾首，試著寫出來送過去交差。」[87]

卑南族傳統的古調，的確大都是有歌無詞（naLuwan），詞往往是在當下依情境填唱的。我常懷疑這是一個不用文字的民族，對「歷史」特殊的處理和體驗的方式。「naLuwan」是虛的框架，猶如一條流動的曲線（歌曲的曲）；它協助填唱曲子的人，將自己當下的情感、經驗和意念，引入一個特定的、用調子拉出來的時間序列，「歷史」在「當下」被捕獲。它不是過去資料的堆砌或記憶，也不是什麼大人物、大事件或他人的事，它是我們存有的一種形式。唱歌因而是不用文字的原住民參與歷史、體驗歷史的一種手段。當原住民聚集在一起「naLuwan」的時候，正是大家一同進入「歷史」相遇、分享的時刻，而祭儀則是其神聖的表現，它將相遇、分享的範圍從「人」的層次，擴大、提升到整個自然宇宙的高度。這也正是陸森寶喜歡聽眾人唱他的歌，也慷慨的歡迎大家利用他的歌的原因。音樂的本體是沒有版權的。

87　原件請看圖81。序文由陳雄義翻譯，我略作文字上的修飾。

　　在他充滿謙懷的序裡，陸森寶坦承自己作詞作曲是基於一個

非常簡單的理由：他希望正在遺忘自己族語的年輕人，藉他的歌找到「山上的話」，從「山上的話」找到回「paLakuwan」的路。換句話說，陸森寶重新回到卑南族的樂教傳統，召喚年輕的一輩一同來唱歌，贏回自己當下切入「歷史」的能力，搭蓋一個全新的「paLakuwan」，一個能讓「原初的國語」（族語）、「第一個國語」（日語）和「第二個國語」（漢語）可以對話、分享的場所。

三、用歌寫歷史

既然唱歌不單是休閒娛樂的事，同時也是某種歷史參與的方式；那麼，我們在看待陸森寶的音樂作品時，就不能只從音樂創作本身的角度來看。他說面對音樂界，特別感到沒有資格出版自己的作品。深一點想，這似乎不完全是謙虛之詞，因為他的創作講明了是為讓年輕人找回「山上的話」，它有強烈的文化與歷史指向。

要準確地回答陸森寶到底創作了多少曲子，並不是一件容易的事。根據小兒子陸賢文的記憶，除了目前已經被集結的部份之外，應該還有不少未流傳下來的作品，賢文說：

「記得在我國小二年級的時候，父親給我們孩子們寫了一首兒歌，旋律充滿了懷念之情，很有日本鄉村歌謠的風味。但是，我不知道它的名字是什麼？我只記得一些歌詞內容，大意是說：『我家後面有一棵很高大的芒果樹，到了夏天，我們全家都喜歡聚在那棵芒果樹下乘涼。母親在樹下愉快地編織花冠，我們小孩子在母親身旁天真地嬉戲玩耍。夕陽下山了，把整個大地和山頭都染紅了，那景色萬紫千紅、美不勝收。可惜那情景已經不再，因為那是我童年的回憶。』父親說，將來我們這些孩子都會長大，而後成家立業、各奔前程，所以寫了這首歌，做為我們童年的留念。當時我年紀很小，我很難體會長大成人的滋味，我只是覺得這首歌很好聽。」[88]

小兒子這麼感動且又印象深刻，想必一定是一首非常好聽的歌。不僅如此，陸賢文還提到另一首具有布農族風味的歌曲。那是父

<hr />

88 見附錄二，頁196。藉這次寫傳記的機會，在二姐夫陳光榮的努力拼湊下，陸賢文已將這個歌的旋律和第一段歌詞整理出來了，曲名就叫〈芒果樹下的回憶〉。

親得知台東紅葉少棒隊首次大敗日本，以五比零勇奪冠軍時在欣喜若狂的情緒下寫的：

「當時我約是國小三年級吧，我只記得其中一句歌詞，它說：『余宏開盜壘快，哦！五比零世界冠軍，哦！嘿…嘿…。』這首歌的旋律非常活潑可愛，很有布農族的調調和特色。可惜，至今已經沒有人會唱了。我有一個表哥，他聲稱自己還記得住那首歌的歌詞，尤其他黃湯下肚七分醉的時候，更是歡喜高唱那首歌。不過，他所唱的內容已經都走樣，被改編成一首原住民的失戀情歌了。」[89]

除了這些之外，民國四十九年亞洲鐵人楊傳廣獲得奧運十項銀牌，做為他啟蒙老師的陸森寶，特別寫了一首歌來恭賀他。可惜，沒有被繼續傳唱[90]。民國七〇年代開始，台灣選舉頻繁，部落族人不少進軍政治界，陸森寶因而也常應景為一些優秀的原住民候選人寫競選主題歌。當然，選舉結束，這些歌便自動沒人再唱了。更難計算的情況是，陸森寶亦常即興創作，陸賢文舉了一個實例：

「我聽說父親的即興創作功力也不錯，他可以在一個小時內就寫好一首歌曲。不過這種功力通常不會使用，只在緊要關頭才展現出來。我們村子裡有位曾姓婦女，她說她年輕的時候，有一次我們南王部落和知本部落進行一場歌唱比賽，比賽的方式是看哪一個部落會唱最多歌曲。首先由我們南王部落唱一首歌，唱完之後，就換知本部落也唱一首歌；如此一來一往輪流交替地歌唱。而且唱過的歌曲不可以再唱，唱到沒有歌可唱為止，誰沒有歌誰就算輸了。結果兩隊勢均力敵、平分秋色，誰也不輸誰。直到最後大家都筋疲力盡了，大家再也想不出還有什麼歌曲可以唱了，就在這十萬火急的時刻，父親很快地寫好一首歌，並且當場把那首歌唱出來，南王部落就以這首歌獲得勝利。」[91]

這樣看來，要徹底弄清楚陸森寶所有的歌曲，恐怕是永遠做不到的事了。目前有關陸森寶作品的集結，我們手上有三種：

（一）陸森寶親筆手抄本《山地歌》（圖82）。那是一九八四年二月

89 見附錄二，頁196。
90 做為楊傳廣台東農校學長的陳雄義，強調地指出：楊傳廣本來是打棒球的，他轉練田徑的啟蒙老師正是陸森寶。沒有陸森寶，就不可能會有後來的楊傳廣，陸森寶讓他走出了第一步。陳雄義頗為激動地說：楊傳廣應該要多謝謝陸老師，歷史也不應該忘記這件事。陳雄義訪談紀錄，二〇〇七年七月五日，台北。
91 見附錄二，頁197。

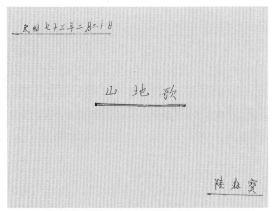

圖82：陸森寶親手整理之創作集子之封面。（吳花枝提供）

圖83：陸森寶《山地歌》之目錄。

圖84：曾建次編輯《群族感頌（卑南族）》封面。（賓朗天主堂提供）

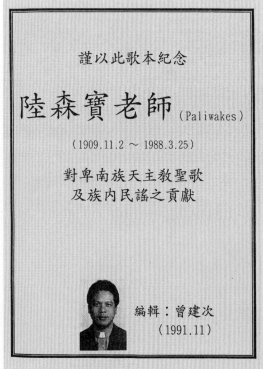

圖85：《群族感頌（卑南族）》之內頁。

二十日的集結本，有陸森寶的序，應該就是前文所提應王洲美的要求整理的，共收錄二十四首歌（圖83）。

（二）天主教會版的《群族感頌（卑南族）》（圖84），是曾建次神父在陳光榮的協助下於一九九一年十一月編輯完成的。內頁（圖85）並標明：「謹以此歌本紀念陸森寶老師（paLiwakes）

1

目 錄

號 數 歌 名 頁

△(1) 頌揚上主 taita na mokasakasa........ 1
(2) 天主十誡 mokeTep na yatorusan........ 2
△(3) 基督為王 kasemangalan kan Yes........ 4
△(4) 上主垂憐 Demawai kaLamanao mi (1)........ 5
(5) 垂憐經 Demawai kaLamanao mi (2)........ 6
△(6) 光榮頌 moliguwa i Ama na Demawai........ 7
△(7) 信經 pakupana'an (pakutatena')........ 9
△(8) 阿肋路亞 阿們 aleluya amen........ 11
△(9) 奉獻詠 patavang na senay........ 12
△(10) 聖聖聖 na miyaligu........ 15
△(11) 信德奧蹟 ligu Za pakupanaan........ 16
△(12) 天主經 I Ama kazi makasaT........ 17
△(13) 天下萬國 na ligu toluzanay kana Dema........ 18
△(14) 天主羔羊 tu Siri na Demawai (1)........ 19
△(15) 除免世罪 tu Siri na Demawai (2)........ 20
△(16) 耶穌基督 Yezese........ 21
△(17) 快來至聖默西亞 kamlamo Mosiya........ 22
△(18) 聖誕歌 merederedek........ 23
(19) 萬籟靜 asavak a'esonganan........ 24
△(20) 白冷城 Bethlehem........ 25
△(21) 普天下大欣慶 mokidare'an i Yes........ 26
(22) 拜苦路經 I Yes minaTai kana ciucika........ 29
△(23) 耶穌復活 I Yes marbeliyas vaao........ 30
(24) 聖家三口 I Yesama,Maria,Yosefu........ 31
△(25) 聖母頌 kasemangal Maria........ 32
△(26) 天主之母 I yo i Na........ 35
△(27) 信望愛三德 oniyan Za modepos i ponap........ 36
△(28) 永息主懷 wadadiyana talaolep La........ 37
△(29) 收穫祭 kapodare'an Za bini........ 38
△(30) 落成典禮 modawaya karoma'an........ 39
△(31) 神職晉鐸 kasemangalan Za motosinposang........ 40
(32) 彌撒感恩祭典(知本語系)........ 41
(33) 感恩祭第二式........ 44
(34) 感恩祭第三式........ 47
(35) 聖道和送聖體禮儀(教友主持)(知本語系)........ 53
(36) 彌撒感因祭典(第二式)(南王語系)........ 65

2

號數 歌 名 頁

(37) 聖道和送聖體禮儀(教友主持)(南王語系)........ 73
(38) 大眾彌撒曲(國)........ 79
(39) 垂憐經(國)........ 79
(40) 光榮頌(國)........ 79
(41) 宗徒信經(國)........ 81
(42) 歡呼歌(國)........ 82
(43) 祝聖後歡呼詞(國)........ 82
(44) 天主經(國)........ 83
(45) 天主經後歡呼詞(國)........ 83
(46) 羔羊讚(國)........ 84
(47) 常用經文(國)........ 85
(48) 娜魯灣 Naluwan........ 91
△(49) 最歡喜的日子 Kasemangalan na wari........ 92
△(50) 祝福歌 wazukai niroma'enan........ 93
(51) 懷 古 Puangran Za awaTanan........ 94
△(52) 年邁老人 miamiami Za i ma'izang........ 97
(53) 感懷母親 Uretay Ina........ 98
△(54) 敬老尊賢 masangala ta Zata Tinumaizang........ 99
△(55) 團結合作 Kapa'a'eres ta makeser........ 100
△(56) 我們都是一家人 Saruma'enan ta........ 103
△(57) 思故鄉 temabang ku pialaod........ 104
△(58) 豐 年 bulai naniyam Kalalumayan........ 105
△(59) 懷念豐年祭 mikiakarunan ku i Sizumayan........ 106
(60) 大豐收 Merevao........ 107
(61) 農家樂 mua'uma ta........ 108
(62) 辛勞 Ulepan........ 111
(63) 賀生日 semangalan Za piniaLakan........ 112
△(64) 婚 禮 puaruma'(PAKAETIM)........ 113
△(65) 卑南山 penansan........ 114
(66) 卑南族青年 LaLaK Za pinuyumayan........ 115
△(67) 普由瑪帥哥 bulai ta vangsaran i puyuma........ 116
△(68) 卑南王 penanwang........ 117
△(69) 愛情歌 kaita kaita koreayawa........ 118
△(70) 南王家政班 Nangwang kasehang........ 119
△(71) 美麗的蘭嶼島 Koisi KavavuTuLan........ 120
△(72) 再見大家 Kai ku La alialia 121
△(73) 頌揚儲蓄互助社 bulay nanta gojiyos........ 123

圖86：《群族感頌（卑南族）》目錄。

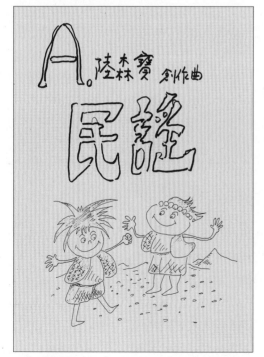

圖87：陸賢文彙編《陸森寶創作曲》A.民謠封面。（陸賢文提供）

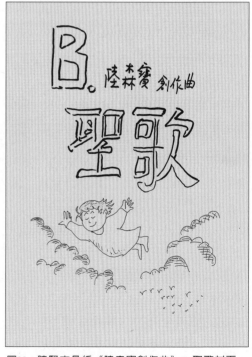

圖88：陸賢文彙編《陸森寶創作曲》B.聖歌封面。（陸賢文提供）

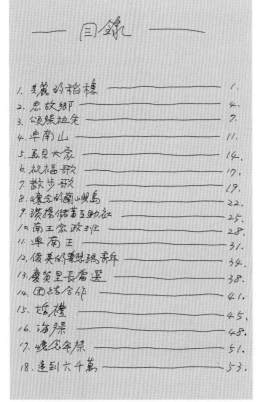

圖89：陸賢文彙編《陸森寶創作曲》A.民謠目錄。（陸賢文提供）　　圖90：陸賢文彙編《陸森寶創作曲》B.聖歌目錄。（陸賢文提供）

對卑南族天主教聖歌及族內民謠之貢獻」[92]。這是彌撒經文和聖歌的合集，目錄共收七十三首歌，以陸森寶之名刊出者共四十四首歌（打△者）（圖86）。

（三）陸賢文彙編《陸森寶創作曲》，分兩大部份：A民謠（圖87）、B聖歌（圖88），但合訂成一本，有陸賢文所繪的可愛插圖。按目錄民謠十八首（圖89），聖歌二十五首（圖90），共計四十三首。陸賢文不但一字一行重新校訂了所有的詞譜，還對每一首歌的「創作背景」和「歌詞內容」，做了簡要卻十分有用的說明。其投注的時間和心血，實在不得不令人動容。

比對這三種版本，無論從歌名、記譜、族語拼寫符號、中文翻譯、創作年代和背景的考訂等等，都是一件充滿挑戰性的工作，需要另一篇論文來處理。我們此處仍必須將焦點拉回到傳記

92 內頁所列陸森寶生卒年，生於1909應為1910年之誤。按後來升為輔理主教的曾建次神父的回憶，當時他發現陸森寶有音樂創作的才華，也作了不少聖歌，覺得這是教會本土化具體的表現。因而一方面鼓勵陸森寶繼續創作，另一方面則商請陸森寶的女婿傳教士陳光榮加以整理。然後與其他族語聖歌彙統成一冊，方便族人彌撒使用。陸森寶的歌謠，也因而流通更廣。曾建次輔理主教訪談記錄，二〇〇七年五月十七日，台東。

主軸上，嘗試分析這些歌曲創作和陸森寶生命及其所屬時代的關聯。

正如前文已經反覆申明的，傳統卑南族或整個台灣原住民的樂舞，很難單從個人藝術創作的角度來理解，它常呈現某種共相、共享、集體性的力量，它甚至是族人參與歷史、形成歷史意識的管道。樂舞也只有在這個意義上，才能顯示出它的價值並發揮它的功能。在卑南族社會中，經過日據時代文字化、文本化、知識化的過程，領受現代性個人自主意識的啟蒙，以及資本主義商品經濟的衝擊；陸森寶很可能會成為第一位將其創作的文本固定化，並清楚標示創作者及其版權所屬的傳統民族音樂家。這當然是像我們這樣關心陸森寶創作資產的人，不得已的「現代適應」。不過，儘管如此，我們仍然必須牢記陸森寶原初的創作意圖，他依然是共享的、敘事的，就像傳統卑南族的祖先一樣，他用歌邀約我們參與歷史，回到paLakuwan。

從陸賢文採錄的四十三首父親的作品來看，陸森寶的創作開始於一九五〇年代，一九七〇年代初因信奉天主教，是他作品轉變的分水嶺。晚年（一九八〇年代）的作品返回五〇年代部落的主題，只是顯得更質樸、更虔敬……。

戰後，陸森寶和其他許多同世代的知識份子一樣，紛紛回到部落。大部份是因為被迫退休，而返家務農。陸森寶則是從小學教員，轉任中學（台東農校）老師。他雖仍住在卑南舊社，但常常就近關心並熱心參與南王部落的的事務[93]。他五〇、六〇年代的作品，反映了那個時期部落的實際狀況[94]。

在手抄版、天主教版和陸賢文版當中，都收錄了〈卑南王〉這首歌，我們先看歌詞：

(1) na kinakuakua , na mutungayingayi ;
　　那被稱述的 ，那成為傳說的；
　　na paLaLadam , na patakake si ,
　　那教導者 ，那傳授者；

[93] 陸森寶的家族在卑南社一九二九年遷村時，都隨之遷往南王。而他長年在成功一帶教書，戰後回部落，可能田產的關係，選擇在舊社安家落戶。

[94] 從日據時代遷村，特別是戰後，南王社會經濟文化變遷的實況，曾振名在七十二年，有一實證的觀察和扼要的學術報告，值得拿來參照。見曾振名，一九八三年十月，〈南王卑南族的遷移及其回饋〉，頁17-47。發表於國立台灣大學《考古人類學刊》第四十三期。最新的研究參見卑南族人類學家林志興的力作〈南王的發展：日本統治下卑南族的村落史〉，發表於二〇〇三年十一月七日本豐田財團及韓國國立漢城大學校於漢城大學主辦之「日本殖民主義與東亞人類學」第二次漢城會議。《會議論文集》頁45-78。

Da wawumayan , Da sasaLeman ;

（教我們）耕田，（教我們）插秧；

amawu la i emu i pinaLai .

他就是　先祖 比那來。

ta Dungulaw ta DaLiyaw mulepulepus ,

接續起來，貫穿起來，直到永遠，

tu kakuwayanan kanDi pinaLai .

這是比那來樹立的傳統。

（2）semekasekaD , mukiDayayan ;

擴展　　　　，向西邊；

pudaLadaLan , Da benabaLis ;

開闢道路　，爲了能改變；

tu kiyalimayai , tu katalimayai ;

（我們）仰仗他，（我們）依靠他；

amawu la i emu i pinaLai .

他就是　先祖 比那來。

ta Dungulaw ta DaLiyaw mulepulepus ,

接續起來，貫穿起來，直到永遠，

tu kakuwayanan kanDi pinaLai .

這是比那來樹立的傳統。[95]

　　陸賢文版的「背景說明」裡，認爲這是陸森寶一九六四年左右，改編自美國民謠〈老黑爵〉。不過根據台東農校老校友陳雄義、孫來春的記憶，這個歌應該在一九五〇年代初便已開始流傳，那是陸森寶爲指導學生參加合唱比賽而改寫的。孫來春甚至還提到陸老師有時會安排他的岳母，也就是我的小姨婆鄭美麗（agam），來教大家學唱卑南族古謠、學做卑南族的麻糬（abai）[96]。文化元素顯然已變成陸森寶教學的重要材料來源，這可能也和當初台東農校創校之特殊目的有關。

　　〈卑南王〉歌詞的內容牽涉到康熙時代卑南族的英雄人物比那來（pinaLai），值得注意的是：比那來之所以成爲英雄，不是因爲他有什麼偉大的戰功，而是因爲他敞開心胸接受新的事物，耕

95 底下本書所引用的詞曲，我都參考三種版本並重新校訂；歌詞部份亦大都重譯過，並連同簡譜收於附錄三。

96 陳雄義訪談記錄，二〇〇七年七月五日，台北。孫來春訪談記錄，二〇〇七年七月十一日，台東。

田插秧、修橋鋪路；他樹立的「傳統」是一個「開新」的傳統。
這種「辯證」（dialectical）的處世哲學，一定給身處雙重巨變的陸
森寶很深的啓發，並做成歌拿它來鼓舞自己的同胞。我們發現，
陸森寶戰後至一九七一年受洗成爲天主教徒的二十五年中間，創
作的題材大都圍繞著此一主題而展開。

對南王的卑南人來說，五〇年代末有兩件大事發生：

第一件事和「會所」（paLakuwan）有關。一九二九年族人從
老卑南社遷至南王，屋舍和道路的規劃方方正正猶如棋盤；中間
有花東縱谷公路貫穿，自然分割成南、北部落。南部落的會所
（kaLunung）設在南端入口處，旁邊有「raera」氏族的祖靈屋
（karumahan）及南部落的「少年會所」（Takuban）；北部落的會所
（paTabang）則建在北端入口處，同樣有「pasara'aT」氏族的祖靈
屋及北部落的少年會所。不同於舊部落的是，南王部落在中央道
路旁另立「中央會所」（kakunglan）。隨著戰後部落社會的快速變
遷，民國四十七年（1958）南、北會所廢除，留下中央會所做爲
族人集會之處。時任台東縣議員的南信彥，鑑於南王人每年收穫
祭和大獵祭，都必須前往知本附近的「發祥地」（panapanayan）祭
祖，頗爲不便 [97]，遂發動部落族人前往panapanayan分出神竹兩
株，移植於部落北邊叫做palangan屬於陳光榮家族的土地上，做爲
未來部落祭祖的地方 [98]。陸森寶用歌記錄了這件事：

（1）mi'ami'ami la i nirubuwa'an,
　　　多年　　　（在）發祥地
　　　hohaiyan hoiyan;
　　　吼嗨央　吼依央
　　　kamawan Da inaba (i) yaLuwan ika-emu-an.
　　　好像是　被遺忘的　　　　　　祖先
　　　marepa wuwa la kana 'ami kana buLan,
　　　逢到　　　了那　年　那　月
　　　marepakured la Datu wuwaruma'an.
　　　來到　　　了　祂　回來的時刻
　　　karabasakaw la i sering sering sering,

97 這次「分株」的行動，恐怕
　另有深層的部落政治意含，
　部落內當時和後來也有許多
　不同的解讀。

98 本段參見宋龍生《台灣原住
　民史‧卑南族史篇》，頁354-
　355。

扛起來，　　　　sering sering sering ,

re'abalanai la i sering sering sering ,

伴著它，　　　sering sering sering ,

gil (e) gilanai la i sering sering sering !

跳起來，　　　　sering sering sering !

merederedek la i baiwan la i Dung (e) Dungan ,

到了　　　　拜萬　　　東東岸 [99]

pinatengaDaw la i emu i ma'iDang ,

安座　　　老祖先

ta sasungaLan .

我們來敬拜

（2）akasangaLan Da temuwamuwan ,

歡樂　　　　祖先

hohaiyan hoiyan ;

吼嗨央 吼央

mukasa ta pinaka (i) yabuLai (ya) pinapadangan .

一同　　　打扮　　　　　　　盛裝

pana'uwanai ta patabanganai ,

呈現　　　　奉上

iDi na bekaLan na kababini'an .

這　　新　　　粟（小米）

kiyanunanai la i sering sering sering ,

禱祝起來　　　sering sering sering ,

arasenayai la i sering sering sering ,

吟唱起來　　sering sering sering ,

wuwarakanai la i sering sering sering !

跳起舞來　　　sering sering sering !

pana'ana'an ta pakasemangaL kan inuTungulan .

真誠　　　　取悅　　　　那源頭 [100]

pinatengaDaw la i emu i ma'iDang ,

安座　　　　　老祖先

ta sasungaLan .

我們來敬拜

99 baiwan（拜萬）、DungDungan
　　（東東岸），皆地名，指南王
　　部落。
100 inuTungulan，原意是指應該
　　要去延續、承接的，此處譯
　　做「根源」或「源頭」。

這首歌活潑、輕快，具象地描繪來到發祥地「分株」的隊伍一路上的模樣、動作；鈴聲配合鮮明的傳統服飾，樂舞本身就是娛悅祖先的供品。據說那一次迎請祖先的行動，頗為轟動；只可惜第二年（1959年）中央會所遭颱風襲擊倒塌，南王整個會所制度，旋即廢弛，這當然是部落無力回應日益惡化的現實之反映。日據時代還有像「購買組合」101或防止漢人大量移入部落的機制，但戰後這些保護傘都被撤除了，部落的人口、土地以及那看不見的文化力量，都一併崩壞。直到民國五十三年（1964），才在新接任的村長蔡勇貴（anting）以及古仁廣等人的號召下，由族人出錢出力，在原中央會所的位置重建了干欄式水泥建材的會所。

第二件事和「八二三炮戰」有關。國府遷台之初，國、共關係一直處在極度緊張的狀態。原住民剛放下「第一個國家」的槍桿，立刻又戴上鋼盔赴金馬前線，捍衛他們的「第二個國家」。民國四十七年八二三炮戰打的慘烈，陸森寶一連寫了三首至今仍然廣泛流傳、深植人心的名作。最有名的一首，當然是一九八〇年代被民歌手胡德夫唱紅的〈美麗的稻穗〉。按陸森寶的手抄本，這個歌的曲目應該是〈豐年〉。從題目和歌詞內容來判斷，這首歌的季節背景，應該是七、八月卑南族舉行收穫祭的時候，那是一個屬於感恩的季節。收穫祭的主角是家裡負責「種籽」的女性，因而這首歌陸森寶揣摩的對象是一個女人的心理，一個母親、一個妻子、一個情人、一個姊姊或妹妹的心情。兒子、丈夫、男友、弟弟或哥哥在前線炮聲隆隆，女人們在後方想什麼呢？尤其在這收穫感恩的季節，讓我們用「心」來聽聽看：

（1）結實纍纍呀，我們今年的稻穀，
　　　吼依央吼依央那魯嗨央，
　　　我們就接近了，接近收割的日子，
　　　吼依央，
　　　吼依央吼依央那魯嗨央，
　　　嘿呀歐吼依央，
　　　我要捎信，捎信給在金門的哥哥。

（2）長得好啊，我們今年的鳳梨，
　　　吼依央吼依央那魯嗨央，

101 全名是「卑南購買販賣組合」，為一種類似「合作社」的組織。曾振名指出：「日殖當局為防範土著之土地再度被漢族篡奪轉移，遂設立『卑南購買販賣組合』。該『組合』由九位日人一位土著組成『委員會』，掌管南王村之土地。該『組合』是『法人』組織，是故光復後由政府接管。近年社區發展迅速，土著們感覺到土地的重要，尤其在要改建屋舍時，申請建照，才發現百分之八十左右的社區土地，雖有使用權，但其所有權卻在該『組合』名下，於是發生許多佔用土地糾紛事件，此為當初成立『組合』時所始料未及之事。」

　　我們就接近了，接近載運的日子，

　　吼依央，

　　吼依央吼依央那魯嗨央，

　　嘿呀歐吼依央，

　　我要寄送，寄送給在金門的哥哥。

（3）茂盛高大呀，我們今年造的林木，

　　吼依央吼依央那魯嗨央，

　　我們就接近了，接近伐木的日子，

　　吼依央，

　　吼依央吼依央那魯嗨央，

　　嘿呀歐吼依央，

　　我要打造，打造船艦到金門。

整首歌的旋律優美而舒緩，沒有男人自以為是的殺伐之氣，聽起來就像台灣夏日的午後，女人在田邊樹蔭下乘涼，看著自己豐收的成果——女人負責生產，男人負責消耗——想著怎樣支持前方的男人。這就是母性，卑南族母系社會的靈魂！

　　另一首歌是〈思故鄉〉，是陸森寶早年培育指導的老歌手吳花枝（hanay）的成名曲。事實上，這首歌應該是男人唱的，陸森寶揣摩的是在前方作戰的卑南族子弟的心情，和〈美麗的稻穗〉正好一唱一和。同樣地，陸森寶這首歌曲裡的男人，不是以一個軍人、戰士的身份說話，而是以一個父親、兒子、丈夫、情人、哥哥或弟弟的感受發言。當人返回到生命的底層，高亢的愛國情操立刻顯得幼稚且虛假，就像蒼白的屍體。我們一旦用兒子或情人的角度去面對戰爭，四下巨炮的聲浪突然聽不見了，溫暖慈愛的力量流動心底，戰火中殘暴的靈魂因而被洗滌。這首前方戰士詠唱的歌，竟然沒有一絲一毫的肅殺之氣：

（1）我朝東方眺望，向著普悠瑪，

　　一隻鳥在飛，吼依央，

　　牠要飛抵部落，

　　あんちゃん思うとね，

あの子は元氣かね？
何時才是回家的日子，
我在金門。

（2）我朝東方眺望，向著普悠瑪，
　　一架飛機在飛，吼依央，
　　它要遍訪部落，
　　あんちゃん思うとね，
　　あの子は元氣かね？
　　爲何如此思念？
　　我在馬祖。[102]

這是一個卑南族遭逢世變洗禮的上一代知識份子對「八二三」的詮釋，多麼人性啊。對照近年來台灣學術界、民間、媒體和政治人物對台灣史的操弄，更見現代人的粗鄙與野蠻。

　　最後一首是〈當兵好〉，應該算是陸森寶的應景之作。其實，台灣在民國四十、五十年代，最活絡的藝文活動就是「勞軍」，對原住民而言，那也是表達效忠的一種形式，我在高一生、樂信・瓦旦的傳記裡，看到了同樣的情形。南王那段時期，在南信彥的鼓勵支持下組成了南王民生康樂隊，巡迴各地表演（圖91），風靡

102　〈思故鄉〉的版本至少有三種，陸森寶的手抄本裡，主角思念的是年祭裡的種種：陸賢文的版本與父親的寫本差不多，但有幾個地方的用詞有出入。而這裡我們用的是吳花枝的唱本，可以說是通俗版，一般傳唱都是這個版本。中間兩句日語非常溫柔、深情，我故意保留原文。「あんちゃん」通常是女子對親密男友的暱稱，而「あのこ」則是男子對親密女友的暱稱。此處，可隨演唱者「心裡所思」做比較寬泛的解釋。因此，族人每唱到這一段歌詞時，眼神中閃耀的神采會依其「所思為誰」而有不同表情，深刻極了。如果要勉強翻譯，或可譯作：「親愛的想著你啊，那個她（他）一切可好？」

圖91：南信彥（前排中坐者）與民生康樂隊成員合影。（吳花枝提供）

圖92：傳唱陸森寶先生歌謠的部落歌者吳花枝
　　　年輕時之留影。（吳花枝提供）

圖93：吳花枝結婚時，陸森寶與民生康樂
　　　隊的成員合影。（吳花枝提供）

一時。陸森寶參與了訓練、指
導的工作。他最親近的學生吳
花枝（圖92）（圖93）談到了
當時的情形：

　　「老人家可能很忙，有時到了晚上十點、十一點才來，做為
晚輩再怎樣也都得起床應對。老人家拿出他已經一張一張寫好詞
譜的白紙，釘在牆上。那時我看不懂譜，也不識日文。老人家先
一字一句教我唸，唸懂了，在一段一段教我唱。唱的時候，他一
定要求我面對牆壁高聲練唱，務必要練到清楚聽到自己的回音。
我真的很感激他，不只是因為他教會我唱歌，更重要的是，他讓
我這樣一個沒受過什麼教育的
人，有機會識字唸書。」[103]

103 吳花枝訪談記錄，二〇〇七
　　年七月十一日，台東。

　　當時南王民生康樂隊有陸
森寶的指導，不但贏得前往金
門勞軍的機會（圖94）（圖
95），也受到唱片行老闆的青
睞，錄製了一張專輯（圖
96）。〈當兵好〉這首曲子之
所以受到歡迎，和當時的政治
環境有著密切的關係。

圖94：康樂隊成員勞軍演出之情形。（吳花枝提供）

圖95：康樂隊成員於金門合影留念。（吳花枝提供）

圖96：於玲玲唱片公司出版的黑膠唱片封面。（吳花枝提供）

歌詞內容說「當兵好」，因為他可以保家衛民。鼓勵大家背著槍、帶著刀，將敵人的飛機、船艦，一架一架、一艘一艘擊毀；勸大家不必憂慮，因為後方有人做後盾。整首歌帶有強烈的進行曲味道。它雖是陸森寶創作歌曲中比較少見的特例，但有它的時代感。那時部落裡很多人去唸軍校，不少人嫁給了軍人。陸森寶的三兒子陸光朝士校畢業，三女兒、四女兒也嫁給了軍人。他的歌既寫大時代，也寫他自己。

除了這些與部落關係重大的事件外，在這段時期，陸森寶還溫馨地替自己最得意的學生吳花枝（hanay）寫了兩首歌，也變成吳花枝永生難忘的記憶。民國五十一年三月十三日，南王民生康樂隊的主唱之一吳花枝，嫁給長濱鄉的阿美族青年陳利新（Liway）（圖97）。吳花枝追憶當年：

　　「老人家真的很有趣，結婚的前一晚，我們正忙碌著明天婚禮的事。他趕來了，急著要我學他剛作好的一首歌，好在明天婚

禮獻唱給大家。我既緊張又感激，老人家當場就教唱了起來，歌很短，但充滿離愁。第二天我唱了，自己哭，大家也都哭了……。」[104]

歌名叫〈再見，大家〉，詞是這樣寫的：

(1) kaiku la aLiaLiya, kaiku la anaanaya；
　　我要走了 男伴們　　　　女伴們
　　kikaDukaDu la wawadiyana,
　　留著　　　吧 兄弟姐妹們
　　kasaLik(e)siku la mu kaLiDaDekan.
　　保重　　　　你們的 身體
　　suaresur kuDa kababaLiyan,
　　迎向　我　風
　　adawil ku kakawangan
　　遠　　我　路程

圖97：吳花枝與陳利新結婚照。
（吳花枝提供）

(2) kaiku la niruma'enan, kaiku la Liwawadiyan；
　　我要走了家人　　　去　　弟妹們
　　a eman la marekabaLu,
　　不要　　忘記
　　marayasa ta marewaDangi.
　　經常　我們 互訪
　　muDaLaDaLaw a kababuLanan,
　　圓　　　　月
　　ngangara kula mu raredekan.
　　等待　你們的　　到來

(1) 我要走了男友們，
　　我要走了女伴們；
　　留下來吧，我的兄弟姐妹，
　　保重身體。
　　我將迎風而行，
　　路程遙遠。

(2) 我要走了親愛的家人，
　　我要走了弟妹們；

不要彼此忘記，

而要經常互訪。

當月圓的時候，

我將等待你們的到來。

之後，吳花枝回娘家。再返回長濱時，親友們前來送行，大家合唱陸森寶的另一新作〈以後再見〉（〈祝福歌〉）：

waDukai niruma'enan，
　聚集　　家人
tununai pinapadangan；
　歡送　盛裝的
taranapaw la ikaLidaLanan，
　小心　　　路上
simesimewu mu kaLiDaDekan．
　珍惜　　　　身體
hoiyoyan hoaiyeyoyan，
ka'inabayu i ka'inabayu．
　珍重　　　珍重

親友聚集在一起，
歡送這新人；
路上小心，
疼惜身體。
吼依喲央吼啊依吔喲央，
珍重，再珍重。

兩首歌原來是為吳花枝作的，但後來部落裡每逢婚宴，大家都唱這兩首歌。前一首以一個新娘的身份說話，安慰部落的朋友、弟妹，並希望彼此不要忘記，經常來訪。第二首則以親族、朋友的立場，歡送新人，一路順風、珍重。

就這樣，部落裡不論是大時代的尷尬，或小場面的溫情，都在陸森寶的創作歌曲中被一一記錄下來。經過大家的傳唱，這些歷史文本，既不操控在歷史家的手中，也不屬於任何一個個人，它邀請每一個願意回到人性最單純情感的人，把握當下的感動。

伍‧三種皈依

一、沉醉於音符的人

　　提起陸森寶，大家除了異口同聲地指出他的好脾氣和謙退的性格外，另一個同樣讓大家印象深刻的行為，是他那隨時隨地出神作曲的「習慣」。三女兒陸淑英談到父親作曲的痴態：

　　「我父親在這麼忙碌的工作環境中，依然堅持要抽空為族人創作許多歌曲；所以，在他的創作道路上，難免會遇到一些有趣的事。舉例來說，我父親在田裡工作的時候，他的口袋裡一定會放一枝筆和一本小冊子。當他的創作靈感不斷湧現出來的時候，他就會立即跳進隔壁人家的香蕉園裡，然後拿起口袋裡的紙筆就開始創作起來。父親說靈感就如同天上傾洩下來的活水，如果不及時用容器將它裝滿，那麼很可能這活水從此就不再回來。起初我的母親覺得很奇怪，為什麼父親老是工作中突然消失無蹤？後來才知道原來是藏在人家的香蕉園裡，在那兒忘我地陶醉在自己的創作當中。被母親發現之後會有什麼下場呢？當然又是一頓嘮叨。

　　父親出外旅行的時候，也一定會把紙筆帶在身上。有一次他坐火車，就很自然地拿起紙筆又開始哼唱起來了。我們都知道創作很少是一蹴即成的，創作歌曲就如同雕刻藝術品一樣，必須精雕細琢才能呈現出好的作品。所以父親低著頭，很認真地一邊哼唱，一邊修改著他的創作歌曲。那時候，坐在父親座位旁邊的是一位中年婦女，她可能是第一次看到音樂家作曲的樣子吧？！她感到非常榮幸與驚訝，就用手指暗示她的女兒趕快過來看一看。當她們正看得入神的時候，父親突然抬起頭來，被她們嚇了一跳，這時父親才發覺旁邊有四隻眼睛正驚奇地看著他。」[105]

　　部落裡始終與陸森寶及其家人保持密切聯繫的曾修花，她民國四十年入學台東農校，是陸森寶早期的學生之一。她也是部落

裡有名的唱將，古今歌謠樣樣都行，近來走紅的歌手紀曉君是她的外孫女，她們都是陸森寶歌曲的愛好者與傳播者。她對陸老師因作曲鬧出來的笑話，記上了這麼一筆：

「陸老師的二姐陸秀蘭曾經聊起陸老師的糗事，她說她年輕的時候，有一次和大姐到山上砍木柴。那一天是大太陽，天氣熱得不得了，所以竹筒裡的白開水很快就被喝完了，正在苦惱沒水喝的時候，他們的大弟陸森寶也意外地來到山上。當時陸老師還在台東公學校唸書，年紀大約十五歲左右。姐姐很高興，就請大弟立刻回家提水來喝，大弟說：『遵命。』就精神抖擻地揹起竹筒往山下跑回去了。可是等了很久，仍然不見大弟回來，兩位姐姐開始擔心起來，心想是不是發生什麼意外？於是二姐就焦急地下山一探究竟。當二姐走到半路的時候，她看到眼前不遠之處，有一輛大牛車放在那裡，牛車的上方用很多樹葉遮蓋著，原來樹葉底下有一個農夫和一個少年在那裡遮蔭乘涼。那個農夫心情很好，唱歌很大聲，那個少年正向農夫討教如何唱歌。那兩人都躺在草地上翹著二郎腿，非常輕鬆自在的樣子。二姐就走過去定睛一看，才發現那個少年就是自己的大弟陸森寶。原來大弟被農夫的歌聲迷住了，以致把提水的事完全拋在腦後。二姐看了不禁火冒三丈、破口大罵，瞬間就把那兩人的興致完全粉碎了。陸老師的二姐笑著回憶說：那是她一生責罵她大弟僅有的一次。」[106]

最疼愛陸森寶的二姐inaiLan，一輩子責罵弟弟唯一的一次，竟和音樂有關；可見音樂在他的生命裡所佔的份量。他因音樂忘了該做的事，因音樂常遭妻子抱怨。大兒子陸宗獻談到他的親身經驗：

「我們都知道父親喜歡音樂，所以他身上一定會帶一本筆記本和鉛筆，無論走到哪裡就創作到哪裡。有一回，我跟父親坐火車到花蓮，一坐上火車，我就想要找機會睡覺或是看看窗外的風景。但是父親坐上火車以後，就拿出他的紙和筆，一邊哼一邊唱。我偷偷地看他的筆記本，發現裡面有好多一段一段的歌詞，我想他可能是先要作成好幾段，然後再將每一段組合起來，如此就可以變成一首歌曲吧！我在旁邊其實感到很吵，但又不能阻止

他，因為那是父親唯一的興趣。

　　尤其父親退休以後，那樣的情景更是常見，家裡、田裡、車上或是學校操場，幾乎都可以看到父親陶醉於創作的身影。但是我們家一直有個『反對黨』，那就是我母親。我時常聽母親跟父親抱怨說：『音樂又不能當飯吃，我們的孩子又這麼多，你一天到晚都在寫歌，到底能養活幾個孩子啊！』每次聽到母親這樣跟父親抱怨時，父親總是微笑以對，沒有加以反駁或吵架，他總是可以安撫母親不安的情緒。這一點，也是我一直想要學習的地方。

　　家裡的經濟來源，除了來自父親任教的微薄薪水之外，大部份都要仰賴我母親種田所得到的收入來養家。所以，父親有空的時候，就會被母親拉去田裡幫忙。但是嚴格來講，我父親只是到田裡當母親的啦啦隊而已，因為父親一直都是教書的，田裡的粗活對他來講根本就是一竅不通。母親在田裡的工作量，幾乎都是父親的十倍以上。而且父親除草的時候，總是先要搭個遮陽棚他才肯工作，可是遮陽棚搭好之後，太陽也差不多快要下山了。我時常發現父親除草的範圍，正好也是遮陽棚大小的範圍，可能是父親一邊除草又一邊尋找創作靈感的關係吧！因為一有靈感，他就會馬上放下工作，然後拿出紙筆將靈感寫下來。這樣的工作效率，看在我母親眼裡，當然難免要惡言相向。」[107]

歸納周圍這些人的見證，我們如果得出一個結論說：陸森寶是一個沉醉於音符的人，音樂是他的信仰也是他的皈依，應該不會是一個太離譜的論斷吧！所不同的是他沉醉於音符，不是為成就自我，而是為族人、為部落，一如他在自己作品手抄本的序裡說的那樣！音樂創作是他「奉獻」的一種方式，後來他成為天主教徒這樣的意圖就更加明顯了。四女兒陸華英說：

　　「我小時候常看到父親寫歌，當他每次作完一首歌之後，他就會把歌曲寫在一張大張的白紙上。然後到了晚上，他會把這一張白紙帶到村子裡，去教導我們族人如何演唱這首歌。有一天晚上，我父親也帶我一起去參與這教唱的課程。（中略）到達了南王村[108]，我們進入某個人的家裡，我看見許多人已經聚集在那裡，他們都很高興我們的到來。大約半個小時之後，父親就開始

107 見附錄二，頁183-184。
108 戰後陸森寶回到部落，但沒有住進南王，而是住在卑南舊社的老家，從那兒到南王有一小段路的距離。

教唱。父親會把白天所寫好的詞曲掛在牆上，就是那一張大張的白紙，然後會站在大張白紙的旁邊，愉快地教大家怎麼唱這首歌。（中略）曾經有人私下請問我一個問題，他說：『我知道令尊在歌謠創作上和教導上，確實花了很多心血和時間；所以我不禁想要請問，令尊有沒有得到什麼酬勞？』這是很好的問題，我自己也很想知道這個答案。後來父親才告訴我說，這是沒有酬勞的，這完全是一種奉獻的行為。可是父親又說，他卻因此而得到很大的快樂，尤其看到大家高興地演唱他的歌曲時，父親說那種快樂是無法言喻的。」[109]

圖98：陳光榮（後排右一）為天主教的傳教士。後排右三為陸森寶，後排左三為陸夏蓮女士。（黃貴潮提供）

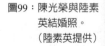

圖99：陳光榮與陸素英結婚照。（陸素英提供）

和同時代的原住民知識精英不同，他將生活奉獻給音樂，奉獻給部落。

二、天主教

　　民國四十四年代末期，天主教會迅速在台東地區傳播，神父們大都是瑞士籍的白冷會神父。他們創立高級職業學校（公東高工），也開辦傳教學校，嘉惠不少原住民的子弟。陸森寶的二女婿陳光榮（高森，takamoLi）即是教會成功培育的早期傳教士之一（圖98）。一九六四年七月十八日二女兒陸素英（森素子，miyoko）和陳光榮結婚（圖99），次年三女兒陸淑英和胡炳南結婚（1965年1月28日）（圖100）。胡炳南，江蘇人，隨國府來台的軍人，很早便退休成為天主教的傳教士，多年服務於花蓮。可能是因為這一層關係，陸森寶有機會接觸天主教的教義。

　　戰後對原住民最大的衝擊還是現實的經濟生活。大量的漢人進入部落之後，不諳「第二個國語」和種種「法律規章」的原住民，在那前後兩個國家交替，許多權利義務關係混亂的年代裡，原住民很快地喪失了自己本來可以擁有的優勢；尤其在貨幣遊戲的技倆上，原住民往往吃了大虧還不知道原因在那裡。三女兒陸淑英描述早年家裡的經濟狀況說：

　　「我父親在這一條創作歌曲的路上，其實走得很辛苦，因為在生活中有許多困難阻礙他繼續創作。最大的困難是什麼呢？我想最大的困難應該是債務的問題吧！我的父母親都是老實人，他們不喝酒、不抽煙、也不賭博，可是他們所生的八個孩子卻常常生病。那個年代生大病是很頭痛的問題，因為當時沒有勞保這一類的制度，所以全部的醫藥費都要由自己來承擔，有不少家庭因為如此而變得一貧如洗。我父親雖然是學校的老師，但是當時老師的薪水也是很微薄的，當時的社會有『窮教師』這樣的說法，表示老師的待遇也僅能夠糊口而已，賺不了什麼大錢。

圖100：陸淑英和胡炳男結婚照。（陸淑英提供）

　　為了應付家裡的各項開支，我的父母親不得已，才向一些有錢的大老闆借錢。但沒想到這一借之後，才發現這筆債務似乎永遠無法償清。後來才知道原來是高利貸的關係，難怪償還一筆又有新的一筆，光是追逐這些利息就已經令人快要窒息，我的母親曾因此而病倒一年。

　　總之，我們家裡的經濟情況是很困難的，所以我們全家人必須不停地工作。我們家裡有養許多豬，但是這些豬都是要賣出去的，不是要宰來自己吃的。我們家裡有幾塊田地，田地會依照季節而種植不同的農作物，我們會種稻子、甘蔗、大豆、白菜、茄子等等的農作物。白天我們可以到學校唸書，但是放學之後，我們全家老小都要一起工作，就是處理那些從田裡搬運回來的農作物，我們常常工作到很晚才有得休息。」[110]

這種經濟狀況，其實是原住民社會的通例，許多家庭的土地就這

110 見附錄二，頁177-178。

圖101：陸森寶與大兒子陸宗獻父子情深。攝於民國四十
　　　　五年。（陸賢文提供）

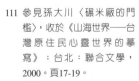

圖102：賀石神父，瑞士白冷會
士，南王本堂神父。
1974年一場車禍後，四
肢及視力受損，旋即回
瑞士療傷。他繼蘭嶼之
父紀守常神父之後，兼
蘭嶼教務，照顧許多蘭
嶼青年，如夏曼·藍波
安。1975年歸國前攝於
南王天主堂。（孫大川
提供）

樣莫名其妙的拱手讓人[111]。不過，這樣的經濟壓力，不論在實際生活上或在人格尊嚴方面，一定讓陸森寶有很深的無奈，他對妻子的忍讓，多少是帶著歉意的。三女兒在訪談中提到米店老闆來催債，父親躲起來避不見面的情形。依陸森寶的個性和行事風格，實在很難想像他當時的心情。而八個子女成長的歷程亦頗多風雨，身體狀況都不怎麼好。小兒子陸賢文三歲左右得小兒麻痺症，他最寄望的大兒子陸宗獻高中時代也深受精神疾病之打擊（圖101）。陸宗獻曾自責地說：

「自從父親過世之後，我才深深感受到自己根本沒有學到他任何一項優點。兄弟姐妹裡，我相信我是最讓他頭痛又憂心的孩子，從小到大一直都是。我沒有忘記父親曾經告訴我們說：『我所教育的孩子絕對不會變壞，因為我自己做給他們看了。』父親可以說是標準的『身教家』。每次想到父親所講的那一句話，就更加深我心中的罪惡感。我時常覺得我的行為讓我父親失望了，讓我的兄弟姊妹蒙羞，讓我的家族擔心。其實，我有好幾次想要了結自己的生命。自從我高中患了不定期憂鬱症精神病之後，就讓我的人生開始走向黑暗。好幾次我跟父親哭訴，父親也非常虔誠地為我禱告、打氣加油。可是，每次發病之後，就讓我愈來愈不相信神的祝福。我覺得自己愈來愈自卑，愈來愈沒有自信，不管在工作上或是人際關係上都逐漸自我封閉。」[112]

現實生活中點點滴滴這些令人憂煩的事，即使陸森寶一向是一個力求平衡、自持的人，恐怕也會感到脆弱無助。一九七一年聖誕夜，在南王本堂神父賀石（Hans Huser）（圖102）的授權下，由即

111 參見孫大川〈碾米廠的門檻〉，收於《山海世界──台灣原住民心靈世界的摹寫》；台北：聯合文學，2000。頁17-19。
112 見附錄二，頁184。

將晉鐸的卑南族準神父洪源成爲陸森寶施洗，聖名斯德聖。那一晚，大兒子陸宗獻也一同領洗了。我們雖然不能說陸森寶的入教，完全是爲了大兒子，但兒子的情況的確不是一般藥石所能處理。有時兒子晚上不能睡覺到處亂跑，老父親只能尾隨在後，一方面擔心他的安危，另一方面也顧忌別人的觀感。三女兒陸淑英在訪談中，揣摩父親的心情說：「所以，從那個時候他爲什麼很虔誠的信天主教，因爲心裡很難過嘛，自己的孩子變成這個樣子。他幾乎天天祈禱，也請我們的親戚來家裡祈禱。他已經無路可走了嘛，還能怎麼辦呢？」[113] 從世俗的眼光來看，或許陸森寶爲了維持自己整個人格的統合與平衡，必需尋找一個更高、更超脫的力量，使他能夠走出死蔭的幽谷。之後，一個清楚的轉變是，陸森寶不但未曾離開過教會，聖經的道理和堅定的信德，也變成了鼓舞自己兒女的力量泉源。

　　皈依天主教的另一個影響是，一九七一年之後陸森寶的音樂創作幾乎都和教會有關。一九六〇年代梵蒂岡第二次大公會議的結論之一，即鼓勵並積極推動教會的「本地化」工作。瑞士籍的本堂神父，不但學會了卑南語，也吃檳榔，還參加部落的祭儀。當時賀石神父推動了兩項影響部落極爲深遠的工作：（一）彌撒經文、主日讀經和聖歌的「卑南化」。（二）辦理「儲蓄互助社」業務。

　　在此之前，部落的彌撒經文幾乎完全沿用大陸的文言文。「天主經」（主禱文）的內容是這樣的：

　　「在天我等父者，我等願爾名見聖。爾國臨格。爾旨承行於地，如於天焉。我等望爾，今日與我，我日用糧。爾免我債，如我亦免負我債者。又不我許，陷於誘感。乃救我於凶惡。阿們。」

　　「聖母經」則如此：

　　「萬福，瑪麗亞，滿被聖寵者，主與爾偕焉，女中爾爲讚美，爾胎子耶穌，並爲讚美。天主聖母瑪麗亞，爲我等罪人，今祈天主，及我等死候。阿們。」

113 陸淑英訪談記錄，二〇〇七年五月二十五日，花蓮。

兩首經文，與其說是唱不如說是誦唸的方式，類近佛教的唸經。更不可思議的是那麼古奧的文言文，不要說原住民，即使是漢人也不一定看得懂。不過，部落族老還是虔虔誠誠的在每台彌撒中誦唸如儀。意思懂不懂不重要，重要的是天主懂我們的意思就好了。不僅如此，彌撒祭儀最核心的「成聖體」的部份，我們還得用拉丁文應答。梵二以後，教會禮儀的改革，就是要從這些地方著手。記憶中我的表舅、也是陸森寶南師的學長孫德昌入教後，即參與將主日彌撒的程序和讀經用日文片假名翻譯成族語的工作（圖103）。而聖歌方面，則完全落在陸森寶肩上。在他全力投入的情況下，陸續完成了整個彌撒曲，從「進堂詠」的〈頌揚上主〉、〈基督為王〉（〈歡喜的日子〉），順著〈上主垂憐〉、〈光榮頌〉、〈信經〉、〈奉獻詠〉、〈聖聖聖〉、〈信德奧跡〉、〈天主經〉、〈天下萬國〉、〈天主羔羊〉、〈除免世罪〉，到「禮成式」的〈耶穌基督〉、〈天主之母〉，族人終於有了一個完全屬於自己的信仰語言。每首歌不但充滿卑南族音樂的元素，配合譯出的族語用詞，也為卑南語的「神學」語彙，提供豐富的研究基礎。當中〈上主垂憐〉、〈聖聖聖〉、〈天主羔羊〉完全擬卑南古調編創，深受族老們的歡喜。更重要的是，我們有了自己的〈天主經〉：

i ama kaDi makasaT，semungaLa mi kanu ngalad，
　父　在　天上　　朝拜　　　祢的　名
paredeku nu Dekal nu bati kaDi isaT，
　降臨　　祢的國　祢的話在　天上
kamuwana mi iturus na i dare．
　如同　　我們跟隨那在地上
berayi mi garem Da naniyam kababaawan，
　給　我們　現在　　我們的　活糧
kana wawariwari，
　　　每天
Lapusu naniyam pameliyan，
　赦免　我們的　罪過
kamuwana mi kanu meLapus kana，
　如同　　　祢　赦免　　那
mipameliyan ka niyam．

(36) 彌撒感恩祭典　　　　　　　南王語系

(1) <u>Na wasavakan kana karomaan na ngadir na senay.</u>

(2) <u>markiumaomaL kana kainabayan.</u>

*: Ama, nu waLak, nu loem aperezu mi zia.

s: modaosa ta.

*: korpokasaya kanmu tu kainabayan kan Ama,Kan Kristo, kana loem.

s: korpokasaya kanu.

(3) <u>kiyalaposan Za pamLiyan na ngadir.</u>

*: wawadiyana,garem mukasaya ta kimianger,penatedeLa ta Zanta pamLiyan pakirungTa ta patabang.

s: semongaya mi kana Demawai na oniyan Za kinaoliz,ao kanmu kana wawadiyan, penatedeLa ku kana ku piningaiyan,kana ku pinakaLanganan,kemazi ao,kiaami ku kan Ina i Maria, kana miaLop, kana yanabayan kana Tao, aokanmu kana wawadiyan i muwa kianunanay ku kan Demawai.

*; Demawai i na oniyan Za kinaoliz i kaLamanu mi, laposu niyam pamLiyan, berai mi Za yaangad pataribuLteng.

s: modaosa ta.

(4) <u>KiaLaman kana Demawai</u>

*: Demawai kaLamanu mi.

s: Demawai kaLamanu mi.

*: Kristo　kaLamanu mi.

s: Kristo　kaLamanu mi.

*: Demawai kaLamanu mi.

s: Demawai kaLamanu mi.

(5) <u>puwalihu kana Demawai</u>

*:
s: kazi makasaT kasangalan i Ama na Demawai, na inabayan kazi dare wadaway La. ta karasemangalao,ta karasongalao, ta karapakabulayao ina kasangalan na Demawai. i Ama na Demawai na oniyan Za kinaolizi tu yawan i makasaT na misasa tu waLak kan Ama na Demawai i maizang i Yes Kristo. yo na melalapos kana pamLiyan i kaLaLamanu mi. yo na semababe- sab kana rapian i kaLa kiLengawi mi.

圖103：彌撒的程序與主日讀經被翻譯成族語。

得罪　　　　我們
aDi paLaLepe'an mi kana melalimaw ,
不要　陷　　我們那　誘惑
Le'aLawi mi kana kuwatisan .
免　　我們於　凶惡

我們的天父,
願祢的名受顯揚,願祢的國來臨,
願祢的旨意奉行在人間,
如同在天上。
求祢今天賞給我們日用的食糧,
求祢寬恕我們的罪過,
如同我們寬恕別人一樣。
不要讓我們陷於誘惑,
但救我們免於凶惡。

圖104:賀石神父於民國六十一年得空返瑞士,已成形的互助社社員特別舉辦了歡送會。著傳統服的賀神父旁邊亦盛裝者為陸森寶。(陸賢文提供)

賀石神父一九七四年因車禍重傷,不得不返回瑞士長期治療。事隔十二年之後,我趁在比利時唸書之便,赴蘇黎士探望他。走下火車站地道時,他要求我用卑南語唱〈天主經〉,他也隨著吟唱,兩人都淚流滿面。

圖105:南王互助社紀念座。(陸賢文提供)

賀神父另一項重點工作,是在南王堂區設立儲蓄互助社,這是一種寓小額貸款於儲蓄的互動機制,藉大家的力量幫助大家(圖104)。他一方面培訓管理人才,另一方面也舉辦各項說明會,協助大家了解整套制度。陸森寶不但成了互助社忠實的社員(圖105),還特別為它寫了兩首歌。第一首歌

〈讚揚儲蓄互助社〉改編自日本歌謠，有奮戰的節奏。內容強調單獨一個人、少數幾個人的力量很小、成就很慢，鼓勵大家團結、互助，擺脫困窘，榮耀puyuma。這首歌，後來也成了南王儲蓄互助社的社歌。陸森寶過世那年年底，互助社特別將歌詞連同簡譜製成紀念座，以誌不忘。第二首〈達到六千萬〉，寫於一九七七年。那一年南王互助社的股金累積到三千萬元。為鼓勵大家再接再厲，陸森寶寫下這首歌，要求族人向六千萬邁進。

卑南族的天主教會裡，還有一件盛事：經過多年修道的考驗，知本兩位青年洪源成、曾建次，終於在一九七二年晉鐸（圖106）（圖107），陸森寶作曲紀念：

（1）ta Diyan masasangaLa mapiyapiya，
　　我們來　歡慶　　　全部
　　pinu apuTan pinakabuLai la iDi bangesar，
　　已戴上花環　已著裝　了這個　青年
　　amawu na tinuDu na pinubatiyan，
　　是　　那　被指定那被預許的
　　chen-sen-hu，ta kuwarenangan，
　　曾　神父　我們將跟隨的
　　muyisaT na kangaLadan i punuyumayan．
　　提升　　　名聲　　　卑南族

　　我們同來歡慶，
　　已為這個青年
　　戴上花環，裝扮完成。
　　他是被指定，被預許的；
　　曾神父，我們要追隨的，
　　（因為你）卑南族的名聲被舉揚。

圖106：花蓮教區主教費聲遠向曾建次神父道賀。（陸素英提供）

（2）ta Diyan senasenayai mukasakasa，
　　我們來　歡唱　　　一同
　　pinu irisan pinakabuLai la i na pinamiLi，
　　已戴上羽毛 已著裝　了這被揀選者

圖107：陸森寶與兩位新神父合影。（陸賢文提供）

TinuTuwalan la ta pakakalangan，
已開　　　了我們的道路
hong-sen-hu，ta kilengawan，
洪　神　父　我們要聽從的
semenan na kangaLadan i punuyumayan
光耀　　　名聲　　　卑南族

我們同來歡唱，
已為這個被揀選的
戴上羽毛，裝扮完成。
我們的道路，已被打開；
洪神父，我們要聽從的
（因為你）卑南族的名聲被光耀。

（3）ta Diyan uwarakanai inuwaDukan，
我們來　歡跳　　　聚集
pinukiruwanan pinakabulai la i na pinaragan，
已著裝　　　已裝扮　　了這祭司
pinasenanan la ta uwabakaran，
光照　　　　了我們成長
chen-sen-hu，hong-sen-hu，
曾　神父，洪　神　父
muLiguwa na ngaLad mulepulepus．
讚頌　　　　名聲　　永遠

我們同來歡跳，
已為這祭司
著裝打扮。
我們的前途，已被光照，
曾神父，洪神父
光榮名聲直到永遠。

　　　將神父形容成被預許、指定、揀選的「ragan」（部落祭司），
用花環、羽毛裝扮他們，並圍著他們歡唱起舞。整首歌的語言和

意象，幾乎是「會所」（paLakuwan）的疊影。陸森寶用音樂實踐基督信仰的本地化。

三、永遠的 paLakuwan

　　和所有傳統的卑南族少年一樣，即使在充滿渴望地接受「第一個國家」的所謂「現代教育」的同時，陸森寶一直沒有忘記他的「paLakuwan」。後來青壯年時期出外求學並輾轉於花東海岸一帶教書，比較疏遠於自己的部落傳統；但一九四五年一返回家鄉，他又立刻投入部落的工作，用音樂寫他的paLakuwan。學生曾修花提到當年為歡送畢業學長，陸森寶特別創作了〈卑南山〉這首歌，勉勵大家要以自己是卑南族、台東人為榮，歌是這樣寫的：

（1）aDenan i kama'iDangan , atengal i kapuyumayan ,
　　　山　　古老的　　　　峰　　　卑南的
　　　temabang i kababuTulan , temungul i diladilang .
　　　眺望　　　蘭嶼　　　　遙指　　關山
　　　amawu na mingaLad i kaLaLawuDan ,
　　　是　　那 有名望的在 東方
　　　amawu la na kimangangayi la
　　　是　　那　被傳誦
　　　kaDiyu kan emu i kinaDiwan .
　　　在那　　　祖先　的地方

　　　古老的山，普悠瑪的山
　　　眺望蘭嶼，遙指關山，
　　　它是那在東方有名的
　　　是傳說中祖先起源的地方。

（2）pakasaT Da kalikuTeman , buLai tu inudawayan ,
　　　之上　在雲層　　　　美麗它的　形狀
　　　temabang i kadaibuan , temungul i marangesat ,
　　　眺望　　　大武山　　目看　　　天際

amawu tu dinawai kan demawai,
是　　　　製造　　　創造者
amawu tu pinakababuLai kanta
是　　　　美化　　　我們
kaDini i makaLawuD.
這　　　東方

在雲層之上，姿態雄偉
眺望大武山，極目天際，
它是造物主的傑作，
為美麗我們的東方。

台東有山有海，是造物者和祖先眷顧的地方，這是陸森寶反覆傳達的主題，他有堅強而明確的部落認同。即使在他入教之後，從他創作的歌曲內容來看，他的paLakuwan信念和他的天主教信仰之間似乎毫無捍格之處。精通卑南語、日語的曾建次輔理主教說：

「我實在無法了解陸森寶為什麼可以將天主教和我們的傳統信仰，連繫的這麼自然又天衣無縫，唱他的歌、揣摩他的歌詞，感覺不到有任何的勉強。」[114]

在我看來，陸森寶之所以能夠進出、來去自如，是因為他是一位良善心謙又心思單純的人。我不知道這裡有什麼高明的理論，可以拿來分析這種現象；不過，這十幾年來細細觀察體會我九十四歲老母親的信仰生活，我更加肯定這些心思單純、專一的人，非常擅長擺脫複雜事態的牽扯，掌握既簡單又普遍的人性元素，然後做出抉擇。

仔細檢查陸森寶的親筆自傳原件，我發現他在寫自己少年自傳的同時，似乎有另一個更大的計畫。在裝訂成冊的原件裡，他有一頁只有題目卻沒有內容的空白欄頁（圖108）。時間是「民國七五年六月十七日作」，那是他寫完少年自傳之後的事情。分「A冊」，顯然另有別冊（B冊），我們無法推定其內容，可能就是他自傳的那一部份吧！計畫中A冊有兩項：一是「原稿歌曲」，二是

114 曾建次訪談記錄，二○○七年五月十七日，台東。

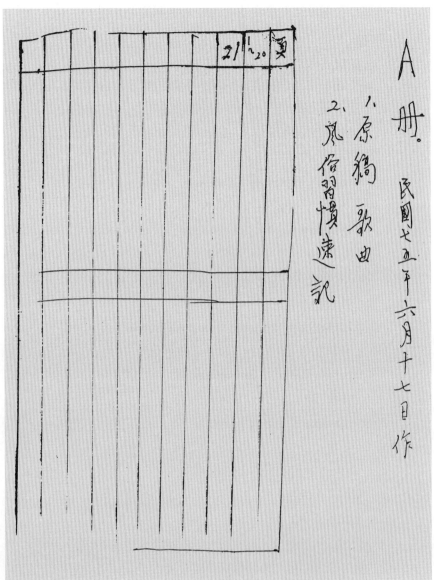

圖108：陸森寶手稿空
　　　　白欄頁。（陸
　　　　賢文提供）

「風俗習慣速記」。「原稿歌曲」會不會指的是他七十三年二月二
十日整理的手抄本《山地歌》呢？至於「風俗習慣速記」，就完全
沒有可資憑斷的資料了。不過，後來在我聽取家屬提供的十幾片
老舊不堪的錄音帶時，發現那是一堆頗為零亂的訪談錄音，是陸
森寶召集部落老人暢談自己親身經歷的傳統風俗習慣。大概分好
幾次採錄，陸森寶每次都提醒大家做這樣的「文化研究」的目
的，乃是要為後人留下線索。內容很細很雜，有追女朋友的規
矩、婚姻習俗、少年猴祭、大獵祭、「會所」等等。這應該就是
「風俗習慣速記」的素材基礎了，可惜陸森寶兩年不到便病逝，此

一寫作計畫終究無法完成；而錄音帶裡的老人們，亦皆作古，空
留餘音。

　　不過，這批錄音資料的存在正好證實了陸森寶晚年心思之所
繫，依然是部落而已，那是他最後的歸宿。就在這段時間，一九
八五年他寫了〈海祭〉：

（1）wuniyan Da kabinian i kinaDiwan ,
　　　沒有　　　種籽　在　家鄉
　　　tu ayaayaaw paredek i kababuTulan ;
　　　　尋找　　　到　　　蘭嶼
　　　tu aTebungai la , kasemangaLan la ,
　　　　找到　　了　　高興　　了
　　　tu laselaseDaw , maruwaruwa la pukiDayayan ,
　　　　藏匿　　　　可以　　　　送往西岸
　　　tu pubiniyanai la , tu sapusapuraw la ,
　　　　播種　　　　　　繁衍
　　　tu paredekanai la kanta garem .
　　　　延續　　　　　　至今

　　　家鄉沒有種籽，
　　　尋找到蘭嶼；
　　　找到了，高興了，
　　　將它藏匿起來，終於可以帶回西邊。
　　　種下它，讓它繁衍，
　　　延續至今。

（2）amawu la na kasangaLan Da temuwamuwan ,
　　　是　　　歡喜　　　祖先
　　　i nu kasemabal pakelaDam i karuma'an ;
　　　　起早　　告知　　　祖靈屋
　　　masikasik la muLaLiyaban la ,
　　　出發　　了　　海祭
　　　meresiuk a miyabetan , pakelaDam a ma'iDangan .

炊煮　　　年輕人　　　告知　　　老祖先
karasungaL la , karapeTik la ,
祭拜　　　　　獻酒
temara pumaderu la kanDi ma'iDang ,
供奉　米飯　　　　這　　祖先
ameli a rareTa'an , buLai a kakuwayanan .
不該　　放棄　　良善　　習俗

祖先歡喜的日子到了，
及早到祖靈屋祭告；
出發，去海祭，
年輕人煮小米，老人家禱祝。
祭拜，獻酒，
向祖先供奉。
不該放棄，這是美善的習俗。

歌的背後，有一段南王部落和蘭嶼人之間的傳說故事。敘述南王人前往蘭嶼偷小米種籽的經過，這是海祭的由來，是南王人感恩、回饋的祭儀。陸森寶將傳說故事入歌，唱法亦如說古，平鋪直敘、娓娓道來。海祭是南王人最不同於其他卑南族部落的儀式，陸森寶晚年用歌傳述它，是他用音樂寫成的文化研究報告。

一九八八年三月二十日晚上，陸森寶在書房白板上抄下了他剛完成的一首新歌，沒有題目。三月二十二日，他隻身上台北探望三兒子陸光朝，光朝努力回憶那一晚的細節：

「之前，有兩位父親台南師範的學弟到台東探訪。十幾年不見，父親高興極了，帶著他們上山下海玩了兩三天，晚上也興奮地睡不著覺。第三天又急著要上來台北看我 [115]。媽媽跟他說，先休息一下，睡飽再上來。但爸爸說：『大丈夫！大丈夫！』（日語）堅持坐火車上來。事實上那時他有高血壓，做護士的二嫂叫爸爸把藥帶著，爸爸說哎呀沒有問題、沒有問題，因為大概有六、七個月沒吃藥了，應該沒問題。到台北的那個晚上，我買了一瓶

115 根據胡台麗〈懷念年祭：紀念卑南族民歌作家陸森寶（BaLiwakes）〉的記載，陸森寶這一回上台北，主要是為了要勸小兒子陸賢文（bun）回台東工作的。參見胡台麗著《文化展演與台灣原住民》。台北市：聯經，2003。頁517。

600CC的啤酒，「bun」（陸賢文）、我和爸爸，一人一個紙杯，配點小菜，聊天聊到兩點半，爸爸說：お休みなさい。並說希望我第二天（星期日）帶他去逛街。把門帶上，我繼續和bun聊到三點半，bun還進去陪爸爸睡最後一晚，沒發現異狀。結果第二天八點鐘，bun很焦急的敲我的門，我起來，他說爸爸叫不醒了。哇，我覺得事態嚴重，馬上送到榮總去。觀察兩天，進行斷層檢查，醫生說以他的經驗恐怕希望不大，第三天一早，我們辦出院把他帶回台東家，旋即病逝。」[116]

　　之後，二女婿陳光榮注意到了白板上的曲子，抄錄整理後，成了陸森寶的最後遺作，〈懷念年祭〉：

mikiyakarunan ku isiDumayan，
有工作　　　我 外地
aDi ku pakawurumaruma，
不能我　經常回家
hoiyan hoiyan iyahohaiyan．
aDi ku abaLu sonomukasi，
沒有我忘記　那個傳統（日語）
tu pu'apuTai ku kan nanali，
給戴花環　我的母親
muka ku muwaraka i paLakuwan．
去　我 跳舞　在會所

我有工作在外地，
不能經常回家，
吼依央吼依央依呀吼嗨央
我沒忘那古老的傳統，
母親給我戴上花環，
我到paLakuwan跳舞。

「paLakuwan」是陸森寶寫的最後一個字，這一個字似乎也可以貫串他整個生命。光朝說這是父親揣摩他的心境寫的，那天到台北一下火車，便急著拿出來給兒子看，說只完成了一段歌詞，準備寫三段[117]。中央研究院民族所的陳文德回憶說：那年年祭他在山

上看到老人家在一旁哼哼寫寫，應該就是在苦思年祭的音符吧 [118]！陸森寶的得意弟子吳花枝（hanay）說，老人家北上之前，曾到家裡探望，出示他的新作，並答應回來後要教她唱完全首。當然，這已成了他最後一次以老師的身份跟自己最鍾愛的學生說話 [119]。

光朝說的沒錯，父親的懷念年祭應該是替他寫的；不過，任何一個出門在外的卑南人，只要唱起這首歌，恐怕都會覺得這是老人家扣著他的心弦寫的。至於我，則寧願相信這是陸森寶寫給自己的輓歌，描述他返回原點（paLakuwan）寧靜卻又帶著幾分傷逝的心情（圖109）。他的確回到了自己的paLakuwan，但卻有愈來愈多的卑南人成了回不了家的遊子；他走了以後的paLakuwan會不會變得愈來愈冷清呢？他的體諒讓那憑弔的情緒更濃了……。

118 今年七月十六日在台東老家排練陸森寶的創作歌謠，準備錄製他的紀念CD，來訪的陳文德教授，提到了那一次令他難忘的印象。

119 吳花枝訪談記錄，二〇〇七年七月十一日，台東。

圖109：陸森寶入PaLakuwan同年齡階級的伙伴（sakaputan）。同排中坐者為陸森寶。（陸賢文提供）

陸‧尾聲

一、身教大師

　　孩子們眼中永遠的反對派、愛念經的班長陸夏蓮女士，在陸森寶眼中，卻是他永遠的至愛。他們於昭和十四年（1939）結爲連理（圖110），將近五十年的婚姻生活中，雖遭遇各式各樣的困難，卻恩愛如常（圖111）。嘮叨的妻子，不但沒有減損陸森寶對她的疼愛，更處處替她迴護。孩子們都說，他們幾乎沒有聽過父親對母親回嘴。三女兒陸淑英說，父母親一輩子從未分過床，這也是父親過世後母親最不適應的事。據說陸森寶在新港公學校教書時，曾有一段和一位日本女子的戀情，因雙方家長反對而作罷[120]。後來追求南王頭目家族的陸夏蓮，原初陸夏蓮並不願意，但被陸森寶的誠懇感動，從此一輩子相依相守。陸光朝曾好奇地追問過當初事情的原委：

　　「他們眞是絕配，我眞受不了，怎麼會有這樣子的夫妻啊？我問媽媽：你們是怎麼結婚的？因爲很難想像啊，學歷差那麼多、修養差那麼多，怎麼會湊在一起？結果我媽媽還沾沾自喜，她說：嘿，以前我還不想嫁你爸爸哩。

120 見胡台麗著《文化展演與台灣原住民》，頁520。

圖111：陸森寶夫婦環島旅行中，民國75年。（陸賢文提供）　　圖110：陸森寶、陸夏蓮結婚照。（陸賢文提供）

我說，那後來爲什麼又嫁了呢？媽媽說，那時候是因爲覺得兩個人教育程度差太多，連講話都不好意思講，怕講出來變成笑話，不敢高攀。後來你爸爸邀我出來問：爲什麼不願意嫁給他？媽媽說：我什麼都不懂，什麼都不會，什麼都不行，怕耽誤你。結果爸爸說：馬戲團裡面的動物，經過訓練之後，都能表演的那麼好，何況人呢？媽媽感動了，終於接受這個婚姻。」[121]

圖112：陸森寶、陸夏蓮夫妻合照。（陸賢文提供）

從此夫妻兩人一動一靜，一個沉默一個聒噪，永遠激不起具有戲劇性的衝突（圖112）。大兒子陸宗獻說：

「自從父親過世以後，母親的身體也一落千丈，失去了動力。有好幾次，我從我孩子的口中得知母親對我的憂心，也好幾次，我在電話中與母親互相問候。我可以感受到她對我的關心，依然絲毫未減。我想我徹底地讓她擔心失望了，然而我沒任何成就，我怎麼回到她身邊呢？我知道她的身體愈來愈差，有時候，我很想衝動地搬回台東到她身邊，陪她走完人生最後的路程，但是我知道這樣回去，不但幫不上忙，而且還會帶給她更多的困擾。唉！這種複雜的心情，實在筆墨難以形容。」[122]

陸夏蓮於民國九十二年年祭期間（12月30日）過世，享年八十二歲。兩夫妻在世的時候，盡一切力量維繫整個家族的團結（圖113）；如今陸家後代枝葉茂盛，子女各有自己選擇的道路，但他們都承襲陸森寶低調、謙退的家風。做爲「身教家」的陸森寶，事實上不只一次爲子女們留下庭訓。民國七十四年三兒子陸光朝開設「惠友樂府」音樂教室於台北。陸森寶寫了一些勉勵的話（圖114）：

「參加民國七十四年十二月二十九日惠友樂府的開幕典禮時，我有感而發想了很多事，在此將其逐條寫下：

121 陸光朝訪談記錄。二〇〇七年五月十一日，台北。
122 見附錄二，頁186。

圖113：早期全家福合照。
　　　　（陸賢文提供）

（一）為人處事，信用第一：希望能成為眾人喜愛的人，讓人覺得
　　　這個人是好人，講信用的人，很想和他成為朋友。

（二）時時不忘保有開朗、親切的態度：希望能讓顧客稱讚：惠友
　　　樂府店家既開朗又親切，一踏入店裡就讓人覺得很舒服。

（三）動怒之前先慢慢地冷靜下來，心平氣和之後再談：即使遇到
　　　令人生氣的事，也不要輕言動怒。如此一來，和對方的溝通
　　　也會更順利，更能打動人心。

（四）接待顧客，需時時保有認真的態度，應謹記於心：店員的言
　　　語和認真的態度是左右顧客心理的關鍵。我聽光朝說有位顧
　　　客原本在別家店支付了一千元的訂金，打算購買一台鋼琴；
　　　但是他被光朝認真的態度感動而改變心意。他說：『好，我
　　　決定買這台鋼琴，我想買下你的真心誠意。』隨即付現買了
　　　你店裡的鋼琴，這是因為顧客深受店家之真誠態度所感動。
　　　這個認真的經驗永不可忘！

（五）唯有夫妻同心協力，方能達成目標：只要光朝和美雪互信並
　　　同心協力，必能在眾人的祝福下，早日達成目標。切記，要
　　　同心協力！

父の言葉

民国七十四年十二月廿九日恵文楽府の開幕典禮の時父は之に参加して色々な事を考へた、感想のまゝに書き述べて見たいと思つている。

一「世の中は信用が第一である」
良い人だ、信用のある人だ、此の人なら進んで友達になつても良い、と誰からも好かれる人になりたい。

二「朗らかで親切な態度が大事である」
恵文楽府の店の人は、朗らかで親切である。店の中に入ると自然に朗かな感じがする とお客さんから喜ばれる様になりたいものである。

三「怒る前に、ゆつくり落着いてからお話をしなさい」
怒りたい事があつても ゆつくり落着いてから お話をすれば 相手には了解し易く 感動もされる。

四「お客さんに對しては、常に真剣な態度が必要である」
店員の話し振りと真剣な態度によつてお客の気持はすぐ変るものと思はなければいけない。
光朝から聞いた話の中に、他所の店で已に一千元の定金を出して ピヤノを買はうと決めていた お客が光朝の真剣な話振りと態度によつて、すぐ心が変つて「よし、私は此のピヤノを買う事にしよう！私は貴方の真心を買いたいのだ！」とすぐ現金を出して貴方の店のピヤノを買つた、と云つた。それは売る人の真剣な態度に感動したからである。
此の真剣な経験を何時迄も忘れてはいけない。

五「夫婦は常に相協力する事によつて始めて目的を達成する事が出來る」
光朝と美雪が常に相信じ相協力するならば皆さんの目的は必ず達成を早める事が出来ると思ふ。必ず足並を揃へて進む事を忘れてはいけない。

六「健全な事業は健康な身体が造り上げるものである」
不健康な体は絶對に仕事が出來ない。これからよく体に気を付けて病氣にならない様に。若し病気が発生した場合はすぐ治療する様にしなさい。

七「交通事故の多い世の中だ、と毎日気を付けなさい」
交通事故の原因は、運轉の急スピードと酒のヨッパライ、この二つが最高であると誰も知つているが、よく忘れる
最後に交通規則を嚴守して事の起らない様に心掛けなさい。

以上。

民国七十五年一月一日　父陸森寶書、

圖114：陸森寶勉勵三兒子光朝的親筆書信。（陸賢文提供）

（六）唯有健康的身體方能締造健全的事業：沒有健康的身體是絕
　　　對無法工作的。今後，要注意身體健康避免生病。萬一不幸
　　　生病了，應立即就醫治療。

（七）交通事故頻發的時代，應時時注意交通安全：交通事故的發
　　　生大多起因於開快車或酒後駕駛，這是人人皆知，但往往易
　　　被忽略。最後，希望你能嚴守交通規則，隨時注意交通安
　　　全。」[123]

　　二兒子陸誠惠退伍之後，父親同樣給他一些簡要的訓勉：

　　「我退伍之後就在某個機關上班，雖然我已長大，但是父親
偶爾仍會給我一些提醒和忠告，他說：（一）做事要有目標、耐
心、恆心，要學習牛的精神任勞任怨。（二）不要染上任何不良
嗜好，如抽菸、喝酒等等，以免影響健康。（三）在家裡與兄弟
姐妹之間要說和睦的話，出外與人相處也要和氣待人。（四）選
擇終身伴侶的條件有三：（1）先看她的父母親為人如何？（2）
她的品德好不好？（3）她的身體健康好不好？也要注意優生學。
（五）夫妻相處難免會有爭吵，但爭吵不表示婚姻亮紅燈，如果是
有建設性的爭論，倒是好事。所謂建設性的爭論，就是談論如何
使這個家庭更好、更和諧的話題。」[124]

這些話看來都是老生常談，還給人一種八股的感覺，但我們一旦
了解這裡所舉的每一個條文，都是陸森寶一項一項身體力行、全
力以赴的生活信條；那麼，它便有了血肉，號召我們一同去踐
履。更令人感佩的是，陸森寶在號召自己的妻子、子女、學生或
親友恪遵這些倫理原則的時候，不但以身作則，而且是以極盡溫
柔、謙退、耐心的方式來進行。三兒子陸光朝就說：

　　「我們長大之後，父親給我們的感覺越來越像是朋友，而且
是非常珍貴的朋友的那種感覺，有時真的很不習慣。每次講話的
時候，他總是把我拉到跟他好像是同輩的位置；甚至走路的時
候，我不敢跟他平起平坐，想要退後一步，他總是要把我拉上
來，很不習慣……。」[125]

依照卑南族傳統「會所」（paLakuwan）的規矩，成年禮之前的勞役苦行階段（miyabutan，約十五至十八歲），卑南族男子的確要經歷一段非常嚴酷的考驗，包括不得裝扮自己（不得染齒、不得清洗身體和臉、不得戴花環、不得穿彩色的布、刀鞘不得上色、禁止頸飾和指環等）、克盡長幼之序（面對長輩不准笑、與長輩同行應代其背負所攜物品、路上遇長老應佇立待其通過、不可在長老面前抽菸、長老坐在火塘邊時不得靠近火塘、長輩用餐完畢才可進食等）、耐餓抗睡，以及不得唱歌、吹口哨或喧鬧等等[126]。從教養的角度來看，這是一種極度壓抑個人身體、意志和情感的磨練過程。在陸森寶身上，我們發現miyabutan訓練中高度自我節制的傳統，有著明顯的體現。用我們卑南族傳統的倫理術語說，一個男人若無法達到上述自我節制的要求，那是一件「羞恥的事」（卑南語：ka irayan）。我懷疑我們上一輩的族老，面對軍國體制下摻雜著武士道精神的日本教養，一定感覺到某種人格典範上的相應[127]。不過，要能像陸森寶那樣循循善誘、溫柔陪伴，並超越年齡階級，平等對待周圍的人，這又似乎凌駕了自己文化的制約，觸及到純粹的倫理問題本身。我認為陸森寶一生最發人深省的一點是，他以親身的實踐，為我們示範了一個身處雙重斷裂時代的人，如何以統一的倫理信念，不讓自己的人格徹底潰敗。這才是我們原住民今天所要面對的最深層的問題。

二、回音

一九九一年底，陸森寶病逝三週年之後，「原舞者」在人類學者胡台麗的帶引下，到南王進行田野訓練，他們找到了陸森寶的故事，也在二女婿陳光榮和學生曾修花的指導下，完成了「懷念年祭」的製作（圖115），並在一九九二年七月十四日至八月四日全國六場巡演。就在那一年「原舞者」不但獲得該年度第十五屆「吳三連文藝獎」舞蹈類獎，並獲選為文建會「扶植國際表演團隊」。這之後，陸森寶始終就沒有跟「原舞者」分開過：

● 一九九二年十二月二日至一九九三年六月二日，「懷念年祭」在十二所大專院校展演。
● 一九九二年製作出版「懷念年祭」錄音帶。

126 台灣總督府臨時台灣舊慣調查會原著，中央研究院民族學研究所編譯《番族慣習調查報告書：第二卷阿美族‧卑南族》，台北市：中研院民族所，2002年。頁294-295。

127 我在我父親、表舅、姨丈和眾多受過日本教育的長輩身上，看到同樣的人格形貌，只是不如陸森寶那樣精純。

圖115：原舞者演出「懷念年祭」，傳唱陸森寶先生的音樂。（原舞者提供）

- 一九九三年與「雲門舞集」合作出版「卑南之歌」CD。
- 一九九三年赴美演出「年的跨越」。
- 二○○一年九月年度製作「再懷念‧年祭──原舞者十年」。
- 二○○三年九至十月赴德、法演出「年的跨越」。
- 二○○四年三月發行首套「年的跨越」有聲CD專輯。
- 二○○五年元月至十二月設置「台灣原住民樂舞數位博物館──卑南族篇」網站。
- 二○○六年四至六月原舞者大專院校「年的跨越」巡迴示範講座。

這之間其他許多大小場合的演出，也常常安排陸森寶的曲目，雖然這些展演不完全以他為唯一的主線，但以個人的作品作為傳統樂舞演出的搭配，十五年「原舞者」的歷史裡，也只有陸森寶這麼一個特例。今年（2007）年底，是原舞者從台北搬遷至花蓮池南的第一次巡迴製作演出，主題是「杜鵑山的回憶：阿里山鄒族高一生先生紀念演出」。高一生（yata uyongana，矢多一生），阿里山鄒族人，當過鄉長，不幸因「二二八事件」的牽連，而橫遭槍決，英年早逝，他是上一代台灣原住民知識份子的大悲劇（圖116）。在追索陸森寶在台南師範的文獻中，我們不但發現到高一生是陸森寶高三班的學長，還知道他和我的表舅孫德昌是六年同

圖116：高一生全家福照片（高英傑提供）

班同學。在檢閱鄒族浦忠成教授今年完成的《政治與文藝交纏的生命——高山自治先覺者高一生傳記》一書的圖錄時，處處見到表舅的身影，不禁悲從中來。表舅是為我穿上藍巾（pubaLisen）的人，等於是我終身的義父，他於民國四十三年左右被迫從賓朗國小退休，而於民國七十四年底，抑鬱以終。表舅在世時，我從未聽過他談起高一生，同樣地在陸森寶眾多的追憶裡，也沒有人提起高一生。對這一段求學階段的友誼和記憶，他們顯然強迫自己遺忘。在一次和高一生公子高英傑的談話中，他透露自己七、八歲時（約民國三十七年）陸森寶曾率卑南族青年到訪阿里山，並還能哼唱當時他們所表演的樂舞。這才是事實的真相！原住民第一個國家培育出來的精英，本來有機會團結合作，開創族運。無奈世事多變，我們的第二個國家讓一切扭曲、歸零了，大家只能選擇遺忘。

　　高一生也擅長作曲，原舞者今年的製作演出，等於是讓這兩位台南師範的學長學弟在舞台上重新相遇。這不但是原住民樂舞展演新的里程碑，也是上一個世代的人在我們這個世代的回音，我們可以藉此循聲聆聽他們的豪情與悲涼，並重新建構台灣原住民這一百年的知識階層史。

　　高一生以及他那一個世代原住民知識份子，都個別選擇了自己的道路。陸森寶也作了選擇，但他選擇的是一個單純、寧靜、溫柔卻又堅定的道路：用歌陪伴族人的腳步，用人格的力量樹立典型。從蕃人公學校、台南師範，到成為一個窮教員；從放牛生涯、少年會所、天主教會到paLakuwan。我們清楚地看到，陸森寶如何將一切看似矛盾對立的東西正向地整合起來，無怨、無恨也無悔。他腳踏實地活出他每天的生活，不論順遂、貴賤，他都能一體對待、一體承受。他這樣愛他的第一個國家，也這樣擁抱他的第二個國家；他這樣接納他嘮叨、暴躁的妻子，也這樣陪伴他各有狀況的子女。他以音樂為工具，記錄每一個過程，也讚美每一個過程（圖117）。他的音樂成了他所屬時代的證言！

圖117：卑南族的音樂靈魂陸森寶先生（陸賢文提供）

陳光榮、陸賢文編譯
《陸森寶親筆自傳》初稿

說明：

一、本自傳乃陳光榮按陸森寶族語版親筆自傳直接口譯，由陸賢文於二〇
〇七年元月整理編譯而成。若干小標題為陸賢文增列，以清眉目。

二、為保存原貌，本自傳除錯字、重覆和若干標點符號略作修訂外，一切
照舊。

三、插圖為陸賢文的傑作，照片圖檔則由本書作者增列，加深讀者印象。

四、本自傳的族語拼音，尊重原稿的習慣用法，未作更動。

陳光榮、陸賢文編譯
《陸森寶親筆自傳》初稿

目錄：

編者的話　　文／陸賢文

　　我父親陸森寶先生，是在民國七十七年三月二十六日蒙主恩召的，他離開之後，關於他的生平事蹟都是從他最親信的人口述當中得來的，這些口述資料雖然非常珍貴，但還是令人有些遺憾。遺憾的是：我們仍然不知道陸森寶先生真正的內心世界，以及他真正想告訴我們哪些事情。所以，我常想：如果父親能夠留下一份「親筆自傳」的話，那就太好了，就可以彌補這些遺憾了，可惜，沒有這些資料。

　　直到民國九十一年十二月的某一天，我的二哥陸誠惠先生在整理衣櫃的時候，才在父親的衣櫃最底層那裡，發現到這份父親的親筆自傳。為此，我和二哥非常驚喜。父親過世十四年之後，我們才發現到這份資料。但是接下來，我們又面臨一個大難題，就是我們看不懂這份資料裡面的內容，因為這份資料是用日文平假名寫成的，可是這不是日語，這是卑南族語，也就是說，我父親用日文平假名來拼寫卑南族的語言。我們卑南族自古以來是沒有文字的，所以我父親只好用這種方式來述說他的故事。

　　父親這種文章，不但我和二哥看不懂，就連卑南族人和日本人都看不懂，大家都陷入團團的迷霧之中，真不知應該如何是好？正在山窮水盡、無計可施的時候，感謝天主！天主派遣祂的使者來了，這個人可以輕易地解開這份資料裡面的內容，這個人就是陳光榮先生。

　　陳光榮先生是陸森寶先生的二女婿，也是陸森寶先生歷年以來最得力的左右手之一。陳光榮先生不但精通卑南族語言，而且對於卑南族的傳統習俗也有相當深入的研究。他的日文造詣也不錯，在他的鼎力協助之下，這一本陸森寶先生的自傳終於才被翻譯出來。真的很感謝我的二姐夫陳光榮先生。

　　但願這一本陸森寶先生的親筆自傳能夠帶給每一位讀者一些趣味和啟示。

一、母親的話

　　我母親，曾經談到她在生我的時候的愉悅情景。以下就是她的回憶：

　　「在我還沒有生小孩之前，我曾經期望我的第一胎和第二胎是生女孩子，到了第三胎才生男孩子。如果真能夠這樣的話，那就太完美了。

　　後來我生了小孩了。我的第一胎和第二胎果然是生女孩子，到了第三胎才生男孩子。記得我生第一個男嬰的時候，我感到特別高興，你的父親也非常興奮，你父親就趕快去燒開水，然後你父親把你抱起來交給我的母親（你的外婆），請你的外婆給你洗澡。之後，你父親就拿起換洗的衣服，又帶著兩個水桶往北邊的卑南溪跑去了，他到卑南溪去洗淨他的身體。你父親到達卑南溪時，就脫掉衣服走到溪流中洗澡。他洗好之後，就把兩個水桶也裝滿水，挑著水桶高興地跑回家了。」

陸森寶的母親（站者）與
南王部落女頭目（坐者）
合影。（陸賢文提供）

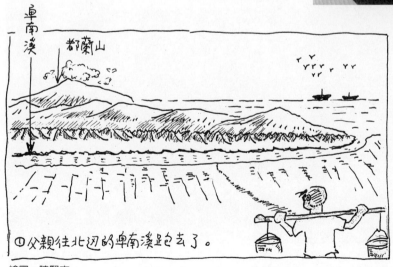

①父親往北邊的卑南溪跑去了。

繪圖：陸賢文

二、父親在卑南溪洗澡

　　我父親在卑南溪洗澡時，心中充滿無限的喜悅與感激。以下是他在溪流中，向歷代祖先感謝的話語：

　　「嗚~~哇！[1] 首先，我要向歷代祖先聲告，我要告訴你們，現在我在這裡洗澡，我要洗掉我身上一切不潔淨的東西，尤其是那些病菌。

　　嗚~~哇！我的男嬰已經來到人世間了，但願我兒子的身體不會受到病菌感染。我要好好洗澡，把我全身的病菌都洗滌乾淨，並且洗掉我心中所有的勞苦重擔。

　　嗚~~哇！現在我要用水潑在我的頭上、背上，以及全身上下，我要把自己洗得乾乾淨淨。」

　　父親洗好後擦乾身體，就穿上乾淨的衣服，那衣服是他帶來的。他也把剛才脫掉的髒衣服拿來，立刻在岸邊把它洗乾淨。父親離開前，還把那兩個水桶加滿水，然後才很開心地挑著水桶跑回家了。

1　「嗚~~哇！」表示洗澡時很舒
　服，因而發出讚嘆的語氣。

陸森寶和姐弟妹們。前排坐者左一大姐陸貴蘭，左二二姐陸秀蘭。後排立者左一陸森寶，中間妹妹，右一為弟弟陸敏喜，右二為親友。（陸賢文提供）

三、我入學卑南蕃人公學校

　　日本大正四年四月一日，也就是民國七年四月一日，當天是新生入學的日子，是一年級學生上學的第一天。學校老師沒有登記我姐姐陸秀蘭（qinailan）的名字，因為我父母親不想讓我姐姐去上學，我父母親認為讓女孩子上學是沒用處的，所以父母親說：「不如讓這個男孩子代替他姐姐去上學好了。」也因為如此，我才有機會入學卑南蕃人公學校[2]。我上學的時候，我的年齡被登記為七歲，所以我已經符合入學的年齡了。當時在蕃人公學校裡唸書的人，大部份都已經是成年人了，他們的年齡是二十歲以上，學校裡也有青少年人，他們的年齡是十八歲，有的人十八歲才讀一年級。

　　我們的老師名叫阿納（qana），他很會教導學生。有一天上課的時候，他翻開日文課本大聲地教我們唸，他說：「日出的時候，太陽會冉冉升起。」阿納老師為了加強我們對課文內容的印象，所以他又用雙手比出一個圓形，他讓這個圓形從低處慢慢地往上升高。經過他如此細心調教之後，我們終於學會了今天的課程，今天的課程就是：「日出的時候，太陽會冉冉升起。」

　　每天早上，當我們全校師生集合在一起的時候，西瑪達（simada）校長會向全校師生致詞。校長用日語講完之後，就請阿納老師立刻翻譯成卑南族語講給我們聽，否則我們聽不懂。有一天，阿納老師的翻譯內容是這樣子的，他說：「各位三年級和四年級的同學請注意，明天你們要來學校的時候，你們每個人要帶一個圓圓的石頭來，因為學校最近要做水溝，學校要用到很多石頭……。」

　　我們學校有兩位卑南族的老師，一位阿納老師，另一位是牧草（vuksu）老師[3]。

[2] 卑南蕃人公學校是專為原住民設立的學校。日本時代有這種學校。

[3] 牧草（vuksu）老師，就是前台東縣長陳建年的叔公。

四、射箭大會的夢

我在蕃人公學校讀一年級時候，有一天晚上，我作了一個很奇妙的夢，這個夢令我印象非常深刻，我夢到很多人聚集在一個射箭大會的現場，眾人都在觀賞這一次的射箭比賽。

射箭的選手共有五位，每位選手都輪流出場射箭，可是他們的箭射出去之後，不到幾秒就掉落到地上，他們的箭頂多只能夠飛五十公尺或六十公尺，就掉落在地上了。後來輪到我上場射箭，我是第六位選手，也是臨時被推派出來的選手。當我把箭射出去之後，我的箭竟然直直地飛出去，完全沒有掉落到地上，這種現象馬上引起全場觀眾的震驚和譁然，大家都覺得很不可思議。

後來選手們開始移動射箭的位置，準備進行第二回合的射箭賽。就在這個時候，前方突然出現一張白紙，可是不到幾秒，那張白紙又變成一隻小鳥的形狀，全場觀眾又騷動起來了，大家都感到十分納悶，每個人口中不禁喃喃地說：「奇怪？奇怪？」大家正在納悶的時候，那隻小鳥又變成一隻更大的鳥，最後竟變成一個人形，那個人就站一艘船的頂點上，那艘船正在海面上行駛，它繼續向前行駛，不久，那艘船就消失在無際的天邊。

夢到這裡，我就驚醒過來，就把剛才的夢境講給我父親聽，我父親聽完之後，就對我說：「寶貝！這是一個好夢，這個夢正在向你啟示，它啟示說，將來你會和別人一樣突飛猛進。」那是我父親的見解。

① 那個人站在一艘船的頂點上。

繪圖：陸賢文

五、我被父親疼愛

1.遠足和挑水的例子

我父親是巴卡維央（pakauian）的家族，他的名字叫阿肋達帕斯（qardapas），他非常疼愛我。記得我在蕃人公學校讀四年級的時候，有一次，我們全校師生要去知本溫泉遠足，我聽了非常興奮，回家後，就把消息轉達給我的父親，可是父親不讓我去遠足，他說我的個子又矮又瘦，一定沒有能力走路到那麼遙遠的知本溫泉，無論我怎麼哀求，父親都不答應。父親說他很同情我這瘦弱的身體，可是依然不能答應。後來，這件事情深深地烙印在我的腦海裡，幾乎永遠無法磨滅。如今回想起來，仍然有一種令人遺憾的感覺，不過，我還是很感激父親對我的疼愛。

還有一個我被父親疼愛的例子。在我那個年代，我們部落裡是沒有自來水的，我們要水的時候，就要到大水溝那邊去挑水，大水溝就在我家的南邊，距離我家大約有四十公尺，有一次，我母親叫我去挑水，我就帶著兩個水桶去挑水，當我挑完第一趟的時候，我的父親就喊叫我說：「好了，好了，你去休息吧！」我聽了非常高興，就放下水桶去玩耍了。後來，我聽到我母親對父親說：「你真是太溺愛孩子了，我叫孩子去挑水就是要訓練他，但是你卻叫他停止挑水，如果繼續這樣子的話，這個孩子什麼時候才會長大啊？」我父親聽了感到無可奈何，只好又叫我去挑水。

2. 我的牛變成跛子

我從九歲就開始放牛，我有五頭公牛和一頭母牛，以及母牛所生的小牛。有一天，我跟我的阿姨一同去放牛，我阿姨的名字叫沙卡姆（sakap），我們決定到部落的東邊那裡去放牛，因為那裡有很多青草。結果，我們在東邊放牛的時候，我有一頭年輕的母牛，牠很喜歡跑到別人的甘蔗園裡去偷吃甘蔗，我就立刻跑過去阻止牠，我大概來來回回跑了七次或八次，去阻止那頭母牛，可

是那頭牛就是講不聽，牠還是很喜歡去偷吃甘蔗。最後，我實在忍不住了，脾氣一爆，就順手拿起我的番刀丟過去。但萬萬沒想到，番刀飛出去之後，竟然不偏不倚地打中母牛的後腳跟，後腳的筋就被砍斷了，那頭牛當場就變成一拐一拐的，變成跛子了。

　　我嚇了一大跳，緊張地不曉得該怎麼辦？我非常懊惱，想到今晚回家後，不知應該如何向父親交代？我越想越苦惱，越想越頭痛，可是苦惱能解決問題嗎？所以我只好無助地站在田埂上一直發呆。當時正好有一隻黑色的小鳥 4，牠站在樹枝上，在那裡很快樂地唱歌，牠的歌聲是：「答秋、答秋、答秋……」，牠一遍又一遍地唱著，牠非常得意又快樂。我一直望著那隻黑色的小鳥，我非常羨慕牠，因為牠沒有什麼煩惱，牠在牠父親面前也沒有什麼好害怕的。

　　後來夕陽西沉，該是回家的時刻了，我的阿姨沙卡姆就不斷地催我去牽牛，她說要回家了，可是我怎麼敢回家呢？我一直在那裡哭泣，沙卡姆阿姨勸不動我，最後也只好先回家了。我一直望著沙卡姆阿姨回家的背影，她的背影越來越小，越來越小，不久就消失了。我孤獨地站在田野間放聲大哭，後來，我就很用力地罵沙卡姆阿姨的壞話，我大聲地罵說：「沙卡姆、沙卡姆、沙卡姆，……。」因為她沒有幫助我解決這個問題，她只顧著自己先回家。

　　我一直站在田野那裡，直到天黑，我才很不得已地趕著牛群回家。我進到家裡的時候，我發覺家裡沒有一個人理我，也沒有人跟我打招呼，我的父母親也沒有對我講不好聽的話，感覺上，好像一切都沒事的樣子。我心中暗喜，心想，今晚應該不會有事發生，所以我就放下心裡的大石頭，大大地鬆了一口氣。可是過了一會兒，我聽到我的父母親在講話，那講話的口氣帶有一點火藥的氣味，我就停下腳步仔細去聽，原來是母親跟父親抱怨，母親說：「我不是早就說過了嗎？這個孩子怎麼會有出息呢？……。」聽到這裡，我心臟「碰」一聲嚇了一跳，現在我才知道，原來我父親為了疼愛我，以致常常被我母親罵。母親把所有的抱怨都怪罪在父親頭上。這時，我開始害怕起來了，我有一種山雨

4　那「黑色的小鳥」可能是烏鴉。

欲來的不祥之兆。

　　當我正要進到廚房的時候，我父親就走過來，他用一隻手抓住我的手，他的另一隻手拿著一根棍子，他正要狠狠地痛打我。照理說，那根棍子應該是如同「藤條」之類的東西才對，可是當我注意看的時候，我發覺那根棍子一點也不恐怖，因為那根棍子是用甘蔗的花做成的，就是把三根甘蔗的花綁在一起而做成的棍子。我們都知道，甘蔗的花是一種很輕又很容易折斷的東西，用這種東西打人是不會痛的。

　　我父親就拿起他所做的棍子，很用力地打我的屁股，雖然他很用力打，但是不會痛，不過父親生氣的樣子令我很害怕，我就大哭起來了。

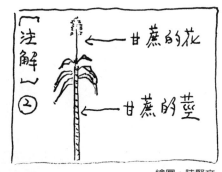

繪圖：陸賢文

　　當我大哭的時候，父親就放手了，放手時，我就倉皇地逃掉。我往卑南蕃人公學校的方向跑去，我跑到學校那裡去躲藏起來，我母親也跟在我後面，她一直跟著我。我有一種感覺，我覺得我父親好像在演戲，因為他打我的時候根本不會痛。我的配合度也不錯，雖然我被打不會痛，但我還是哭得很大聲，表面上，我好像被打得很慘，但事實上，一點也不痛。這麼說來，我和父親之間還真有默契呢！難怪我母親看了就很心疼，我母親心裡一定很吃驚地說：「哇！我的先生真的發脾氣了，他真的重重地處罰這個孩子。」我跑到學校，躲藏在學校的花園裡，我母親也跟在我後面，不過母親裝作好像沒看到我的樣子。後來，母親就高聲地向四周叫，她說：「孩子啊！你趕快出來，你爸爸不再生氣了，我們一起回家吧！」我靜靜地藏在花叢裡，我一動也不動，一聲也不響，母親看我一直都沒有回應，所以母親就先回家了，只留下我一個人還在校園裡。

　　當時天黑很久了，可是全校卻連一盞油燈都沒有，全校烏漆媽黑、伸手不見五指，我開始感覺到心裡毛毛的，後來就越來越害怕了，看來我得趕快溜之大吉為妙，免得遭逢不測。想到這，我只好畏首畏尾地從學校走回到家裡。當時是砍甘蔗的季節，天氣非常寒冷。

六、父親講話的技巧

　　我回到家裡的時候，就躲藏在房子外面某一個很隱密的地方。那個時代，房子外面和整條街道也都烏漆媽黑的，因為沒有路燈之類的照明設備。我就悄悄地從我家戶的縫隙中，偷看我家裡面的情形，我看到我家的人，都圍坐在火堆旁邊取暖和聊天，只有我一個人站在房子外面忍受刺骨寒風，我很想進到屋子裡去，可是沒有勇氣。

　　雖然我躲藏在很暗的地方，可是我發覺父親好像知道我回來了。那個時代也沒有手電筒，所以我父親就拿起兩根乾蘆葦，把蘆葦放在火堆裡點了一下，就做成一支火把。然後父親就拿著火把走到房子外面，在房子的四周圍走來走去，他在尋找東西。我敢肯定他是在找我，但他沒有找到我，所以父親又進到屋子裡去了。我繼續從窗戶的縫隙中，偷看我家裡面的情形，我看到每個人都好幸福哦！大家都圍坐在火堆旁邊取暖，只有我一個人躲在外面又冷又黑暗，我很想進到屋子裡，但實在鼓不起勇氣，因為我是挨打的人。

　　後來，我聽到父親講話了。父親說他要講一個故事，那是一個很恐怖的鬼故事，父親說那是他親身經歷的故事。以下就是故事的內容：

　　「我在很小的時候，也曾經被我的父親痛打，我就逃到外面躲藏在某個地方，全家人都找不到我。後來天黑了，外面又暗又冷，我只好悄悄地回到家裡，我就躲藏在我家外面的某一個角落裡。我以為我那樣躲起來就不會有問題，可是過了不久，我發現我的正前方突然出現一群魔鬼，每一個魔鬼都長得很難看，有的鬼只有一個眼睛是正常的，另一個眼睛是瞎的；有的鬼是跛子，走路一拐一拐的；有的鬼一直笑，好像瘋子一樣一直奸笑；有的鬼一直跳來跳去，好像隨時要撲過來的感覺。後來又出現一個更高大的鬼，牠的臉孔是青面獠牙，牠的牙齒特別大顆又尖銳，這一個魔鬼心情特別興奮，牠不但跳來跳去，牠還大聲地向我吼叫

説：『來吧！來吧！來吧！』他的聲音令人聞之喪膽，我被嚇得
魂飛魄散，差點暈倒。」

　　父親講到這裡的時候，我頭皮發麻、毛骨悚然，渾身不對
勁，我感覺我的背部好像有東西在抓我的樣子，真是太恐怖了。
這時候，我已經顧不了那麼多了，管他什麼面子不面子的問題，
我腦子只有一個想法，那就是趕快逃命，逃到屋子裡去，所以我
就立刻衝進屋子裡去了。但是，我故作鎮靜，若無其事地坐在我
二姐陸秀蘭的旁邊，我內心馬上感受到無比地平安與溫暖。但是
坐了一陣子之後，我突然被搞糊塗了，因為從我進門到現在，我
們當中竟然沒有一個人跟我講話，連一句責備的話也沒有，我在
家人的面前就好像隱形人一樣，大家似乎都看不見我，這是怎麼
回事？難道我們家的人，都已經忘記我挨打的事情嗎？如果真是
這樣，那就太好了，我越想越開心，不知不覺中就忘掉了所有的
不如意，快樂地坐在火堆旁邊取暖和聊天了。

　　這件事情過後第三天，我們一群小朋友在戶外嬉戲玩耍，後
來為了一件小事，我就跟我的二姐吵起來，吵架的時候，我二姐
就直言不諱地抖出我的底牌，她嘲笑我說：「你這個沒膽量、沒
勇氣的人，前天晚上一直躲藏在房子外面，後來聽到爸爸所講的
鬼故事之後，才被嚇得逃到屋子裡來，……。」我聽到二姐的嘲
笑，才恍然大悟起來，原來我父親的鬼故事是針對我而編的，難
怪我說那故事的情節怎麼和我的處境那麼相似呢？！我被二姐諷
刺之後感到很羞愧，我的雙頰都發燙了，我能說什麼呢？我只能
啞口無言，默然以對。

七、父親的為人

那個時代，我們部落裡有一些人物，這些人物稱為「甲長」，他們一共有九位。這些甲長是古拉老頭目所精挑細選出來的，每位甲長都是頭目最得力的左右手。當時我們部落裡有很多案子是需要談判的，所以頭目就邀請這些甲長一起來擔任談判的重任，談判到了最後，才由頭目來作決定或裁決。每次談判的時候，我父親一定是先講話的那一位，那是頭目特別指定邀請的，頭目很欣賞我父親對事情的見解與判斷。

我父親在家裡不但是一位好爸爸，也是一位好丈夫，他和我的母親相處得很和諧恩愛，我從來沒有見過他們在言語上的爭吵。我九歲畢業於蕃人公學校，當我想繼續到台東公學校求學時，我父親不同意我繼續求學，因為父親覺得我的個子過於瘦小，一定無法承受每天如此長途行走的痛苦。我知道父親非常的疼愛我，他處處為我著想，父親的愛就如同那永恆的光輝，永遠照耀著我，我一輩子都忘不了。

陸森寶（左一站立者）與南師同學於海灘戲水時合影。（陸賢文提供）

八、三年放牛的生活

1. 我的第一頭牛

我在蕃人公學校求學四年就畢業了，當時我九歲，之後我就開始過著放牛的生活了。我的第一頭牛名叫開封（kaifung），牠有兩頭小牛，一頭是母牛，另一頭是公牛。我常帶牠們去那尼亞尼亞門（nanianiam）那一座山吃草，我很喜歡帶牠們去吃草。

那個時候，我每天的例行公事是這樣子的：我每天清晨起床，就把番刀背在背上，再把那件藍色的衣服披在我的肩膀上，最後一個動作就是跳到母牛的背上，這就是我每天要去放牛之前的準備工作。當我們出發的時候，那兩頭小牛也會跟在母牛的後面隨行。可是我們一走出部落的時候，那兩頭小牛就會慢慢地脫隊，因為小牛受到外面新鮮事物的影響，以致不時地停下腳步東看西看、東摸西摸的緣故，這時我就要不停地呼叫牠們，提醒牠們，直到我們抵達巴德卡布克（pathekapuk）的地方。

2. 土肋尼克（tturenig）表哥

我去放牛的時候，通常都是和我的表哥土肋尼克一起去的。我表哥的家就在我家的北邊，他的母親是我父親的姐姐。我們放牛的地點會選在厄那尼雅尼雅恩（qenanianian）和巴德卡布克（pathekapuk）這兩個地方。

3. 捕捉野兔的夾子

我的表哥常常教導我如何捕捉野兔，他也教導我如何用捕捉夾，所以我認為我表哥是捕捉野兔的專家。果然有一次，我真的捕捉到野兔了，可是我表哥連一隻也沒有捕捉到。

4. 母親做了一件龍袍

　　我去放牛的時候，即使天氣再冷、天色再暗，我也不害怕。我只穿一件藍色的衣服和背著一個背包，那個背包也是很破舊，雖然我很冷，但也習以為常了。每天清晨，我父親會叫醒母親，父親會小聲地對母親說：「你來聽聽看這寶貝兒子的聲音，聽他呼叫小牛的聲音，……。」我的父母親會一直聽我呼叫小牛的聲音，直到我騎在牛背上離開為止。這一段話是我母親後來告訴我的。

　　母親說，她每天清晨會在被窩裡傾聽我呼叫小牛的聲音。她說那個聲音原先很響亮，但後來就消失不見了，那是因為我騎在牛背上，漸行漸遠的關係。母親說聽我呼叫小牛的聲音，會觸動她憐憫的心。果然第二天，母親就做了一件龍袍（thungpau），這是一種原住民的大衣，不是古代皇帝所穿的龍袍。我非常高興，我每次去放牛的時候就穿著它，不但身體不會寒冷，連內心都感到無比地溫暖。

5. 牧放羊群的組員

　　有一次，我們八個人一起去放牛，這是個難得的經驗。我們的名單如下：

　　（1）巴那外（panauai）
　　（2）比杜兒（pidur）
　　（3）古堡（kuvau）
　　（4）馬度尼克（matuneg）
　　（5）大帕斯（dapas）
　　（6）吉拉委斯（githauis）
　　（7）叮叮（ting ting）
　　（8）巴力瓦克斯（vathiuak）

　　巴力瓦克斯是我的名字，我們放牧牛群的地方在富源的山上，我們的牛共有四十頭。富源山上的土地非常廣闊，在這裡放牛，牛隻很容易走失，所以牛群需要小心看顧。不過我們這一組牧童很有信心，我們讓這四十頭牛自由自在地去吃草，其中沒有

一頭牛是綁起來的，我們完全給牠們開放，任牠們在遼闊的山上快樂地吃草。

　　把牛群安置好之後，接下來，我們這些牧童就要進行下一個活動了，那就是打獵的活動，這一次我們所要捕捉的目標是山羌。我們的狗一共有二十隻，其中有兩隻是我自己的狗，我給我的狗取名叫八腳（pakiau）和習芭（sivak）。八腳很有力量，牠不怕和別的狗相咬，習芭很會捕捉野鼠，牠常常捕到野鼠，可是那時候，我對野鼠還不感興趣。我們這幾個牧童，都知道富源這個地方有很多山羌，我們的狗也時常在富源這裡發現山羌的蹤跡，可是我們連一隻山羌也捕捉不到。直到有一天，我們終於捕捉到山羌了，不過，我們是捕捉到別人的山羌，換句話說，就是偷竊別人的山羌。

①山羌（和家犬一般身高）

繪圖：陸賢文

　　以下就是偷竊山羌的經過：

　　有一天清晨大約四點鐘，我們有事要下山一下，我們的牛群仍然留在山上。當我們正要經過卑南大溪時，我們聽見遠處有人在指揮獵狗，叫獵狗去追逐山羌的聲音，我們就停下腳步，往聲音的方向去注意看的時候，我們看見有一隻山羌，在卑南大溪的沙灘上拼命地奔跑，原來牠的後面有一隻獵狗正在追殺牠，沒有多久，那隻山羌就被獵狗逮到了。

　　我們八個人看到那種場面，心裡突然變得熱血沸騰，非常興奮，因為捕捉山羌一直是我們夢寐以求的事。於是我們當中有人就說：「乾脆我們來去搶走那隻獵狗口中的山羌好了，你們覺得如何？」我們都異口同聲說：「好！」因此，我們就立刻展開行動。

　　比杜兒、巴那外和古堡這三個人的年齡比較大，他們是少年會所一年級的學員，他們的年齡大約是十三、十四歲，至於我們這五個人的年齡都是十歲。我們八個人就趕快衝向山羌的地點，

當我們快要接近山羌的時候，我們的狗就衝過去驅趕那隻別人的獵狗，那獵狗被嚇一大跳，馬上就逃之夭夭，不見蹤影。我們當中，最先抵達山羌地點的是比杜兒，第二名是大帕斯。按照規定，這隻山羌應該歸屬第一名比杜兒的名下，表示這隻山羌好像是他獵到的，第二名的大帕斯可以得到山羌的左腳，那是他該得到的。

　　我們捉到山羌之後，就用分組輪流的方式把山羌抬走，每一組由兩個人來抬，一個在前、一個在後。當我們走到接近卑南大溪的時候，領導人比杜兒就告訴我們一些注意事項，他說待會我們涉水通過卑南大溪時，負責抬山羌的人，千萬不要把山羌扛在肩膀上，或是抬高高的，因為我們通過溪流的時候，旁邊完全沒有遮蔽物，在這種情況之下，別人很容易發現這隻山羌，所以待會兒抬山羌的時候，應該把山羌放很低，也就是把山羌隱藏在水面底下，這樣別人就不容易發現了。我們聽了都很贊成比杜兒的遠見，所以就全照他的方法去做了。

繪圖：陸賢文

後來輪到我們這一組抬山羌，一個在前、一個在後。這時我才發現，原來這隻山羌不是很輕，而是很重，抬起來真的很累人。當我們涉水通過溪流，到達對岸的時候，就在對岸的岸邊趕快穿上衣服，因為我們在下水之前，會把衣服脫掉拿在手上，等通過溪流之後，才把衣服穿上。我們就在對岸的岸邊趕快穿上衣服，穿好之後，我們就一起衝到對岸的森林裡去躲藏起來，我們在森林裡找到一個長滿荊棘的地方，那是一個很隱密的地方，我們就在那裡開始宰殺山羌，由比杜兒和巴那外兩人來負責宰殺。那山羌的皮和肉都很硬，光是牠的外皮就很難割開，我們八個人的番刀都被輪流拿去使用，看看哪一把刀比較鋒利？結果沒有一把番刀能夠割開山羌的外皮。

　　後來，就改變另外一種宰殺的方式，就是把山羌的身體倒過來，讓山羌的四肢和肚子都朝向天空，旁邊有兩個負責抓住山羌的四肢，使山羌的身體維持在四腳朝天的狀態。然後由巴那外負責開刀，巴那外兩隻手握緊刀子，就朝山羌的肚子中央用力地刺下去，果然聽到一個聲音——噗哧（pedek），可能是空氣噴出來的聲音，就這樣子，終於才把山羌的肚皮割開了。接著，大家就開始忙著要把山羌的外皮剝開，每個人都很熱心，可是工作的效率卻很差，因為每個人都手忙腳亂，有的這樣拉，有的那樣扯，結果反而更加阻礙工作的進度，所以領導人巴那外就講話了，他說：「你們這幾個不要動，因為越幫越忙。」我們這幾個人，也就只好在旁邊觀賞了。

　　負責宰殺解體的人共有三位，他們是比杜兒、古堡和巴那外這三人。其餘的五個人只能當觀眾，可是我們實在很好奇這一隻山羌，因為頭一次看到嘛！所以說什麼也要用手去摸一摸、抓一抓山羌的身體，以滿足一下好奇心。後來山羌的內臟都被拔出來了，拔出來以後，我們發現山羌的肚子裡積留很多鮮血，領導人巴那外就建議每個人輪流去喝這些血，我們都很興奮，就把山羌的肋骨用力地向左右推開，每個人就輪流低頭去喝這些鮮血，因此，每個人的臉上都沾滿鮮血，就好像用紅油漆擦過一樣，紅通通的。

　　解決積血的問題之後，接下來就是把山羌肉切成八等份，然後分給每一個人，這是每個人今天的戰利品。最後，在離開之前，巴那外和比杜兒就向大家宣佈一件很重要的事情，他們兩位說：「這隻山羌雖然是從別人的獵狗口中搶來的，但是各位回家之後，絕對不可以說是搶來的，一定要說這是我們的狗抓到的。」大家都同聲贊成，並且一起高喊說：「對！這是我們的狗抓到的，我們的狗抓到的。」

　　事情宣佈完畢之後，我們就開始往部落的方向走回去了，當我們經過奇阿奈央（kiaqenaian）這個地方的時候，正好遇到我們的族人，他們正在水稻田裡除草，他們看到我們的時候，每個人都很驚訝地說：「呀嘎！你們是從哪裡拿來的肉啊？」我們每個

人都很得意地回答說：「這是我們的狗抓到的。」我們每個人的手上，都提著一塊屬於自己的山羌肉，有的人可能肚子餓的關係，所以就順手撕一點山羌肉來吃吃，邊走邊吃一點，山羌肉的味道很甜美，好像吃生魚片一樣爽口，讓人越吃越想吃。我的好朋友大帕斯，他說他走到家裡的時候，他的山羌肉正好剩下一根骨頭，沒有肉了。還好，我的山羌肉還保留得很完整。

當我回到家裡的時候，我父親看見我也大吃一驚，他問我說：「寶貝！這是從哪裡得來的肉啊？」我就很誠實地告訴父親，我說：「阿爸！這是我們偷來的，我們從別人的獵狗口中搶來的……。」父親聽了差一點跌倒，他說這是一件很可怕的事情，凡是偷竊或搶劫都是很可怕的事情。於是父親就趕緊跑去找古拉老（kulathau）頭目，向他報告這一切的情形。

我記得，我們在卑南大溪搶奪那隻獵狗口中的獵物時，我一眼就認出那隻獵狗的名字，牠叫阿田（qatiam），所以，我馬上知道那隻狗的主人是誰。那隻狗就是拉厄拉（raqera）這一戶人家的，拉厄拉就是我們家的鄰居，那隻狗的主人就是阿納老師，就是卑南蕃人公學校的那一位阿納老師，阿納老師是拉厄拉這一戶人家的孩子。當我想到那隻獵狗的主人是阿納老師的時候，我心中就一直很不安，所以當我父親問的時候，我就一五一十地全盤招供了。

後來我聽父親說，當他跑到頭目家的時候，過不久，阿納老師也來到頭目的家，阿納老師要來向頭目報案，所以我父親和阿納老師就在頭目的家裡馬上進行談判。我在想，如果我父親當時沒有立刻去報案的話，其後果很可能會不堪設想。其實，頭目只要根據阿納老師的說詞去推判，就可以輕易地偵破這個案子。當時富源山上人煙稀少，頭目只要調查案發當天，有哪些人去過富源山上，如此一查，便能水落石出。

後來頭目講話了，頭目說：「這些偷盜的孩子們是最可惡的，而這一位卡達德班（kadadepan）的甲長是最誠實的。」卡達德班的甲長是指我父親的意思，這是族人習俗裡另一種稱謂法。

頭目又繼續說著，他說：「看在這位甲長如此誠信的份上，我覺得我們應該網開一面，給這些孩子們有改過自新的機會，……。」頭目請問阿納老師的看法如何？阿納老師答應了，所以這件事情就沒有嚴辦，很快就平息下來了。不過我們這八個牧童，每個人仍然要被罰款一塊錢，以表示我們的歉意。當時的一塊錢也不小哦！

6. 卑南溪的洪水

我們在放牛的時候，曾經遇到卑南溪暴漲成為洪水的情形，以致阻擋我們不能回家。

記得那一天，我和我的朋友刊宋（kansun）到卑南溪北邊的山上去放牛，後來天色已近黃昏，我們就把牛群留在富源山的山上草原上，我們就回家了。當我們走到卑南溪的時候，赫然發現卑南溪已經變成一條洶湧滾滾的洪水，令人怵目驚心，我和刊宋只好站在岸邊呆呆地看著洪水流動。雖然如此，我和刊宋仍然期望這洪水會逐漸消退，可能過不久，洪水的水面上出現一個泡沫，這種泡沫越來越多，後來才知道這洪水已經一發不可收拾，因為洪水的壯勢和威力越來越大、越來越強。

我們兩人開始擔心起來了，我們在擔心該往哪裡去？因為黑夜正逐漸籠罩大地，今晚我們要到哪裡過夜呢？我們心急如焚，我們又冷又餓，不曉得該怎麼辦？我就對刊宋發脾氣說：「今晚我們要吃什麼啊？」刊宋年紀大我幾歲，刊宋說：「那麼來去石川部落吧！因為那裡有我的親戚，我們可以在那裡過夜。」既然如此，我們就立刻行動，刊宋走前面，我跟在後面，我們往北邊走，我們隨便走，沒有按照正路線，我們盡可能抄近路，眼前是一片草原，我緊緊地跟在刊宋後面。大概走了兩個小時，我們來到一個幾戶人家的地方，那些房子裡面都是暗暗的，他們的油燈點得很小，所以裡頭只有一點點亮光。他們都是講閩南語的，我一句都聽不懂，刊宋是漢人，所以他可以和他們聊起來，而我只能夠靜靜地坐在旁邊，那個晚上，我一句話也沒講，我心裡感到非常孤獨寂寞。那個時候，正好是春節之後沒多久，所以刊宋的

親戚還留有一些好吃的東西可以招待我們，我們就在那裡吃年糕，又吃豬肉、雞肉……等等，吃得飽飽的。

第二天一大早，我們吃過早餐之後，就馬上趕回山上，要去看我們的牛群。

我跟在刊宋後面，我們走在羊腸小道上，當我們走到卡達布特（kaddaputt）的地方時，我們聽到遠處有人在喊叫「哇！」的聲音，那個聲音從溪流的那一端傳過來，我們看不到那個人的樣子，只能夠隱約聽到那個人的聲音，我們就一直注意聽那個人的聲音，聽他到底要傳達什麼訊息。我們一直注意聽的時候，我發現那個聲音非常熟悉，好像是我父親的聲音，當我認出那是我父親的時候，我竟然忍不住地大哭起來，我用力地朝我父親的方向跑過去，我遠遠地甩掉我的朋友刊宋。我跑到溪邊一看，果然真是我的父親，當時他還在溪流的南邊，他正準備要涉水走過溪流，我們家的兩隻狗也跟在父親後面，一隻狗叫八腳（pakiau），另一隻狗叫習芭（sivak），我突然感覺，好像三年沒有見到他們的樣子，那是一種很大的想念，我就大聲地喊叫說：「阿爸！……。」同時大聲地哭起來。我父親一看到我，就大聲地叫我說：「寶貝！快來這裡。」這時我父親已經涉水走過溪流，我和父親就在溪流的北邊會面了。

父親第一句話就問我說：「昨晚你們在哪裡過夜啊？」我正在回答的時候，刊宋也跑來了，父親就問他說：「你和寶貝一起作伴嗎？」刊宋說：「是啊！」父親就和刊宋聊起來了。我家的兩隻狗一直在我前面跳來跳去，也跳到我身上和懷裡，原來這兩隻狗也知道我失蹤，現在牠們找到我了，牠們一定非常開心，我是這麼猜想，所以我就抱住牠們，摸摸牠們的頭。後來我父親把他帶來的飯盒擺出來了，我和刊宋就一起吃飯，我父親帶來的菜是鹹魚，那個時代，鹹魚是最高貴又最好吃的菜餚。

7. 我踩到蛇頭

這件事情之後，我們就改變放牛的地點，我們天天在岩灣

（uauan）的山上那邊放牛，我的伙伴名叫鞍盪（qangttan）。鞍盪的哥哥名叫狄安（thiqang），狄安也在岩灣的某個地方工作，那個地方被稱爲卡達奔能（kathavene），和狄安一起工作的人，還有我的表哥銀塑（ginsu）及我的叔叔，他們共有三個人。他們的工作是用牛車將山上的土搬運到山下，送到一個名叫韓巴桑（hangvasan）的人那裡，韓巴桑是專門製作水缸的師父，他先用泥土做成水缸，然後再用烈火焚燒泥土，就成爲可使用的水缸了。

那三位長輩在卡達奔能那裡有他們的工寮，我的朋友鞍盪就在那裡幫他們煮飯燒菜。我除了放牛之外，也常去卡達奔能那裡幫忙鞍盪煮飯燒菜。那三位長輩把土搬運到山下時，也會順便買幾條魚上山。我們每一餐只吃一種青菜，那種菜俗稱「過貓」，學名是「過溝蕨」，那是一種蕨類的野菜，連我們喝的湯也都是過溝蕨的湯。無論上午、中午、下午，我和鞍盪都會去卡達奔能那裡採收過溝蕨這種野菜。

繪圖：陸賢文

卡達奔能的右邊那個地方，被稱爲奔能（veneng）。奔能這個地方的過溝蕨特別多，幾乎終年不斷生長，我認爲這裡的過溝蕨絕對不可能中斷。奔能這個地方牛隻不能夠靠近，因爲這裡的爛泥很深，牛隻會沉下去爬不上來。

① 他們三人在卡達奔能那裡工作。

有一天，我的白米吃完了，所以我就下山回家拿白米，當天晚上我在家裡過夜，但隔天一大早我就準備回到山上去，在出發之前，我把白米放在背包裡，然後背起背包就往山上出發了。那一天，我一個人行走在山路上的時候，我有一種特別寂寞、孤獨又害怕的感覺，因爲在這麼遼闊的荒郊野外，

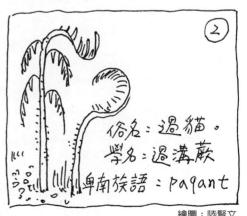

俗名：過貓。
學名：過溝蕨
卑南族語：paqant

繪圖：陸賢文

③我獨自行走在漫漫山路上。

繪圖：陸賢文

竟然連一個過路人或一個人影都沒有，只有我一個人獨自行走在這條漫漫山路上，那種感覺真的很詭異。所以我就改道從岩灣的阿利亞屋（qariaqu）山谷爬上去，然後再轉向賓桑（vin-sung）的山上爬上去，費了九牛二虎之力，總算來到一條比較平坦的山路上，我就順手折斷路旁一根樹枝，這根樹枝的葉子長得很茂盛，我就把樹枝放在地上，然後我從樹枝的上面跨越過去，跨過去之後，我再回頭吐幾口痰，這是為了阻止邪靈繼續跟蹤我的方法，這是從族人那裡學來的。

　　我繼續行走在賓桑的山路上，這條山路兩旁長滿尖竹，山路的寬度很窄，這條路是山上雨水沖刷下來而形成的一條深溝，深度很深，只有我一個人行走在這條小路上。我沒有同伴，所以一路上我一言不發，默默無語，我只是很專心地舉步向前邁進，忽然之間，我的腳踩到一條蛇，因為我是光著腳丫子，所以我的腳很敏感，馬上知道我踩到什麼東西，那是一種軟軟、長長又會動的東西，我「哇！」一聲跳起來，立即逃離現場，我的膽子差點被嚇破。我想我可能是踩到蛇的頭部，所以牠還來不及咬到我。如果我真被蛇咬到的話，我一定會死在這個濃密的森林裡，而且也不會有人知道我死在這裡，我想一定是我的祖先在保佑我，所以我才能免去這場劫難，想到這裡，我就對祖先充滿感謝。

8. 我終於有鞋子

　　我和我的朋友鞍盪在卡達奔能的工寮裡待了一個多月的時間，我們在那裡幫他的哥哥及我的表哥、叔叔煮飯燒菜。後來我的表哥銀塑（ginsu）就給我買了一雙鞋子，這是我有史以來第一

次得到鞋子，我直到十歲才頭一次穿鞋子，我的表哥對我說：
「你已經十歲了，你應該穿鞋子了。」我心裡非常高興，就把鞋子
穿起來，然後在附近跑一跑、跳一跳，試試看這鞋子到底好不
好？果然，這雙鞋子真的很棒！我相信今後我不會再腳痛了，不
會被刺給傷到腳了，我太高興了。

　　第二天我就回家了，因為我已經忍不住心中的興奮，我要趕
快回家給我的父母親看看這一雙鞋子。我在回家的路上，並沒有
穿上鞋子，我把鞋子抱在我的懷裡，可見我對這一雙鞋子感到多
麼稀奇和珍貴。我一回到家裡，就趕快穿上鞋子，然後站在我父
母親面前給他們欣賞一下。我的二姐陸秀蘭也聞風到來，她在我
的後面跟來跟去、看來看去，後來她讚美地說：「這雙鞋子真是
帥極了，尤其是穿在我弟弟的腳上更是絕配。」我聽了心花怒
放、樂不可支。我就馬上跑到我的朋友大帕斯（dapas）的家，給
他秀一下，接著，我又跑到另一個朋友瑪度尼克（matuneg）的家
給他看一下，那一天我真是太興奮了。

　　當天晚上，我們家親戚正好有殺豬，我就想起別人所講的祖
傳秘方，那個人說：「任何一樣東西，只要塗上一層血在上面，
那個東西就變得更堅固耐用。」

　　於是我就去拿了一點豬血過來，就把豬血塗一層在我的鞋子
上，塗好之後，我就把鞋子放在床舖底下晾乾。到了第二天早
晨，我起床之後，就馬上跑到床舖底下去看一看鞋子到底怎麼樣
了？是不是堅固？或者更亮麗？結果一看，我傻住了，那真是令
人晴天霹靂、傷心欲絕，因為鞋子被老鼠咬破了，變成好幾個
洞，右腳的鞋子洞很大，左腳的鞋子洞比較小，以及鞋子要鈕扣
的那個地方，也被老鼠吃掉了。我的天啊！這怎麼辦？這要如何
補救啊？我難過的說不出話來，我只能夠用手一遍又一遍地，撫
摸著那被咬破的鞋子，我傷心地哭起來，而且哭很久。那雙鞋子
我只穿過一次，就是昨天晚上那麼一次，之後就沒有再穿了。

9. 我渴望入學台東公學校

　　卑南蕃人公學校只開班到四年級而已，所以還想繼續升學的人就必須和大家一起到台東公學校參加考試，通過考試的人才有資格就讀台東公學校。我很羨慕那些能夠考取台東公學校的人，所以我就向父親表明我的心願，我告訴父親說，我很想參加台東公學校的考試，但是我父親不答應，父親的理由是「你的體格過於瘦小，你絕對沒有體力和別人一樣，天天走路到台東公學校唸書。」

　　我聽說台東公學校很不容易考上，光憑自己在家裡自修是不可能考上的，所以想參加投考的人，就必須事先參加卑南蕃人公學校所舉辦的補習班，唯有參加補習班，才有可能增強我們考試的能力，除此之外，就沒有其他的辦法可以考上了。我很想參加補習班，以便考上台東公學校，可是如果我去參加補習班的話，那麼誰來照顧我的牛呢？這對我來講是很大的困擾，想到這個問題，我心裡就亂糟糟的。後來我想到一個解決的辦法，這個辦法是這樣子的：就是如果我去補習的話，我可以把我的牛綁在補習班的附近，然後每一節下課的時候，我再跑過去把我的牛綁過去一點，就是綁在有青草可以吃的地方，如果一直綁在原地，原地的草吃完就沒得吃了。況且，我們補習的時間只在上午，所以中午吃過午餐之後，我又可以恢復我以往的作息方式了。當我這樣想通之後，我的心情就好多了，對於我要參加補習的事情也就比較有信心了。

　　不久，補習班開始上課了，我的日常作息方式也跟著受到不小的影響。每天早上，我會背著背包，然後跳到母牛的背上準備去上學，在出發之前，我會呼叫我的小牛，讓小牛也跟隨在母牛的後面同行。我們會先來到巴丟丟（vattiuttiuth）這個地方，主要是把我的母牛綁在那裡，巴丟丟就在我們學校東邊的位置，綁好之後，我才走路進到教室去上課。當我正在專心上課的時候，突然有一個聲音把我給嚇一跳，那是我的母牛的聲音，我的母牛大聲地喊叫說：「嘛……嘛……嘛……」，我知道牠在叫我，牠要告訴我說牠的小牛不見了，不在牠的視力範圍裡。這時候我的心情也浮躁起來了，因為小牛如果遺失的話要怎麼辦？如果等到下課才去找小牛的話，很可能就真的找不到小牛了，我的腦袋一直胡

思亂想，我的注意力很難集中在課堂上。

後來，下課鐘聲終於響起來了，所有的同學都很高興地在校園裡玩耍和遊戲，只有我一個人和別人是不一樣的，我是忙著照顧我的牛。首先，我會很用力地跑到我的母牛那裡，把母牛綁在有青草可吃的地方，然後我又跑去找尋那一頭失蹤的小牛，還好，我很快就找到小牛了，就把小牛趕回到母牛身邊。每一節下課的時候，我都是這樣子跑來跑去忙著趕牛，我一點都沒有享受到玩耍和遊戲的滋味。

就這樣子熬過了四個月，四個月之後，我們就要準備去台東公學校參加考試了，我當然很希望我能夠順利地參加考試，可是我的壓力很大，因為我的父親不答應我升學。此外，還有一個問題也令我很頭痛，就是學生制服的問題，因為學校規定說，凡是考上台東公學校的人，日後一律要穿漢人所穿的那種學生制服，那個時代漢人的衣服比較流行。如果我將這個問題也告訴父親的話，我敢肯定，父親一定會更加阻擋我去求學。父親不允許我去求學的原因，主要有兩個：

第一個原因，父親說我的個子太小，一定沒有體力持續走路到台東公學校求學。其實父親說得也沒錯，因為從我家走路到台東公學校，的確有一段很長的路程，而且當時的馬路都是小石頭，不好走路。

第二個原因：我想父親一定會說，我們家很窮，我們沒有錢供你繳學費。

為了以上這兩點，我不願將心裡的話告訴我父親。我想只有一個辦法可行，那就是去找我的二姐陸秀蘭，告訴她我的困難，我想她一定會幫助我說服父親，這是我的如意算盤。

於是我就去找我的二姐，我跟她說：「姐姐，我們補習已經快滿四個月了，四個月之後，我們就要去台東考試了。可是如果我考上的話，學校規定說，日後我們一律要穿漢人那種學生制服

和鞋子。」我繼續跟二姐說:「我很想跟別人一樣去求學,可是我們要去哪裡賺取我的學費呢?」我一五一十地說出我的心願,我很期待二姐可以給我一句充滿希望的回應,可是我等了很久,我的二姐連一句話也沒有回答,她一言不發,默默無語,我感到非常地難過又苦惱。

那時候我的年齡是十一歲,我的二姐是十五歲。

大約過了半個小時,我的二姐終於開口了,她說:「小弟,既然你這麼堅持要升學的話,那麼我們就去拔菜,然後將這些菜賣掉,如果能賣到錢的話,我們就去買你的衣服和鞋子。」我聽到二姐的回應之後,心裡感到非常高興,就進一步問二姐說:「那麼我們要去哪裡拔菜呢?」二姐說:「我們可以把那些種植在道路內側的白菜拔起來,拿去賣掉。」二姐說她已經問過母親,母親也答應了。我和二姐就立刻到田裡去看一看,我們到了田裡,果然看到很多白菜,那些白菜都長得很嫩又漂亮,我和二姐就馬上行動,我們開始拔菜,然後把白菜帶到家裡,再用清水把白菜清洗乾淨,最後再把白菜綁成一把一把的,就把白菜排列在水缸下面。白菜排列好之後,夕陽已經西下,我二姐就對我說:「明天早上一大早我會叫醒你,當我叫醒你的時候,你要很活潑地起床,然後我們一起去台東賣菜,把這些白菜都賣掉。」我就很有精神地回答二姐說:「好。」

到了第二天一大早,我的二姐就叫醒我,她將五把菜放在我的菜籃裡,又將八把菜放在她的菜籃裡,準備好之後,我們就一起往台東的方向出發了。我們走到新馬蘭的時候,天色還很暗,新馬蘭就是馬蘭榮家那個地方。當我們走到馬蘭的時候,天色剛剛要破曉。我們走到台東街道的時候,天空才完全發白。我們就到日本人的住宅那裡去叫賣,我們一家一家叫賣,我們用日語問說:「太太,你們要買白菜嗎?」我和二姐都這麼說,日本太太就問:「一把白菜多少錢?」我們說:「五錢。」日本太太說:「我先看一下!」我們到每一個日本人的家去叫賣,結果幾乎每一家都願意買我們的菜,我們共賣了六十五錢,我們非常高興。後來我們就去問一問鞋子的價錢,那位老闆說一雙鞋子要九十錢,

這麼說還不夠二十五錢，所以我和二姐還要繼續努力賣菜。

　　後來我們終於買到鞋子了，那是一雙顏色非常漂亮的鞋子，我非常滿意。我們又去訂製學生制服，就是那種漢人的學生制服，可是只能夠勉強訂製一件制服，沒有可換洗的第二件制服，不過我沒有把它放在心上，我只是一直很高興而已。不久，考試的日期到了，我就和大家一起去台東考試，我考上了，不過我的成績是勉勉強強考上的。這一段日子以來，我的父親雖然不斷地阻擋我去求學，但是我和二姐仍然天天努力去賣菜，我們一點都沒懶惰過，所以，後來我父親就不再講話了，他不再阻止我去求學。

10. 父親對我的勉勵

　　我終於穿上學生制服和鞋子了，我很高興能夠和別人一樣去台東公學校唸書，我充滿歡喜。我父親就跟我講幾句勉勵的話，他說：「既然你已經跟人家去求學了，那麼我希望你要認真讀書，如果你很用功讀書的話，將來你一定會當老師，當老師比較好，因為有很多休假，如暑假、寒假之類的。你不要去當警察，因為警察的休假很少，……。」父親這一番話一直牢記在我的心中。後來我不但順利畢業於台東公學校，而且又考上台南師範學校，最後終於當上老師。今年，我已經是七十四歲了，我依然沒有忘記我父親所講的每一句話。

陸森寶（右）與南師同學合影。（陸賢文提供）

九、男人精神教育的第一步

1. 三位少年的買鞋計畫

　　我在少年的時候，我有兩位經常往來的朋友，一個叫瑪度尼克（matuneg），一個叫大帕斯（dapas），我們常常在一起玩耍、放牛……等等。有一次，我們三人一起在巴寮寮（variariau）的山上放牛，這座山遍地長滿sangliu這種樹，這種樹的國語學名叫黃荊樹，我就跟這兩位朋友提議說：「如果我們能夠砍斷很多黃荊樹，使它累積到可裝滿一台牛車的話，那麼我們就把這些木材都載到台東去賣掉，有錢之後，我們每個人就可以去買一雙鞋子，這樣我們行走在山上，就不會被刺給傷到腳了。」那兩個朋友聽了都很高興地贊同。

　　於是我們就開始展開砍樹的行動，我們天天在那裡砍樹，並把砍斷的樹集中在一起，經過六天的功夫，終於砍倒很多樹了。接下來，我們就商量要如何來兜售這些木材。我們商量的結果，認為目前還是先把木材搬運到家裡比較好，等我找到買主之後再作下一步的商討，我們三人都贊同這個作法。

　　於是我們決定，明天就用牛車來搬運這些木材，我們的工作分配是這樣子的：

　　大帕斯說他有水牛，瑪度尼克說他有黃牛，我負責準備牛車。第二天一大早，我們三人就駕著牛車到山上來搬運這些木材，我們花很多時間和力氣，才把這些木材都抬到牛車上，並且把每一根木材都排列得很整齊。排好之後，大帕斯就去牽他的水牛過來，打算請這隻水牛來拉這一輛牛車，可是當我們要把牛車的軛抬起來，放置在水牛的脖子上時，這才發現事情不妙，因為這牛車的軛非常重，重得離譜。就算我們三個人一起抬也抬不起來。為什麼會這樣呢？經過研究之後才知道，原來這牛車上面的木材，在排列的技巧上犯了嚴重的錯誤，因為這些木材的重量過份集中在牛車的前半段，牛車前半段如果太重的話，就會導致牛

車的軛抬不起來的現象。

　　那怎麼辦呢？我們想不出有什麼好方法，我們只想到一個最笨又最實際的辦法，那就是把牛車上面的木材通通搬下來，然後再搬上去重新排列一遍，只有這個辦法才能解決問題。不過，這可不是容易的事，這需要花更多的時間和力氣才能完成，但是我們沒有其他選擇的餘地，我們只能夠拼老命去把它完成，後來完成之後，時間已經是早上十點多了，我們三個人都累得手腳發軟、筋疲力竭、又累又餓，就坐在地上休息。正在休息的時候，我的朋友大帕斯突然出現一個舉動，那舉動把我嚇了一跳，因為，大帕斯站起來，牽著他的水牛說要回家了，他說不玩了，他不想再繼續參與這項搬運木材的笨工程，他很堅持他的看法。無論我們怎麼勸他都沒用，最後我實在忍無可忍，就哭起來搶他的繩子，就是綁著水牛的那一條繩子，他還是不放手，我們兩人就在那裡搶來搶去，最後他終於放手了，他放掉繩子之後，就獨自一個人走回家了。

　　他回家後，我和瑪度尼克就合力把牛車的軛抬起來，放置在水牛的脖子上，終於，我們可以起程回家了。一路上，牛車的輪子一直發出很大的雜音，那是牛車超重的聲音。當我們來到本嫩（vene）這個地方時，我和馬度尼克已經快要餓昏了，我們就把牛車暫時停下來，然後我們兩個人就比賽跑步，跑到前面的甘蔗園裡去偷吃甘蔗。吃飽以後，我們又繼續上路，當牛車快要抵達部落時，我們兩人就決定把這些木材放置在馬度尼克的家，因為他家的廣場很大，不過我們認為這些木材，應該盡可能放置在靠近卑南大圳那邊會更好，那樣才不會影響瑪度尼克家人的交通。後來我和馬度尼克就合力把木材都放置在靠近卑南大圳那個地方。

　　光陰似箭，轉眼之間三個月又過去了。我和瑪度尼克就去看一看那些木材的近況，結果發現

① 把牛車的軛放置在水牛的脖子上。

繪圖：陸賢文

那些木材大部份都爛掉了，已經不能當柴火燒了，原先想購買鞋子的計畫，如今卻泡湯了。其實，就算我們提早把這些木材載到台東的話，我們也不知道要賣給誰。結果，這些木材就一直堆放在那裡，沒有人去管理。後來我和瑪度尼克又發現一個很奇怪的現象，我們發現那些木材越來越少，一天比一天更少，這是怎麼回事？後來才知道原來是大帕斯的家人，每天都來拿幾根木材，帶回家當柴火燒，我知道真相後非常生氣，我真討厭那位大帕斯朋友，就是我搶他水牛的那位朋友，原來是他的家人常常來享用這些木材，難怪我說為什麼這些木材越來越少呢！

2. 我想加入少年會所

那時候，天氣越來越冷了，我們這幾個朋友就聚在一起討論，我們在討論要不要去參加今年的少年會所？我們這幾個朋友就是瑪度尼克、大帕斯、阿金（akin）這三個人，還有那些住在部落南邊的朋友，他們是吉塔烏斯（githauis）和古興（gusing）。經過一番討論之後，我那些朋友都說，他們決定要參加今年的少年會所[5]。

因此，我就回家請問我的父親，問父親要不要讓我去參加少年會所？結果我父親不讓我去參加，父親說我的體格過於瘦小，一定禁不起學長們的磨練，所以父親叫我不要參加。

[5] 少年會所是我們族人所設立的訓練所。在這裡，我們的少年人要接受學習各種內在精神和意志的鍛鍊。例如：禮節、服從、膽識、謙卑、忍耐等等，同時要學習各種狩獵、耕作、建築等生活技藝，更重要的是要學習戰鬥技術，使這些少年人日後能成為社會、經濟、軍事與文化的中堅。「少年會所」因而成為卑南族男子社會化最重要的機制，也是凝聚族群力量的強固基礎。

父親的說詞如下：「如果你去參加少年會所的話，你的學長一定會交代給你很多任務，你一定會忙得疲於奔命、頭昏眼花。在少年會所裡，即使天氣非常寒冷，你們低年級的學員也要打赤膊，你們只能夠在腰部的地方圍上一條小圍巾，就如同穿一件小短褲一樣。無論天氣刮風下雨，你們都要當學長的跑腿，幫他們回家拿飯盒，帶到少年會所給他們吃。你們低年級的學員也不可以在家裡吃飯，一定要把飯盒帶到少年會所來吃，而且還不可以隨便

繪圖：陸賢文

吃，一定要等到長輩和學長們全部吃飽以後，你們低年級的才可以開始吃飯。無論白天、晚上或三更半夜，如果你們被發現有犯錯的話，那些高年級的學長會立刻叫你們出列，然後學長會拿起一根棍子來伺候你們，你們不得違命，只能夠遵照指示，立刻跳到學長的面前，誠心接受學長的棒打。學長打人的時候，絕不手軟，他們會狠狠地打你們的屁股，打屁股的聲音是「vekuk、vekuk、vekuk、……」這樣，你們會痛得想要哇哇叫，可是不能哀叫，哀叫就太漏氣了，你們只能夠咬緊牙關忍痛挨打。」父親講完這些話之後，就立刻勸我不要去參加少年會所比較好，他說我的體格瘦小，目前還不適合參加，等明年骨骼變硬了再說。

3. 我終於加入少年會所

原先我想遵照父親的建議，不要參加今年的少年會所，等到明年我骨骼變硬再參加。可是這麼一來，又有一個問題很令我頭痛，這個問題就是：如果我明年才參加的話，那麼按照大會規定，我的地位就比這些同年紀的伙伴們低一級了，因為這些伙伴們今年就要參加少年會所了，如果是這樣的話，到了明年，我就要任由這些伙伴們擺佈和欺負了，想到這裡，我就苦惱不已！

後來，我想到一個好點子，我想起我們那一堆木材，既然那一堆木材，經常被大帕斯的家人拿去當柴火燒，那倒不如拿一部份木材送給瑪度尼克的家人還比較好，那樣還可以搏得瑪度尼克的家人對我的感情。因為我知道瑪度尼克他們家裡有兩條圍巾，就是少年會所那種專用的圍巾，其中一條是要給瑪度尼克使用的，另一條是要給他們家裡的少年工人使用的，那位少年工人在他們家是做放牛工作的。我和瑪度尼克就一直商量，商量的結果是：我們決定要一起參加今年的少年會所。

商量好之後，我就向瑪度尼克要到了一條圍巾，那圍巾可能是那位少年工人的。那麼那位少年工人怎麼辦呢？我想，瑪度尼克的家人自然會給他想辦法吧！

我得到圍巾的事情很快就被我的父母親知道了，他們一定沒

有想到，我竟然可以想出解決圍巾的辦法，他們看我意志這麼堅定，最後也就不再阻止我了。到了報到的那一天，我的朋友瑪度尼克就來約我要去少年會所，當時我父親就拿起那條圍巾圍在我的腰部，他又給我穿上一件少年人專用的傳統小上衣。然後我父親就講話了。

父親對我說：「寶貝！你即將成為少年會所的一員，你加入之後，不管你遭遇到什麼困難和辛苦，都要咬緊牙關忍受下來，無論學長交代給你什麼任務，或者學長嚴厲痛打你的屁股時，你也不能放棄或偷懶，不能丟臉。」父親勉勵完畢後，我就和瑪度尼克很高興地往少年會所的方向跑去了。

我們到達少年會所的時候，我的朋友瑪度尼克就沿著梯子爬上去，進入到少年會所的裡面，我也跟在他的後面爬上去。當瑪度尼克的腳一踏進到會所裡面的時候，裡面的學長就立刻給他取一個新名字叫格達賽（kethasai）。接著，我也跟著進入到少年會所，當我的腳一踏進到會所裡面的時候，學長也立刻給我取一個新名字，我的新名字叫阿肋笛沙央（qarethisaian）。阿肋笛沙央就是單手的意思，形容一個人很有力量，只用單手就可以克服困難的意思。我們在少年會所裡，都要用這個新名字來互相稱謂，這

①我們沿著梯子爬上少年會所。

繪圖：陸賢文

是一種禮貌，我們不可以叫他的本名，或是叫他在家裡的名字，那是不禮貌的。

4. 能吃苦方能成大器

在少年會所裡，有一種傳統儀式叫作「猴祭」，凡是參加少年會所的學員，都要參加這種猴祭儀式。猴祭的地點會選在郊外，所以猴祭完成之後，所有的少年人會排成一行，然後從郊外跑步回到少年會所。回到少年會所的時候，大家就沿著梯子爬上去，進入到少年會所的裡面，在裡面休息一陣子。不久之後，我們看見很多部落的人也來到少年會所的廣場，其中有小孩子們、少女們、婦女們、老頭子們和長老們，他們都穿上五顏六色的傳統服飾，頭上又戴著美麗的花冠，他們是來為我們這些少年人加油的。後來有很多少女們帶著年糕走過來，她們委託人把年糕送進到少年會所的裡面，轉交給她們所指定的那個人，轉交給她的哥哥或朋友等人。那個時段，少年會所的梯子上會站著大約四、五個少年人，每一個少年人會站立在梯子的不同位置上，由下而上順序排列，他們的任務，是將少女們所委託的年糕轉送到會所裡面。

①那四個少年人站在梯子的不同位置上，接受年糕。

繪圖：陸賢文

當第一個少年人收到年糕的時候，就把年糕交給第二位少年人，第二位又轉交給第三位，第三位轉交給第四位，依此類推轉送到會所的裡面，就如同接龍一樣地傳送上去。少年人每次傳送年糕的時候，還必須大聲喊出這年糕是要送給什麼人的。舉例來說，如果少女指定要把年糕轉交給阿那桂（anakui）大哥的話，那麼第一個接到年糕的少年人就要大聲地對第二個少年人說：「這是給阿那桂大哥的。」第二個少年人也

要對第三個少年人說：「這是給阿那桂大哥的。」第三個對第四個講，第四個對第五個講，依此類推傳達上去，最後年糕就會轉交到阿那桂大哥的手上了。少年會所裡面的每個人，當天都會收到家人或親友送來的年糕，這些年糕是要給少年會所裡面的人吃的，也表示家人及親友對這些少年們的支持與加油的意思。

②長老們在梯子底下那了塊墊腳石的地方祈禱。

繪圖：陸賢文

後來時間差不多了，長老們要開始進行祈禱的儀式，祈禱的地點就在少年會所入口處，就是梯子底下那塊墊腳石的地方。祈禱儀式結束之後，司祭長會抬起頭來，對少年會所裡面的人高喊說：「祈禱儀式完成，你們可以開始行動了。」司祭長如此宣告之後，那些坐在少年會所裡面的高年級學長就會站起來，開始準備下一個行動，他們會站起來圍在少年會所的中央那個地方。當時少年會所的領導人是那音(naiun)的哥哥阿吉瓦特（agivat）[6]。

後來有一個高年級就說：「現在我們要升段了。」他這樣講完之後，那位領導人阿吉瓦特就拿起一根棍子，站在指定的位置上，並且作出準備打人的姿勢，在打人之前，領導人阿吉瓦特會說：「朋友們，過來吧！」他話一講完，那些低年級的學員就立刻排成一行，然後一個接一個地跳到領導人阿吉瓦特的面前，每一個來到前面的人，他的雙手會緊抓著梯子，他的屁股朝向領導人，這時領導人阿吉瓦特就舉起棍子，朝著低年級的屁股很用力地打下去，打下去的聲音是：「vekuk、vekuk、vekuk、……」那是一種很震憾人心的聲音，那聲音令人冷汗直流。第一位低年級被打完離開之後，第二位低年級也要立刻跳到前面接受棒打，接著就是第三個、第四個、第五個……依此類推上去，每一個低年級的學員都要很有精神地跳到前面去，接受領導人阿吉瓦特的棒

6 阿吉瓦特就是前台東縣長陳建年的爸爸。

打。每一個被打的人，都會忍不住地露出痛苦和吃不消的表情。

　　領導人阿吉瓦特打完之後，就把棍子移交給第二位學長，由第二位學長再一次痛打每一位低年級的學員，總之，每一位學長都要輪流出來打人，如果現場有二十位學長的話，那麼這二十位學長都要輪流出來打人。其目的就是要鍛鍊這些低年級，幫助他們學會忍受痛苦。每一個學長在打屁股之前，一定會說：「朋友們，過來吧！」這時這些低年級的二話不說，他們只有遵照指示跳出來接受挨打。每一個學長打人的時候都很用力，絕不手軟，每一個低年級都會痛得臉部變形，好像要大哭起來的樣子，還好每一個人都很勇敢，沒有一個人是哭出來的。有的學長很傷腦筋，他們打屁股時，沒有將棍子正確地打在屁股上，而打在屁股下方的大腿上，那種疼痛就更受不了，而且大腿上會留下瘀青的痕跡，令人看了不禁膽顫心驚。

④學長在少年會所裡，打低年級的屁股。低年級緊抓著梯子。

繪圖：陸賢文

　　我是新加入少年會所的學員，所以今年我不必被學長打，但到了明年，我就要被打了。被學長磨鍊和挨打雖然很痛苦，不過我們族人認為，唯有禁得起考驗的少年人，將來才可以打敗生活中的各樣困難，成為有用的人。

編者附記　　文／陸賢文

　　我父親陸森寶先生的自傳，只寫到少年會所這裡，至於少年會所之後的事情，他就隻字未提了。為什麼不繼續寫下去呢？依我猜測有兩種可能性：

第一、可能是生活中忙事太多的關係，以致父親找不出空檔時間繼續寫下去。

第二、可能是父親不好意思寫下去，因為再寫下去的話，就會寫到他在師範學校唸書的情形，父親在師範學校那一段時光，正是他生命中最燦爛、風光的時期，我想父親可能不好意思提起過去的輝煌戰績，所以他的自傳只寫到十五歲以前的事情而已。依照父親平時的行事作風看來，我認為這種謙虛的可能性是很大的，正所謂「好漢不提當年勇」。

　　我父親是在十五歲那一年以優異的成績考上台南師範學校的，當時全校只有他一個人是原住民學生。他在學校裡首次接觸到鋼琴，並對鋼琴產生濃厚的興趣，後來他得到全校鋼琴比賽冠軍。有一次，日本天皇的弟弟到台南訪問（當時台南是台灣的首都），我父親就被學校推選出來，代表所有中等學校，以鋼琴演奏的方式來迎接貴賓，那個時代能夠在這麼重要又盛大的場合裡演奏鋼琴，那是相當被肯定的殊榮。後來，校長在介紹我父親的時候，還講了一段令人印象深刻的讚美，校長說：「他不是日本人，也不是漢人，他是真正生長在台灣的人，他的能力比一般人強，他的名字叫巴力瓦克斯（valiuakes）」。

　　父親除了音樂才華之外，在運動方面也有很傑出的表現，他打破當時台灣中等學校四百公尺的記錄，並且得到鐵餅、標槍、……等五項第一名的成績。父親如此輝煌的成果，令他不得不躍上全校最燦爛耀眼的明星，父親也是台東家鄉族人最引以為傲的風雲人物。我們都知道，父親還在台東家鄉放牛的時候，他是連一雙鞋子都買不起的小孩，他的父親（我的祖父）也對他說：

「你這又矮又瘦的身材，是絕對無法持續走路到台東公學校唸書的。」可是誰知道，後來這瘦弱的小孩竟然成為運動場上所向無敵的黑馬。

父親在台南師範學校畢業之後，就回到台東任教於新港公學校，他也曾經擔任加路蘭國小的校長，一九四七年父親轉入台東農校（台東農工），擔任音樂和體育老師，亞洲鐵人楊傳廣先生也是他調教的學生。

當我讀完父親的自傳之後，我感到非常有趣又充滿感動，所以我想提出幾點我個人的感受，也跟各位讀者們分享一下：

1. 父親的求學奮鬥史

記得我在國中和高中的時候，我也曾經聽父親談起他的求學經過，但那時候，我真的無法體會父親的心情和奮鬥內容，我想原因有兩個：

第一、我聽不懂卑南族語。

第二、當時我太年輕，根本無心去研究父親的故事。直到最近我讀過父親的自傳之後，才恍然大悟，頗有感觸，原來在我父親的求學過程中，也是經歷過那麼多重重的阻礙和困難，尤其在他邁向台東公學校，以及台南師範學校這段期間，更是充滿艱辛和挑戰。我聽說父親到台南唸書時，都是渡船過去的，當時的路上交通很差，所以父親只好渡船過去。但是到了放暑假或寒假的時候，我父親有時會嘗試走山路回到台東，到底走哪一條山路？這個我不清楚，當時我沒有詳細問這個問題，父親說他走路回台東的時候，一路上沒有其他行人，只有他一個人獨自走在路上。那山路很窄，大約只有一輛牛車的寬度而已，而且路面崎嶇不平，有石頭、泥濘和坑洞等。

此外，行走在山路上，還需要防範另一種風險，那就是被原

住民砍頭的風險，那時候，有些原住民還保留有獵人頭的習俗，所以行走在山路上，也要小心這一類的狀況發生。父親說那一條山路，每隔一段距離就會設有一個檢查哨，當父親走到第一個檢查哨的時候，這個檢查哨的警察，就會立刻搖電話給第二個檢查哨，告訴他們說：「這裡有一個年輕人要回到台東去，請你們准許他通行。」但是如果超過預定的時間，還不見這個年輕人走過去的話，第二檢查哨的警察就會擔心起來了，擔心這個年輕人是不是發生意外？我父親從小就在山上放牛，有時幾個晚上不回家，都在山上過夜。所以我想父親對山上的地形地物應該很熟悉才對，不然按照一般人而言，很少人膽敢獨自行走在危機四伏的山路上，還好，我父親本來就是山裡的孩子。

我覺得我父親名字很有意思，他的名字叫「森寶」，這個名字是他自己取的，不是我祖父給他取的，「森寶」的意思就是森林中的寶貝，依照這個名看來，我想父親一定很滿意他自己是山裡的孩子。

2. 父親的修養

我在父親的自傳裡，看見父親訴說著他小時候挨打的事情，以及一些令他很狼狽又難堪的童年往事。比如：有一次他去放牛，因為母牛一再地偷吃別人的甘蔗，以致父親火冒三丈，就順手拿起番刀丟了過去，沒想到，這番刀竟然不偏不倚地砍斷了母牛的後腳筋。這母牛當場就變成一拐一拐的跛子，父親看了驚慌失措、懊悔不已，後來他回家之後，果然被我的祖父痛打一頓。雖然那些陳年往事給我父親的童年帶來不少痛苦和窘境，但是我發覺父親並沒有因此而挫敗喪志，父親反而從這些失敗的經驗中學到很多寶貴的教訓。難怪父親後來常告訴我們說：「凡事不可魯莽行事，必要三思而後行。」原來父親的金玉良言，不只是從書本上學來的，同時也是從他自己失敗的經驗中得來的。

有很多人誇獎我父親，說他是一位很有修養的人，有人說他的修養是天生的，包括我也這麼認為，但現在我知道了，原來父親的修養並不是天生的，也不是一夕之間就改變過來的，而是經

過不斷地反省、檢討、改進而形成的。曾子說：「吾日三省吾身。」我覺得我父親也有這種反省的特質，以致他的心思意念越來越潔淨，甚至快要接近完美的境界。我的父親和母親結婚共五十幾年，在這五十幾年的共同生活當中，我們這些做兒女的，從來沒有看過我的父母親有互相爭吵打架的情形發生，雖然我的母親比較嘮叨，但是父親從來不會跟她一般見識，由此可見，父親的修養已經達到很高的境界了。

3. 感恩的心

我發覺父親也是一位充滿感恩的人，從他的自傳裡可以看見他深深懷念他的父親（我的祖父），並牢記祖父對他的教誨。當然，他也很孝順他的母親，其實凡是幫助過他的人，父親都會牢記在心，比如他的二姐陸秀蘭等人。此外，我也發覺父親對生活周遭的事物充滿感謝，例如：他對交通工具的感謝，如：飛機、火車、汽車、機車等交通工具，父親說現在的交通工具非常便利，不像他小時候都是靠兩隻腳走路的。他說現在的人只要輕鬆地坐在椅子上，火車就可以載我們到花蓮、宜蘭、台北……等地，真是幸福極了！父親也對今天的馬路充滿感謝，他說現在的馬路都是柏油路，路面又平坦又寬敞，走在馬路上一點也不擔心腳底被刺傷的危險，不像以前的馬路都是佈滿小石頭，而且灰塵

陸森寶（右一站立者）與部落友人合影。攝於民國23年。（陸賢文提供）

滿天飛。每一次，我用機車載父親到知本溫泉洗澡時，一路上，父親都會不停地唱歌，他很快樂地唱著，我已經不記得他唱什麼歌了，我只知道他心情特別愉快，或許，他在為今天的馬路和交通工具歡唱呢！

　　父親年老的時候，我曾經問他最喜歡吃什麼山珍海味？喜歡吃中式口味呢？還是西式口味？結果父親回答說：「我比較喜歡吃野菜，尤其是takukem。」takukem是一種很普遍的野菜，這種菜在鄉下地方到處可見。Tatukem的國語學名叫龍葵。

　　父親真是一位清心寡欲的人，難怪他常常知足常樂。父親在他八十歲的那一年蒙主恩召了，我相信他一定住在天堂，住在上主所恩賜的福樂裡。

附錄二

陸賢文編
《我所知道的陸森寶先生》

說明：

一、本合集乃陸賢文於二〇〇七年元月輯陸森寶八位子女及二女婿陳光
　　榮、外孫陳建年、學生曾修花之懷念文字集結而成。

二、為保存原貌，本合集除文章順序、錯字、重覆和若干標點符號略作修
　　訂外，一切照舊。

三、本合集附加圖檔，為本書作者增列，加深讀者印象。

四、本合集的族語拼音，尊重原稿的習慣用法，未作更動。

陸賢文編
《我所知道的陸森寶先生》

目錄：

前言

文／陸賢文

　　這些年來，有很多人問我關於家父陸森寶先生的事情，他們說，雖然知道家父被族人稱為民謠之父，也知道家父很受族人的敬重，但是他們對於陸森寶先生，仍然充滿諸多的好奇，他們的問題例舉如下：

1.令尊總共創作幾首歌？他只創作五十首嗎？他的創作能力僅止於五十首嗎？
2.令尊創作的目的何在？為了名利嗎？可是他在世間的時候，好像連一首歌也沒有賣到一文錢，所以他的創作動機到底是什麼？
3.為何令尊的作品能夠受到族人喜愛？其最大的魅力是什麼？
4.令尊只重視卑南族的歌謠嗎？他對於其他族群的歌曲又抱持何種看法呢？
5.令尊是何種性格的人？是孤獨、冷漠？還是開朗、熱情？
6.令尊的家庭生活如何？他和妻子、兒女們的互動如何？
7.其他問題。

　　關於以上這些問題，我覺得，也可以藉著這一本陸森寶的書，一併解答給所有的讀者們，以滿足他們的好奇心。那麼要用什麼方法來解答這些問題呢？我想了很久，終於想到以下這個辦法：

　　我特別邀請兄弟姊妹八人，每個人都來寫一篇文章，寫出心目中的父親，因為每個孩子與父親之間，一定有不同的觀點、經驗和感受，透過這些不同的分享，讀者就可以從中知道的更多了。除了我們兄弟姊妹八人之外，我也邀請另外三個人加入陣容，他們是陸先生的女婿、外孫和學生，但願透過我們的分享，能夠解開這位傳奇人物的神祕面紗，也能從中帶給每位讀者一些趣味和省思。

父親是我的救星

文／陸彩英（陸森寶的大女兒）

　　我的一生充滿許多挫折、痛苦和絕望的事情，不過還好，每當我快要滅頂的時候，總是有一隻手會拉住我的衣領，使我不致於沉沒，那就是我父親的手。就因為這樣，我才得以一次又一次地越過各種難關。今年，我已經是六十七歲的阿嬤了，雖然我比從前更加堅強老練，可是每當我想起從前，我就對父親充滿感謝。

　　我父母親有八個孩子，我是排行老大，我是大姐。我國小畢業之後就沒有升學了，我在家裡幫忙母親照顧弟妹和做家事，我也常和母親到田裡耕種、除草、噴藥、採收……等等。我母親是一位工作認真又十分能幹的人，她常常工作到天黑還不回家，還在田間賣力打拼，可是很奇怪，每當我們豐收發財的時候，過不久，我們家就會發生一件破財消災的事情。比如：我的弟妹當中就會有一人身患重病，以致賺來的錢，正好也是付給醫藥費的錢。我想可能是諸事不順的關係吧！所以我母親的情緒也變得很容易焦慮和發脾氣。母親罵人的時候，往往不會給對方留餘地

陸森寶與家人合影。前排坐者由右而左為：妻子陸夏蓮、三兒子陸光朝（前）、小兒子陸賢文（後）、長女婿高源吉、二兒子陸誠惠。後排站立者由右而左為二女兒陸素英、三女兒陸淑英、大女兒陸彩英、大兒子陸宗獻、小女兒陸華英。攝於1960年。（陸賢文提供）

的，她可以一句話就造成我的內傷，她甚至會隨手抓起地上的土塊或石頭丟我，幸好我跑得快。我覺得和母親相處實在不是容易的事，我必須隨時戰戰兢兢地配合，否則就有苦頭吃了。我曾經對母親很不諒解，可是又無可奈何，誰叫她是我母親！我父親是家裡的和事佬，父親常常安慰鼓勵我。

我在二十三歲那一年結婚了，我先生願意入贅到我家，可是不久之後，我先生也受不了母親的脾氣，先生就把怒氣都發洩在我頭上。我每天就夾在先生和母親的火氣之間，那真是令人心煩意亂苦不堪言。有一次我心情實在壞到極點，就獨自一人到郊外散心，我沿著卑南大圳旁邊的小徑散步，忽然，我想到一個最快速的解決辦法，那就是乾脆跳河自盡算了。就在我肝腸寸斷萬念俱灰的時候，我父親那慈祥的聲音，竟然不斷地縈繞在我耳裡。他說：「女兒啊！妳一定要堅持下去，看在妳孩子的份上，妳要堅強……。」最後，我總算懸崖勒馬了。

終於有一天，我和先生決定要搬出去住，於是我們就搬到我先生的老家後面，那裡有一間倉庫用的簡陋鐵皮屋，我們把倉庫清理之後就住在裡面。我原以為從此就可以避開不必要的困擾，但沒想到那正是另外一場紛爭的開始。因為我先生的胞兄也希望擁有那間鐵皮屋，為此我們常為房子和土地的問題爭吵，以致我常被人用不堪入耳的話語刺激和辱罵，甚至有人動手當場撕破我的衣服，給我很大的難堪。有時候我會落寞地回家找我父親，傾訴內心的痛苦。我很慶幸我有一個好父親，因為父親總是給我很大的鼓勵與加油，如果沒有父親，我早就崩潰了。

我和先生搬出去之後，有許多現實問題也陸續接踵而來。除了房子的糾紛之外，還有家庭生計等等問題。我和先生都是務農，我們幫人家犁田、除草、砍甘蔗、搬木柴、圍籬笆……等等，以賺取微薄的生活費。那一段時光，我先生常借酒澆愁。

有一天我父親來找我，他苦口婆心地鼓勵我去教會，他說到教會可以減輕我心中的痛苦。幾天之後，我父親又和費神父一起來找我，費神父也告訴我上教會的好處，但是我回答他們說：

「我現在還不能去教會，因為我的孩子還小，我必須努力賺錢來養育他們，等孩子長大了，我才要去教會。」可是費神父勸我現在就應該去教會，因為教會可以幫助我脫離黑暗的深淵，也可以引領我走向充滿希望的明天。我說不過他們，但我可以深深感受到他們對我的關心，所以我就勉強答應了。可是我的頭腦很遲鈍，我進教會若干年之後，才慢慢領悟到一點聖經的道理，聖經裡有一句話我很喜歡：「凡勞苦和負重擔的，你們都到我跟前來，我要使你們安息。」（瑪11：28）我在教會裡的確得到很大的鼓勵和心靈力量，感謝天主。

我在小姐的時候就學過理髮，後來也開了一間家庭理髮店。從開店那一天起，我父親就請我為他理髮，直到他年老力衰，即將離開人世的前幾天，父親還是來找我為他理髮。我覺得父親是一個很善良的人，他每次理髮都堅持要給我理髮費，他並且還買糖果或水果給他的孫子。

我父親曾經是台東農校的體育和音樂老師，他也創作了很多卑南族民謠，可是我很慚愧，因為我對他的歌曲幾乎沒有什麼概念，我只能說凡是父親的歌我都喜歡，至於他的歌有什麼特色呢？有什麼背景故事？這些我就不懂了，這些還是問我的弟弟妹妹們好了，他們一定比我清楚。雖然我是國小畢業，但是我很高興我的女兒是大學畢業，我的兒子也滿爭氣的，他在警界服務。我常常為我們這一家人祈禱，求天主時常與我們同在，並引領我們永遠走在正確的生命道路上。

陸森寶長女陸彩英與家人合影。由右而左為：孫子陸浩宇、陸彩英本人、先生高源吉、女兒陸幸江、孫女陸萱。攝於2007年10月。（陸彩英提供）

我對父親有很多感激，不過這種情感是言語無法形容的，我相信父親一定住在天堂，因為他確實是一個充滿愛的人，我永遠都懷念他。

父親的歌與我的回憶

文／陸素英（陸森寶的二女兒）

　　我父親是一位良善心謙、溫文儒雅的人，他很喜歡創作歌曲，並且很願意將他的歌曲分享給族人。我父親創作不少歌曲，他的歌歸納起來，大概可以分為兩種類型，一種是卑南族民謠，另一種是天主教聖歌。我父親的歌很受族人喜愛，尤其在民國四十年至六十年之間，他的歌幾乎成為族人的流行歌曲，不但在婚喪喜慶裡被大家廣泛地傳唱，甚至農夫們在田間插秧的時候，也會一邊插秧一邊唱。有時候農夫會以二部或多部的方式來合唱，他們的歌聲非常和諧美妙，有如天籟之音。除此之外，連牧童在牛背上也會哼唱父親的歌，可見父親的歌的確很受族人喜愛。

　　在父親的歌曲當中，我最喜愛其中兩首歌，一首是〈卑南山〉，另一首是〈聖誕歌〉。為什麼我特別喜愛這兩首歌呢？以下就是我的說明。我先來介紹〈卑南山〉這一首歌曲，我們都知道，原住民在早期是常被人輕視和取笑的民族。因為有人說原住民是黃昏民族，意思是快要消失的民族。也有人說原住民是〈蕃人〉，蕃人就是蠻荒未開化的民族，也有人說，台東縣是一個又落後又貧窮、鳥不生蛋的地方。總之，這些評語真是讓人滿受傷的。

陸森寶與家人合影。前排站蹲者為孫子輩，由右而左為陳建年、陸野明、陳紹秦、陸幸江。中間坐者由右而左為：二女兒陸素英、陸森寶、妻子陸夏蓮、大女兒陸彩英。後排站立者由右而左為：二女婿陳光榮、大兒子陸宗獻、二兒子陸誠惠、小兒子陸賢文。攝於1972年聖誕節。（陸賢文提供）

　　我父親當然知道原住民心中的痛，他爲了提振我們卑南族的士氣，所以，就寫了這一首〈卑南山〉。所謂卑南山就是今天的都蘭山，因爲根據古老傳說，我們卑南族的祖先，是從都蘭山的山頂登陸台灣的。爲什麼祖先會從都蘭山的山頂登陸台灣呢？因爲幾萬年前，全台東縣還是一片汪洋，只有都蘭山的山頂是凸出於海平面的，所以卑南族的祖先來到台灣時，就從都蘭山的山頂登陸了。後來海洋退去之後，我們族人才從山頂遷移到平地來居住。因爲如此，所以我們族人把都蘭山也稱爲卑南山，因爲那是我們祖先所登陸的地方。

　　我父親藉著卑南山來勉勵我們族人，勉勵族人要向祖先學習，學習那種不畏艱難、飄洋過海開山墾伐的精神。我父親認爲台東其實是一個很棒的地方，因爲這裡山明水秀、鳥語花香、空氣新鮮，住在這裡就如同住在人間仙境。所以父親認爲我們該滿心喜悅地感謝上主才對，因爲這些都是造物主奇妙的作爲。

　　我們來看一下〈卑南山〉的歌詞吧！

第一段：普悠瑪有一座古老的山，可眺望到蘭嶼島，可俯瞰關山，它是東部有名的山，是傳說中祖先起源的地方。

第二段：卑南山山勢壯麗高過雲端，可遙望大武山，可遠眺海天交界處，那是造物者的傑作，爲的是讓我們成爲東部美好的典範。

　　記得民國八十二年的時候，我們族人曾經舉辦一次飲水思源的活動，就是集結族人一起到卑南山的山頂去祭拜祖先。我們爬了大約五個小時才抵達山頂，我們就在山頂上高聲合唱〈卑南山〉這首歌，我們一遍又一遍地唱著，大家的心情都沸騰到最高點，感動地哭成一團。不過後來，不知道是怎麼回事，我忽然發覺大家把追思的對象轉向我父親。就這樣子，我父親也被列爲大家所懷念的人物之一了。

　　接下來，我要介紹第二首我喜愛的歌，歌名是〈聖誕歌〉。這也是我父親的作品，每當聖誕節來臨的時候，我們教會全體教友

都會唱這首歌，這首歌的旋律輕鬆愉快充滿喜樂，它的歌詞也很有意思。

第一段：日子到了，耶穌基督就要誕生了，祂是普世萬民所等待的，祂來到時，整個天空都明亮起來，祂的亮光環射世界各角落。

第二段：祂了解如何看顧勞苦重擔的人，祂了解如何引導人走向光明的道路，祂能解開我們的痛苦，祂是真實唯一的救贖者。

第三段：我們要歡欣鼓舞地歌頌讚美，我們要把讚美的歌聲傳達到天上，我們要把最美的歌聲展現出來，因為今天是耶穌基督誕生的日子。

我們全家人都是天主教的教友，我的先生曾經在教會裡擔任三十年的傳教員，後來就退休了，但是他退而不休，他仍然繼續義務性地為教會服務。我和我先生已經結婚四十多年，在這一條人生的道路上，我們雖然遇到了各種各樣的困難，但還好有天主保佑，我們才能衝破各樣的難關。民國八十九年，我們家傳來一陣驚喜，就是我兒子陳建年很意外地獲得金曲獎流行音

陸森寶與二女兒陸素英於會所前之合影。（陸素英提供）

樂最佳作曲獎及最佳男演唱人獎。我和我老公都嚇了一跳，簡直不敢相信，我們只能夠肯定地說，這完全是天主的恩賜，感謝天主。

我想再來談談我的父親。我覺得父親留給我非常多美好的回憶，我想舉出兩個最難忘的回憶來與大家分享。第一個回憶是發生在我國小二年級的時候，那時我患了重病，得了很嚴重的腦膜炎，我的父母親為此而苦惱不已。不過還有一件事情是令他們更傷腦筋的，那就是我這病人堅持不吃藥，我緊緊地咬著牙關就是不吃藥，因為那藥實在太苦了。我的父親逼不得已，只好嚴肅地命令我吃藥，他把藥放在我手上，要我自己把藥喝了，我說好，但是我趁父親不注意的時候，把藥扔了，但還是被父親發現，我父親真的氣壞了，他一過來就把我的手腳緊緊地壓在床上，然後用湯匙把藥灌進我嘴裡。經過一番折騰，最後總算把藥吃完了，如今想起來，真是感謝父母親的用心良苦。

第二個難忘的回憶，是發生在我初中二年級的時候，當時我在台東農校唸書，我的父親是我們的體育和音樂老師。有一次我們學校感染了很嚴重的流行性感冒，全校有百分之八十的學生都被感染了，然而我很幸運，沒有被感染，學校被迫停課三天，三天之後到了學校，大家的病情果然好多了。但是接下來卻輪到我感冒了，我全身酸痛、四肢無力、頭昏眼花，我只好到保健室請校醫打針，打完針我就到宿舍裡休息睡覺，昏昏沉沉地不知睡了多久，後來我父親就到宿舍來叫醒我，他要我現在立刻下床，然後去上體育課，我就說：「爸，我身體不舒服，全身酸痛……」但是我父親仍硬要我下床，我只好勉為其難下床去上體育課了。那一天的課程是打乒乓球，我從來沒有打過乒乓球，輪到我上場的時候，我父親就在旁邊幫我打氣加油！不管我打得好不好，父親都說：「嗯！打得很好，打得妙！」我聽了頓時士氣大振，就越打越有趣，越打越開心，後來竟然忘記我是個病人。下課之後我才恍然大悟，原來父親是用這一招來治我的病，這一招還滿管用的，我的感冒真的痊癒了。

父親的音樂和他的處事觀

文／陸淑英（陸森寶的三女兒）

　　我父親創作很多歌曲，但其中我最喜歡的應該是〈散步歌〉，因爲這首歌會讓我回想起我在小姐的時代，那一段花樣年華又如夢如幻的美好時光。雖然如今我已經六十三歲，是幾個孫子的阿嬤了，但是每當我聽到這一首〈散步歌〉時，仍然會勾起許多往事而回味無窮呢！

　　〈散步歌〉是描述一對濃情蜜意的情侶，他們手牽著手，正商量著該到哪裡去散步的情形。這首歌是採用男女對唱的方式，它的歌詞非常可愛，我們來看一下它的歌詞吧！

第一段　女：哥哥，我們去散步吧！
　　　　　男：你這麼說我眞高興。
　　　　　女：那麼該到哪裡去好呢？
　　　　　男：那就往東邊去吧！因爲那裡有美麗的月光會照耀著我們。
　　　　　男女：一樣我們的想法。

第二段　女：哥哥，我們去走走吧！
　　　　　男：你這麼說我眞高興。
　　　　　女：那麼該到哪裡去好呢？
　　　　　男：那就往南邊去吧！因爲那裡有熱騰騰的溫泉可以泡湯。
　　　　　男女：一樣我們的想法。

　　這首歌的歌詞共有四段，但在此我僅舉出前面二段。我覺得它的歌詞純樸可愛，男女之間的對話充滿甜蜜與尊重。這一首歌的旋律也很輕快，就如同小鹿在溪水旁或草原上嬉戲跳躍的感覺，讓人聽來輕鬆愉快。

　　〈散步歌〉創作的時間大約是在一九五三年，那個年代我們

台東還是一個很鄉下的地方。當時大部份的百姓都是以農為業，所以牛車滿街跑的畫面是很普遍的。那時候還沒有電視機，只有收音機，但是收音機所播放出來的歌曲也不怎麼好聽，因為都是唱一些國語歌曲和閩南語歌曲，這些歌曲我們族人都聽不懂，不曉得它在唱什麼東西。我們族人最熟悉的還是我們卑南族的民謠，不過卑南族的民謠很有限，唱來唱去還是那幾首。所以我的父親就立志要為族人創作歌曲，來幫助大家在音樂方面的需要，也藉著音樂的力量來鼓勵、安慰、洗滌族人的心靈。後來父親果然陸陸續續創作了許多歌曲，而這些歌曲也都受到族人的喜愛，難怪不論婚喪喜慶，父親的歌總是被大家一再地傳唱著，父親的歌就如同我們村子裡的流行歌曲。

我父親創作歌曲的題材，幾乎都是以村子裡所發生的故事為題材。例如〈再見大家〉這首歌曲，就是描述村子裡某一位小姐出嫁的情形，當她要離開故鄉的時候，她淚流滿面依依不捨地向大家揮手說再見。〈蘭嶼之戀〉這首歌的故事也很有趣，話說有一次台東縣長黃鏡峰先生，他率領青年康樂隊坐船到蘭嶼島勞軍，因為蘭嶼有國軍部隊駐守。但是沒想到當他們要回來的時候，正好遇上颱風，所以這一票人只好留在蘭嶼島等候天氣變好，沒想到卻等了兩個禮拜天氣才好過來，那段等候的時光真是叫人心急。其實等候半天就已經叫人快要發瘋，更何況是等候兩個禮拜呢！後來天氣變好了，大家才上船順利地回到台灣本島。說也奇怪，這一票人回到台灣之後，他們竟然開始懷念在蘭嶼島被大海浪圍困的時光，畢竟那是千載難逢的經驗。我父親就根據他們的心聲，寫了這一首〈蘭嶼之戀〉。父親的每一首歌都有它的故事背景，所以當族人在傳唱這些歌曲的時候，腦海裡也會一併浮現出當年的畫面。

我父親在這一條創作歌曲的路上，其實走得很辛苦，因為在生活中有許多困難阻礙他繼續創作。最大的困難是什麼呢？我想最大的困難應該是債務的問題吧！我的父母親都是老實人，他們不喝酒、不抽煙，也不賭博，可是他們所生的八個孩子卻常常生病。那個年代生大病是很頭痛的問題，因為當時沒有勞健保這一類的制度，所以全部的醫藥費都要由自己來承擔，有不少家庭因

為如此而變成一貧如洗。我父親雖然是學校的老師，但是當時老師的薪水也是很微薄的，當時的社會有「窮教師」這樣的說法，表示老師的待遇也僅能夠糊口而已，賺不了什麼大錢。

為了應付家裡的各項開支，我的父母親不得已，才向一些有錢的大老闆借錢，但沒想到這一借之後，才發現這筆債務似乎永遠無法償清，後來才知道原來是高利貸的關係，難怪償還一筆又有新的一筆，光是追逐這些利息就已經令人快要窒息，我的母親曾因此而病倒一年。

總之，我們家裡的經濟情況是很困難的，所以我們全家人必須不停地工作。我們家裡有養許多豬，但是這些豬都是要賣出去的，不是要宰來自己吃的。我們家裡有幾塊田地，田地會依照季節而種植不同的農作物，我們會種稻子、甘蔗、大豆、白菜、茄子……等等的農作物。白天我們可以到學校唸書，但是放學之後，我們全家老小都要一起工作，就是處理那些從田裡搬運回來的農作物，我們常常工作到很晚才有得休息。

我父親在這麼忙碌的工作環境中，依然堅持要抽空為族人創作許多歌曲，所以在他的創作道路上，難免會遇到一些有趣的

姊妹合影。左為三女兒陸淑英，右為四女兒陸華英。（陸華英提供）

事。舉例來說，我父親在田裡工作的時候，他的口袋裡一定會放一枝筆和一本小冊子，當他的創作靈感不斷湧現出來的時候，他就會立即跳進隔壁人家的香蕉園裡，然後拿起口袋裡的紙筆就開始創作起來。父親說靈感就如同天上傾瀉下來的活水，如果不及時用容器將它裝滿，那麼很可能這活水從此就不再回來。起初我的母親覺得很奇怪，為什麼父親老是工作中突然消失無蹤？後來才知道原來是藏在人家的香蕉園裡，在那兒忘我地陶醉在自己的創作當中。被母親發現之後會有什麼下場呢？當然又是一頓嘮叨。

　　父親出外旅行的時候，也一定會把紙筆帶在身上，有一次他乘坐火車，就很自然地拿起紙筆又開始哼唱起來了。我們都知道創作很少是一蹴即成的，創作歌曲就如同雕刻藝術品一樣，必須精雕細琢才能呈現出好的作品。所以父親低著頭，很認真地一邊哼唱，一邊修改著他的創作歌曲。那時候，坐在父親座位旁邊的是一位中年婦女，她可能是第一次看到音樂家作曲的樣子吧！她感到非常榮幸與驚訝，就用手指暗示她的女兒趕快過來看一看。當她們正看得入神的時候，父親突然抬起頭來，被她們嚇了一跳，這時父親才發覺旁邊有四隻眼睛正驚奇地看著他。

　　我覺得父親是一位才華洋溢的人，他在台南師範學校唸書的時候，不但課業常常保持在前三名，而且還得到全校鋼琴演奏冠軍。父親在體育方面的表現也很傑出，不但打破當時台灣中等學校四百公尺的賽跑紀錄，並且得到鐵餅、標槍等五項第一名。所以我曾經猜想，像父親這麼優秀的人，他的八個孩子當中，一定會有幾個是出類拔萃的人物，比如當醫生、當大學教授，或當科學家之類的人物。但是很遺憾的，直到今天我還看不出有什麼特別的動靜，在我看來，他的孩子頂多只能當一個農夫。父親在過世之前，我曾經感嘆地跟他提起這件事情，父親苦笑了一下，然後講了一句很令人安慰的話，他說：「至少我的孩子沒有作奸犯科。」這就是父親的人生觀，他總是能夠往好處著想，難怪他常常面帶微笑，我很榮幸能夠成為他的女兒，我永遠都懷念他。

我對父親的回憶

文／陸宗獻（陸森寶的大兒子）

● 父親的教誨：以身作則

　　我們家裡有八個孩子，我排行第四，我上面有三個姐姐，我是長男。可能是長男的關係，所以父親對我很嚴格，尤其在操守方面更是嚴格要求。還記得我國小的時候，只要家裡掉了一塊錢，父親就會先找我問話，好像每次的主角都是我。我承認自己曾經拿過父親的錢，不曉得是不是有了那個紀錄的緣故，以致日後只要發生類似的事情，父親都會懷疑是我幹的，好幾次我都被冤枉了。曾經為了錢的事情，我被父親處罰後還要寫悔過書，印象裡我曾寫過七封悔過書，可是其中好幾封我寫得很不甘願，因為實在不是我做的，那種心情真的不是滋味，我抱怨父親為什麼不相信我？被冤枉之後，我時常偷偷地跑到菜園裡哭泣，後來心思細密、觀察敏銳的父親，察覺到這件事情的嚴重性，於是有一天，父親就私下叫我到他跟前，他告訴我說：「你是家中的長男，你的言行舉止一定會影響你的弟妹，父親所以對你這麼嚴格，就是要讓你知道以身作則的重要性。」

　　每次回想這一段往事，就讓我感受到父親的愛真是偉大。他從來不因為我年紀小，就不跟我講道理。而且，父親自己也確實做到了「言教不如身教」的道理，許多事情他都會以身作則，他嚴謹的生活態度，是我們子女們學習的最佳典範。

● 牙痛最幸福

　　我想大家小時候都有牙痛的經驗吧！所謂「牙痛不是病，痛起來要人命。」我小時候也經常牙痛，不過每次牙痛都很開心，因為這樣就可以不必去上學了。父親也會因此而帶我去台東市看牙醫。看完之後，牙齒比較不痛了，父親就會帶我去看一場電影，看完電影，又帶我到麵店裡，去吃一碗放了兩片瘦肉的切仔

麵。那個年代，能夠擁有那種享受，眞的可以說是八輩子修來的
福氣，太棒了。

● 我被挨打

我從小就非常黏父親，父親走到哪裡我都想跟。記得有一次
父親要上班，但是他不讓我跟去，我卻一直哭著要跟，當父親騎
著腳踏車離開家門的時候，我就在後面一邊哭一邊追，追到現在
的卑南加油站那裡。當時那裡都是甘蔗園，父親看到我追來了，
就馬上跳進甘蔗園裡躲起來，但還是被眼尖的我發現了。父親只
好傷腦筋地走出來，但是他手上拿著一根棍子，他把我修理了一
頓，然後趕我回家。

當天我沒有跟上父親，只好很掃興地到同學家玩耍。到了下
午，父親下班回來了，他發現我不在家，他以爲我在回家的路上
發生什麼意外，於是父親趕緊騎著腳踏車，衝到甘蔗園那裡去找
我好幾遍，父親也四處去尋找我的蹤跡，可是始終不見我的影
子，父親眞是憂心忡忡，心急如焚。後來太陽下山，夜幕低垂
了，我想我也應該回家了。當我回到家裡的時候，我看見父親已
經在家，就很高興地跑過去擁抱他，父親看到我當然非常開心，
不過後來還是討了一頓毒打。唉！誰叫我亂跑讓他擔心。

● 最美的期待：父親的掛號信

以前讀初中（現在的國中）是需要通過聯考的。當時我考取
山地獎學金，可是很可惜沒有考上第一志願的台東中學，只考上
第二志願的屏東農校，而第三志願就是父親任職的台東農校。父
親其實希望我可以重考或是到台東農校就讀，但是我秉持著父親
年輕時離鄉背井坐船到台南讀書的精神，認爲自己也可以像父親
一樣出外吃苦耐勞地求學，就跟父親說我也可以隻身到屏東農校
唸書。所以，我抱著滿滿的信心到學校報到去了，可是當我看到
屏東農校的環境之後，我就知道我的初中三年應該不會很好過
了，因爲屏東農校的校地就設在以前的河床地帶，所以學校四周
都是石頭，每次實習課唯一的課程就是搬石頭，學校的位置眞的

可以用「鳥不生蛋、狗不拉屎、烏龜不上岸」來形容。

　　學校的伙食不好，宿舍環境也很差，同學也不是很友善，對於我們這些遠從台東來的人更是充滿敵意。正值發育期的我，每天除了想回家吃媽媽煮的地瓜之外，更期待的就是家裡所寄來的掛號信，因為掛號信裡面會有父親的親筆信，以及五十塊到一百塊錢的生活費，我的日常用品就是靠這些錢來解決的。父親的來信都是用日文書寫的，因此我逼自己一定要學會日文，否則就看不懂父親所寫的內容了。父親的信中總是會提到家裡目前的狀況，以及父親對我衷心勉勵的話語，有好幾次我都抱著信在棉被裡哭泣。哭過以後，可以讓我暫時忘掉鄉愁，也讓我有勇氣繼續向前進。父親的掛號信，是我記憶中最美的期待。

● 最氣餒的事

　　度過三年的初中生活之後，高中我考上了台東農校。我覺得初中和高中的生活，簡直有如地獄與天堂的差別，因為台東農校離我家很近，而且父親是農校的老師，我的三姐也在農校唸書，每當我有任何困難，就可以馬上找父親或三姐幫忙，所以不愁吃穿的問題。高中時，我的身材突然變高變壯了，我就想起我父親在年輕時，是個有名的田徑好手，所以我希望自己也能成為很出色的田徑名將，因此我開始勤練田徑項目。

　　父親曾經告訴我跑步的要領，但是日後就沒有再繼續培養我了。我曾經看過父親偷偷來看我練跑的情形，可能他心裡有數，知道我不是這塊料，所以就放棄了。然而我依舊想要打破父親年輕時所創下的田徑紀錄，所以我在跑步方面做了很多努力，我很希望能夠跟父親一樣，甚至超越他，可惜事實證明我無法做到，那讓我感到相當氣餒。

● 父親的樂器

　　記得我父親有許多樂器，有洞簫、吉他，以及很多可以彈奏的樂器。雖然父親有吉他，但是我從來沒有看過他彈奏，因此那

些樂器也就成為我的玩具了。有一天，知本天主堂的外國神父要回國了，他留下了一台鋼琴要賣，我父親就用七萬塊買下了那部鋼琴，不過後來聽說，那七萬塊錢也是教友們湊錢所樂捐的。

每次看到父親坐在鋼琴前面彈奏或寫歌創作時，就讓我對父親的多才多藝由衷崇敬。父親真是一位很棒的人，他是我心目中最佳的學習楷模，以及最崇高的奮鬥指標。

● 最感動的往事

高中畢業後，我沒有繼續升學，我馬上投入軍旅生活當兵去了。當兵這段期間，我不曾休假回家，因為我在台中成功嶺當教育班長，台中到台東有一段很長的路程，尤其當時的交通非常不便，所以我都是用書信的方式和家人保持聯絡。

有一天，旅部有人來通知我說有人外找，要我到會客室去看看，我還在奇怪到底是誰來找我？結果出去一看，原來是我的父母親千里迢迢來台中看我，當時我真是激動地流下眼淚，我還一邊責怪父親為何沒有事先通知我？父親說：「因為不想讓你分心，所以沒有通知你，只是我和你媽媽太想念你了，所以我們才特別來看看你，希望不會帶給你太多麻煩。」聽到父親依然如此客氣地講話，就讓我更加感動。這件事情讓我心存感激，直到今天，我仍然能夠感受到父母親對我的愛與溫暖。

● 創作不懈的父親

我們都知道父親喜歡音樂，所以他身上一定會帶一本筆記本和鉛筆，無論走到哪裡就創作到哪裡。有一回，我跟父親坐火車到花蓮，一坐上火車，我就想要找機會睡覺或是看看窗外的風景。但是父親坐上火車以後，就拿出他的紙和筆，一邊哼一邊唱，我偷偷地看他的筆記本，發現裡面有好多一段一段的歌詞，我想他可能是先要作成好幾段，然後再將每一段組合起來，如此就可以變成一首歌曲吧！我在旁邊其實感到很吵，但又不能阻止他，因為那是父親唯一的興趣。

　　尤其父親退休以後，那樣的情景更是常見，家裡、田裡、車上或是學校操場，幾乎都可以看到父親陶醉於創作的身影。但是我們家一直有個「反對黨」，那就是我母親。我時常聽母親跟父親抱怨說：「音樂又不能當飯吃，我們的孩子又這麼多，你一天到晚都在寫歌，到底能養活幾個孩子啊！」每次聽到母親這樣跟父親抱怨時，父親總是微笑以對，沒有加以反駁或吵架，他總是可以安撫母親不安的情緒。這一點，也是我一直想要學習的地方。

　　家裡的經濟來源，除了來自父親任教的微薄薪水之外，大部份都要仰賴我母親種田所得到的收入來養家，所以父親有空的時候，就會被母親拉去田裡幫忙。但是嚴格來講，我父親只是到田裡當母親的啦啦隊而已，因為父親一直都是教書的，田裡的粗活對他來講根本就是一竅不通。母親在田裡的工作量，幾乎都是父親的十倍以上。而且父親除草的時候，總是先要搭個遮陽棚他才肯工作，可是遮陽棚搭好之後，太陽也差不多快要下山了。我時常發現父親除草的範圍，正好也是遮陽棚大小的範圍，可能是父親一邊除草又一邊尋找創作靈感的關係吧！因為一有靈感，他就會馬上放下工作，然後拿出紙筆將靈感寫下來。這樣的工作效率，看在我母親眼裡，當然難免要惡言相向。

● 最自責的事情

　　自從父親過世之後，我才深深感受到自己根本沒有學到他任何一項優點。兄弟姐妹裡，我相信我是最讓他頭痛又憂心的孩子，從小到大一直都是。我沒有忘記父親曾經告訴我們說：「我所教育的孩子絕對不會變壞，因為我自己做給他們看了。」父親可以說是標準的「身教家」，每次想到父親所講的那一句話，就更加深我心中的罪惡感。我時常覺得我的行為讓我父親失望了，讓我的兄弟姐妹蒙羞，讓我的家族擔心，其實，我有好幾次想要了結自己的生命。自從我高中患了不定期憂鬱症精神病之後，就讓我的人生開始走向黑暗，好幾次我跟父親哭訴，父親也非常虔誠地為我禱告及打氣加油。可是，每次發病之後，就讓我愈來愈不相信神的祝福。我覺得自己愈來愈自卑，愈來愈沒有自信，不管在工作上或是人際關係上都逐漸自我封閉。

歡送大兒子陸宗獻（後排右三）入伍之全家合影。（陸賢文提供）

　　我過去的行為雖然沒有做好，但很慶幸的是，我的四個孩子都沒有讓我丟臉，雖然他們沒有做什麼大事業，然而最起碼，他們能夠在自己的工作崗位上努力工作。更慶幸的是，我的孩子們都沒有遺傳我的精神病。我也知道我的兄弟姐妹為了我的債務問題，以及我賭博成性或是相關的負面行為而受到批評，我也時常聽到我大兒子跟我抱怨，說我過去的行為已經影響他在族人面前的印象，讓他時常受到壓力，也時常受到排斥。我知道他的委屈，也很想安慰他，但是我是整件事情的始作俑者，我還有立場跟我大兒子說什麼嗎？如果我的憂鬱症是上帝給的懲罰，那麼我希望整個家族就讓我一個人來承擔就好，希望不要再讓其他人也得到這種病。

　　今年我六十一歲，已經當爺爺了，我現在的心情，其實一直想要為自己贖罪，不過我不敢向人宣誇證明自己已經悔改向善，我只希望下輩子我也可以跟父親一樣成為「身教家」。有時候，我會跟我的孩子們說：「我所教出來的孩子絕對不會變壞，因為我已經把壞的行為都做給他們看了，讓他們看到我的下場而引以為戒。」乍看之下，這也許是一種黑色幽默，但不也是一種教育之道嗎？

● 最遺憾的事情

從小到大，母親給我的印象就是忙碌不停的工作著。我母親將她的一生毫無保留地奉獻給這個家，在我的印象中，母親似乎沒有什麼休閒娛樂，她唯一的娛樂就是工作，所以我也時常被她邀請一起去娛樂。雖然這種方式我不是很喜歡，但我還是願意陪她一起去工作，因為我知道我在她身邊讓她感到很安心，雖然她沒有說出口，但我感受得到。如果用「日出而作，日落而息」這句話來形容我母親的話，我覺得不太恰當，因為我母親早在日出之前，就已經開始在動工了，直到日落之後，她還在田裡工作。忙碌的身影是母親留給我最深刻的印象，母親好像有永遠用不完的精力，讓我感到很不可思議。

也因為她那樣努力工作，才讓我父親有強力的後盾可以繼續創作，如果說父親是成功人士的話，那麼母親應該稱得上是「成功男人背後那偉大的女人」，沒有母親無私的付出，我相信父親不可能有時間去創作那麼多膾炙人口的歌曲。

自從父親過世以後，母親的身體也一落千丈失去動力了，有好幾次，我從我孩子的口中得知母親對我的憂心，也好幾次，我在電話中與母親互相問候，我可以感受到她對我的關心，依然絲毫未減。我想我徹底地讓她擔心失望了，然而我沒有任何成就，我怎麼回到她的身邊呢？我知道她的身體愈來愈差，有時候，我很想衝動地搬回台東到她身邊，陪她走完人生最後的路程，但是我知道這樣回去不但幫不上忙，而且還會帶給她更多的困擾。唉！這種複雜的心情實在筆墨難以形容。母親這輩子沒有跟我要求過什麼，她只希望我和妻子可以永結同心共創未來，可是我始終讓她失望了。

現在媽媽也走了，我真希望她能聽見我內心深藏已久的聲音，我要說：「媽，我愛您，您辛苦了。希望來生我可以再成為您的孩子，因為跟著您我感到很幸福，希望以後有機會，我可以成為您的驕傲。」

散播溫暖的天使

文／陸華英（陸森寶的四女兒）

　　我知道父親創作了很多卑南族的民謠，也知道父親花了不少時間教導族人如何演唱這些歌曲。但是父親是如何教導族人歌唱的呢？這個部份，有不少人反應說他們很好奇，很想知道父親教唱的整個過程。關於這一點，現在我就來分享一下我個人的經驗吧！因為我國小的時候，也曾經參與過父親的教唱過程，那次的經驗非常難得，我這一生僅參加過那麼一次。

　　我小時候常看到父親寫歌，當他每次作完一首歌之後，他就會把歌曲寫在一張大張的白紙上，然後到了晚上，他會把這一張白紙帶到村子裡，去教導我們族人如何演唱這首歌。有一天晚上，我父親也帶我一起去參與這教唱的課程。我還記得當天我母親也去了，我們出發的時間大約是晚上七點鐘左右，我們的交通工具是腳踏車，當時摩托車還很少見。那時正值冬天，寒冷的北風呼呼地吹來，我們三人都穿上很厚的外套，然後往南王村（我們族人的社區）方向出發了。途中，我們經過了一段又長又黑暗的公路，這一段公路令我印象非常深刻，完全沒有路燈，整條公路幾乎是伸手不見五指。還好，我們的腳踏車前面有裝一盞電燈，我們就靠著這一盞小燈泡勉強向前行。這條公路的兩側都是甘蔗園，整片甘蔗園會隨著北風吹動而搖晃不定，並且發出「嘩啦—嘩啦」的怪聲，那聲音非常詭異恐怖，就好像隨時會跳出什麼東西來的樣子，讓人不禁毛骨悚然、心驚膽跳。後來我聽說這一段公路經常出車禍，也有人說看到不乾淨的東西，到底是真是假不曉得，但已經足夠讓人聞風喪膽了。

　　通過這一段公路之後，我們總算才到達了南王村。我們進入某個人的家裡，我看見許多人已經聚集在那裡，他們都很高興我們的到來。大約半小時之後，父親就開始教唱，父親會把白天所寫好的詞曲掛在牆上，就是那一張大張的白紙，然後父親會站在大張白紙的旁邊，愉快地教大家怎麼唱這首歌。當然現場有二個

吉他手擔任伴奏，我看到大家都很認真學習，大家的歌聲也非常和諧悅耳。我聽說村子裡有很多音樂才子，他們會吹口琴、吹喇叭、拉手風琴、彈古箏……等等的才藝，不過這些人要在重要的時刻才會出現。在這窮鄉僻壤，又沒有電視機收音機的鄉下裡，大夥能夠聚在一起唱歌是最快樂的事了。

四女兒陸華英與父親於旅途中的合影。（陸華英提供）

曾經有人私下請問我一個問題，他說：「我知道令尊在歌謠創作上和教導上，確實花了很多心血和時間，所以我不禁想要請問，令尊有沒有得到什麼酬勞？」這是很好的問題，我自己也很想知道這個答案。後來父親才告訴我說，這是沒有酬勞的，這完全是一種奉獻的行為。可是父親又說，他卻因此而得到很大的快樂，尤其看到大家高興地演唱他的歌曲時，父親說那種快樂是無法言喻的，我想那是助人為快樂之本的心境吧！

我又想到一個很溫馨的故事，是發生在父親身上的。記得民國七十二年左右，我父親到台東成功鎮拜票，因為父親在為某一位候選人拉票。成功鎮是台東縣很偏遠的鄉鎮，當父親來到成功鎮時，他發現有很多白髮皤皤的老人家，也前來歡迎家父的到來，父親覺得奇怪，後來經過領隊介紹之後，父親才恍然大悟，原來這些老人家都是父親在日本時代的學生。因為父親二十三歲剛從台南師範學校畢業時，曾經來到成功國小教書，就是今天的成功鎮三民國小，而這些老人就是當年的學生。

這些老人說，前兩天有人告訴他們陸森寶老師要來，他們聽

了都非常興奮，大家都很想來看看這位闊別四十多年的陸老師，看他現在長什麼樣子了？結果今天一看，發覺陸老師還是很年輕，至少比他們還年輕。父親聽了笑起來，就回應他們說：「因為陸老師今天有染頭髮，而且又配上一條很漂亮的領帶，所以當然比各位還年輕。」這些老人又說，他們平時每次提到陸老師的時候，腦海裡就會浮現出許多美好的記憶。他們還記得陸老師曾經帶他們去遠足，他們最喜歡遠足了。後來有一個老人家也講話了，他向父親報告說：「陸老師，我很感謝你以前教我數學、自然……等的科目。可是那些科目我早忘光了，不過有一件事我倒沒有忘記，就是當年你講的每一個故事我都沒忘記，直到今天，我還能夠講述給我的孫子們聽。」為了證明他所言不虛，他又立即重點式地舉出兩個故事。父親聽了哈哈大笑，父親說自己已經不記得了。

關於父親的故事，我在國小的時候也聽過，那時候正好是一個颱風天，外面風雨交加，我們全家人都躲在屋子裡不敢外出，父親就藉此機會給我們講故事。他講一個關於孝子的故事。他說有一個孝子，為了醫治他母親的瞎眼，於是他不畏風寒地來到一個冰天雪地的地方，他在尋找一種很奇特的魚，因為那種魚可以治癒他母親的眼睛。總之，那是個非常感人的故事，聽得我淚流滿面。我發覺父親不但可以把故事描述得很清楚，而且他模仿各種聲音的功力也是一流的，他可以把風聲、雨聲、雷聲及各種動物的叫聲都模仿得很像，讓人有身歷其境的感覺。

我覺得父親就如同散播溫暖的天使，只要有他同在的地方，這個地方就會有歡笑與平安，我很慶幸我有這樣的父親。

父親的身影

文／陸誠惠（陸森寶的二兒子）

　　談到父親，我的腦海裡就會浮現出許多關於父親的回憶，那些回憶就如同彩虹般一樣美麗。不過要我將這些回憶用筆寫下來的話，那可就傷腦筋了，因為平時我很少寫文章，所以拿起筆來真有如千斤重。但是今天我願意嘗試看看，希望能夠順利將我的回憶分享給大家。

　　首先，就從我的童年說起吧！記得我在童年的時候，每逢夏天，父親總是會陪我們一起在院子裡乘涼。我很喜歡夏天的夜空，因為深藍色的天空上會佈滿許多美麗的小眼睛，還有那皎潔的月光，它會柔和地傾灑在大地，使大地鋪上一層銀色的亮光。我們家附近的水田，也會傳來青蛙和各種蟲鳴的天籟之音。總之，夏天的夜晚真美妙！有時候，父親會講故事給我們聽，父親很會講故事，他可以把故事描述的很生動，讓我們不知不覺之中就融入在故事的情境裡。父親也會教我們唱歌，其中有一首兒歌是父親自己作的，那首歌非常好聽，令人印象深刻。父親在年老的時候，我還曾經將這些故事和歌曲唱給他聽，他很驚訝！他說他已經忘光了。

　　還有一件令我回味無窮的童年往事，就是父親每次出遠門要回來的那一天，是我們孩子最興奮的日子，因為父親回來時一定會買禮物給我們，他會買玩具、糖果、水果之類的東西。那個時代想要有玩具和糖果是很不容易的事，因為大家都很窮，唯有在特別的日子裡才有可能得到，所以父親要回來的那一天，是我們最期待的時刻了。我們會特別注意當天的每一部公車，只要有公車經過我家門前，我們就會蜂擁衝到門口一探究竟。有時我會接獲錯誤的情報，說父親就是乘坐在眼前的那一部公車上，害得我二話不說，拔腿就猛追那部公車，追到前面的停車站牌，結果，公車停下，旅客下車，我在一旁看了老半天，就是沒看見父親的影子，那種心情好失望喔！只好垂頭喪氣地走回家。但是如果真

的看見了父親，那種心情又截然不同了，我們一定會跳起來，欣喜若狂地迎接父親凱旋歸來。當時的馬路都是小石頭，每次公車經過就會塵土飛揚，難怪我們每個人都是灰頭土臉。

　　民國五十二年，我讀國民小學五年級，當時我們的升學壓力非常沉重，因為那時候讀初中，是需要經過考試合格才能入學的，所以五年級的導師對我們要求很嚴格，他每天都給我們大大小小的模擬考，考不好的人就會倒大楣。我很狼狽，在每次的處罰行列中都有我的份，老師會叫我雙腳半蹲，然後雙手抬兩張椅子，抬很久很久，抬到四肢無力全身發抖。還有另外一種處罰方式，就是叫我們面對牆壁，然後老師用籐條打我們的屁股，打到皮開肉綻麻木流血，害得第二天血液凝固之後，我的褲子就黏在屁股上而寸步難行。我們導師還有很多其他招數，招招嚇人。

　　就是因為這些體罰的緣故，以致於造成我對上學產生很嚴重的恐懼症，最後我實在忍無可忍，於是一不做二不休，就乾脆放棄上學，每天過著逃學流浪的生活。後來父親知道了這件事，我以為他會重重地修理我，沒想到他不體罰我，只是很有耐心地再三勉勵我好好上學。可是我把父親的話當耳邊風，依然固執己見我行我素，父親非常失望。終於有一天，父親狠下心來嚴厲地對我說：「誠惠，明天開始你不必去上學了，你就帶著鋤頭跟母親到

陸誠惠（左一）體專入學時與家人合影。（陸賢文提供）

田裡工作吧！」這句話如同晴天霹靂當頭棒喝，立刻把我從睡夢中敲醒過來，我就哀求父親說：「爸，我要繼續上學，不過請你幫我調到另一個班級，好嗎？」父親答應了，果然第二天我就被調到其他班級了。後來我順利地考上初中、高中，直到大專畢業。每次我想到這一段往事，就由衷地感謝父親，感謝他當年對我百般包容與忍耐，也謝謝他巧妙地引導我繼續上學。

　　我退伍之後就在某個機關上班，雖然我已長大，但是父親偶而仍會給我一些提醒與忠告，他說：「一、做事要有目標、耐

心、恆心，要學習牛的精神任勞任怨。二、不要染上任何不良嗜好，如抽煙、喝酒……等等，以免影響健康。三、在家裡與兄弟姐妹之間要說和睦的話，出外與人相處也要和氣待人。四、選擇終身伴侶的條件有三：（一）先看她的父母親為人如何？（二）她的品德好不好？（三）她的身體健康好不好？也要注意優生學。五、夫妻相處難免會有爭吵，但爭吵不表示婚姻亮紅燈，如果是有建設性的爭論，倒是好事。所謂建設性的爭論，就是談論如何使這個家庭更好、更和諧的話題。」

我又回憶起一些零星的往事，我想起我父親平時有攜帶紙筆的習慣，當他有音樂靈感的時候，他就會立即提筆寫歌，他也常到社區和教會去教唱。我很懷念父親曾經在清晨彈奏鋼琴，他很喜歡彈奏世界名曲〈少女的祈禱〉，其旋律優美深動我心。有時父親也會教導我基本樂理。

我覺得父親是一個很孝順的孩子，雖然我的祖父母早已不在世間，但是父親每次經過祖父母的墓碑時，總是很自然地停下腳步，然後朝著墓碑的方向行一鞠躬。其實父親與墓碑的距離還差一百公尺呢！每次看到這一幕我就很感動。

父親晚年的時候，曾經對我說：「我這輩子沒有什麼積蓄可以給你，但是我要給你一個更好的財富，那就是耶穌基督的信仰，因為這個信仰曾經幫助我度過無數的死陰幽谷，所以我相信這個信仰，也會引導你如何行走人生的道路。」

民國七十七年父親蒙主恩召，享年八十歲。我知道父親一生經歷過許多挫折與困難，然而父親始終保持著堅忍不拔、百折不撓的精神，這精神實在令我敬佩。我覺得父親的一生，可以用一段聖經章節來做為結論，這段經文就是：「這場好仗，我已打完，這場賽跑，我已跑到終點；這信仰，我已保持了。從此以後，正義的冠冕已為我預備下了。」（弟後4：7-8a）是的，我相信父親已經獲得了那天上正義的冠冕。感謝天主。

父親的歌及點滴往事

文／陸光朝（陸森寶的三兒子）

　　我父親是一位極懂感恩的人，也是一位懂得生活情趣的人，他有理性與感性兼具的性格，所以在他的作品當中，常流露出感恩天主耶穌、感恩自己的祖先，及感恩自己的父母。我小時候常聽他聊起他的父母，也聊到他的姐姐、弟弟、妹妹的事，他的家庭是嚴母慈父兄友弟恭，他愛他的信仰，愛他的族人，也愛他的家人和友人，因此他的詞曲創作也都和前述有關。在他的作品當中，最讓我感動的有三首歌曲，分別是〈美麗的稻穗〉、〈頌祭祖先〉、〈懷念年祭〉。

　　在〈美麗的稻穗〉裡，光是曲子就是極品，它的旋律就像夏日涼風徐徐吹來，令人心曠神怡，在我腦海裡自然浮現出來的畫面，是那頂立在天邊之處的都蘭山，以及都蘭山下那沃野千里的蔗田，這蔗田又連接著阡陌縱橫的稻田，稻田之後又連接著一望無際金黃深綠相間的鳳梨園，那種安逸富庶的兒時情景，真是令人難以忘懷。我個人對這首曲子還有特別的感受，我覺得它有父親鮮明的特質，因為它散發出一種清涼、安定、甜美及體貼的氣味。

　　〈頌祭祖先〉是一首對先人表示敬意、謝意及讚頌的歌曲，但其中所有意念的表達是零距離的，給我的感覺是祖先被安排坐在中間，而後生晚輩圍繞在他們四周興高采烈地歌舞，為他們敬酒，並發自內心地讚頌他們，讚頌他們曾經為族人奮鬥、保護族人、保護家園。雖然我們族人是屬於保育類的少數族群，然而祖先仍能發揮其智慧，運用斯巴達式的精兵作戰教育，將族人的生命財產保留下來，也才會有今天的卑南族。先父對祖先的感念之情由此可見，也因為〈頌祭祖先〉這首歌曲，讓我對父親的心思有更深的體會。

　　〈懷念年祭〉是一首描述族裡年輕人離鄉背井到都市謀生

時，每逢佳節倍思親的心情寫照。回想我在二、三十歲時，當時真是少年不知愁滋味，但隨著歲月逝去，我才會逐漸想念家中的老人家。記得我年輕當兵的時候，有一回我從金門放假回台東，父親問我會不會想家，我竟毫不猶豫地回答說：「不會。」但是如今父親已經過世十八年了，我對他的懷念竟然與日俱增。以前，我總是嫌我母親太嘮叨，但現在母親的影子卻常浮現在我腦海裡，我似乎可聽見父親輕輕對我說：「你母親雖然很嘮叨愛唸經，但她在工作上非常勤奮，她也是一位非常感性的母親，她為這個家付出一輩子，你們要懂得感恩，不要埋怨……。」每當唱這首〈懷念年祭〉時，常會讓我淚流滿面，複雜的情緒油然而生。

1972年陸光朝於中壢第一士官學校畢業（右站立者）與父親陸森寶（前坐者）及三姐夫胡炳南的合影紀念。（陸淑英提供）

現在我要與大家分享幾則關於我父親的生活點滴。民國六十八年我退伍了，我就帶著父母親一起去環島旅行，來到嘉義，除了上阿里山也到吳鳳廟，當父親看完吳鳳廟的碑文便道：「要這樣自我犧牲而去感化別人，這種精神在原住民裡未曾聽說。」姑且不論是否有吳鳳這號人物，但這樣的精神的確讓父親深受感動，後來我逐漸發現父親的人格當中，其實也深埋著犧牲奉獻的特質。

我在小學的時候，父親常跟我們講故事，但父親是受日本教育的，所以他跟我們所說的故事，也都是日本童話或是日本歷史故事，諸如桃太郎等。有一次父親講一個日本武士的故事，父親說有一位武士在一次征戰中戰敗了，而後被敵人追殺，這位武士奔回城內，就站在城門的高牆上，頭繫著白布，身穿白袍，手持短刀，面對著牆下的敵軍將士切腹自殺，並將腹中內臟掏出撒向城下。父親講完此故事之後，並沒有做任何評語，但卻讓我逐漸體會到勇於面對、勇於負責及榮譽感的重要性。

　　記得前台東縣長陳建年初入政壇競選省議員時，因爲當時人脈有限，他只好藉助父親長年在東海岸任教的良好形象進行運作。當父親在東海岸沿路拜票時，遇到許多昔日的學生及友人，其中有位滿頭白髮的老人趨前自我介紹，他說自己曾經是家父的學生，他並告訴父親說，有一位父親曾經教過的學生叫春子的，她也非常想念陸老師。但她行動不便，不知陸老師可否前往其住處探訪，父親立即答應了。當父親來到她家時，發覺屋內燈光昏暗，後來得知，這位學生雙眼已經失明，於是父親就在門外呼叫她的名字，這位學生一聽到如此熟悉的聲音，立即激動地從屋內摸索走出來，她緊握著父親的手顫抖著地說：「老師，沒想到你還健在……。」這位白髮蒼蒼雙目失明的老學生在言談中，似乎又回到孩提時光，她述說著父親曾經帶給他們五彩繽紛的童年。因爲父親很會說故事，凡故事裡所出現的場景，不管是老公公、老婆婆、小孩子、英勇的武士，或風聲水聲，甚至妖魔鬼怪的各種聲音，父親都可以依照故事情節而模仿的很像。以前是農業時代，沒有電視機或其他娛樂，所以聽父親說故事實在是最大享受，難怪學生們對父親的故事一輩子都不會忘。

　　父親在台東農校任教時，學校爲了一位行爲不檢、表現極度不符學校規定的學生開校務會議，會中主要是討論應不應該開除這位學生，結果學校老師幾乎都贊成開除，唯獨父親與一位山東籍的教官反對，理由是學校爲教育機構，學生的思想行爲有錯，學校有責任教育開導，不應該輕言放棄。

　　其實，我對父親的回憶有很多，如果放著慢慢想可以寫更多，但目前只能寫這麼多了。總之，父親在我心中是永遠的楷模，我該向他學習的地方太多了，我永遠都愛他。

父親的歌

文／陸賢文（陸森寶的小兒子）

　　我父親留下來的歌曲大約有五十首，分別是卑南族民謠和教會聖詩這兩種類型。其實除了這五十首之外，我覺得應該還有不少歌曲是沒有流傳下來的，例如下面這些歌。

1979年陸賢文與父親於年祭時的合影，賢文由少年階級升為青年階級。（陸賢文提供）

　　記得在我國小二年級的時候，父親給我們孩子們寫了一首兒歌，旋律充滿了懷念之情，很有日本鄉村歌謠的風味。但是我不知道它的名字是什麼，我只記得一些歌詞內容，大意是說：「我家後面有一棵很高大的芒果樹，到了夏天，我們全家都喜歡聚在那棵芒果樹下乘涼。母親在樹下愉快地編織花冠，我們小孩子在母親身旁天真地嬉戲玩耍。夕陽下山了，把整個大地和山頭都染紅了，那景色萬紫千紅美不勝收。可惜那情景已經不再，因為那是我童年的回憶。」父親說，將來我們這些孩子都會長大，而後成家立業各奔前程，所以父親寫了這首歌作為我們童年的留念。當時我年紀很小，我很難體會長大成人的滋味，我只是覺得這首歌很好聽。

　　另外，還有一首歌也是沒有流傳下來的，那是一首具有布農族風味的創作歌曲。因為那時候，台東紅葉國小棒球隊首次大敗日本隊，以五比零的戰績勇奪世界冠軍。消息傳來，全台灣無不欣喜若狂歡聲雷動，我父親當然也不例外，他興奮之餘就寫了一首歌來助興，他也把這首歌分享給村子裡的合唱團。不過事隔四十年，這首歌大家早就忘光了。當時我大約是國小三年級吧，我只記得其中一句歌詞，它說：「余宏開盜壘快，哦！五比零世界冠軍，哦！嘿嘿！……」這首歌的旋律非常活潑可愛，很有布農族的調調和特色，可惜至今已經沒有人會唱了。我有一個表哥，他聲稱自己還記得住那首歌的歌詞，尤其當他黃湯下肚七分醉的時候，更是喜歡高唱那首歌，不過他所唱的內容已經都走樣，被改編成一首原住民的失戀情歌了。

民國四十九年，亞洲鐵人楊傳廣首次得到奧運十項銀牌，當時我父親也寫一首歌來恭喜他，因為父親是楊傳廣在台東農校的體育老師，聽說那首歌充滿活力和喜悅，可惜那首歌沒有流傳下來。

我父親也會為政治界的候選人寫歌，尤其對於優秀的原住民候選人，不過這一類型的歌是屬於應景歌曲，會隨著選舉之後就失傳的。

我聽說父親的即興創作功力也不錯，他可以在一個小時內就寫好一首歌曲，不過這種功力通常不會使用，只在緊要關頭才展現出來。我們村子裡有位曾姓婦女，她說她年輕的時候，有一次我們南王部落和知本部落進行一場歌唱比賽，比賽的方式是看哪一個部落會唱最多歌曲。首先由我們南王部落唱一首歌，唱完之後就換知本部落也唱一首歌，如此一來一往輪流交替地歌唱，而且唱過的歌曲不可以再唱，唱到沒有歌可唱為止，誰沒有歌誰就算輸了。結果兩隊勢均力敵平分秋色，誰也不輸誰，直到最後大家都筋疲力盡了，大家再也想不出還有什麼歌曲可以唱了，就在這十萬火急的時刻，陸森寶老師就很快地寫好一首歌，並且當場把那首歌唱出來，南王部落就以這首歌獲得勝利。

我父親曾經分享他對音樂的讚歎，他說音樂的力量真是偉大，因為音樂可以深入人心，有時候，光是一首歌曲，就可以勝過千言萬語。我父親很感謝天主賜給他音樂才華，他相信這份才華也是天主交託給他的人生使命。我們卑南族自古以來是沒有歌譜的，因為我們族人沒有文字，直到父親這裡才終於有了歌譜。父親畢業於台南師範學校，退休前是台東農校的音樂及體育老師，他有正統的音樂基礎，所以看五線譜是沒有問題的。

我覺得父親的歌曲很有感染力，記得有一次我去參加一個喪禮，在儀式中喪家選唱了幾首父親的歌曲，其中有一首歌叫〈信望愛〉，這首歌的旋律如同空中飄浮的白雲，非常悠遊自在，卻又帶著一股無法言喻的感傷，光是用電子琴彈奏就會讓人心中百感交集、五味雜陳。這首歌把全場氣氛帶到最高點，全場無不淚如

雨下，連我這最心硬的人，也都克制不住地擦好幾次眼淚。〈信望愛〉的歌詞大意如下：

> 沒有人能永久活在世上，時間一到終將別離，
> 但是我們不必害怕死亡，因為主耶穌必定會來接我們。
> 我們遵行天主的教導，完美地走完人生的旅程，
> 我們要相信天父是慈愛的，也要相信主耶穌必定會來接我們。

　　除了〈信望愛〉之外，父親還有很多歌曲是一直被傳唱著的。例如教堂裡每個禮拜日的主日彌撒，總是會合唱父親所寫的聖歌，這種習慣已經有三十年以上。我想講一句很慚愧的話，就是我父親還在世間的時候，我對他的歌曲其實根本不感興趣，為什麼呢？我想最主要的原因是我聽不懂卑南族語。因為我是在漢人地區出生及長大的孩子，我小時候的玩伴幾乎都是漢人，所以我聽不懂卑南族語，我是在近幾年才學會聽懂一點簡單的卑南族語。家父逝世之後的第三年，也就是民國八十年，他的作品開始受到外界的注意，因此也才引起我的好奇和研究，沒想到愈研究愈有意思。

　　我覺得父親對每一種類型的歌曲都有好感，只要是思想正確的歌曲他都喜歡。父親除了喜歡卑南族的民謠和古調之外，他對於阿美族、布農族、排灣族……等原住民歌謠也都給予很高的評價。有時候父親會請教我說：「這一首閩南語的歌詞意思是什麼？」因為父親聽不懂閩南語，我就解釋給他聽，他聽了總是微笑地說：「嗯！很有意思。」父親對於日本歌和西洋歌曲很喜歡，他常哼唱這一類的歌曲。曾經有一個人忿忿不平地來向父親告狀，他說他看見某個人在盛大的場合裡高唱陸老師的歌，可是那個人沒有好好唱，他把陸老師的歌唱成怪裡怪氣的，有人說那是黑人藍調的唱法，請問陸老師這事該如何處理？父親竟然微笑地回答說：「沒關係，就讓他唱吧！這也許是一種創意，只要他動機正確應該沒有問題。」

　　父親是一位虔誠的天主教徒，他每日三餐之前必定要禱告後

才用餐，這種習慣從我幼稚園以來就不曾中斷。父親說基督信仰給他帶來很大的心靈力量，父親相信這個世間，確實有無形的力量干擾著人類的身心靈。這無形的力量就是撒旦魔鬼的力量，這股黑暗勢力會引誘人走向敗壞和自我毀滅的地步，所以在父親的祈禱詞當中，他常常為我們全家人和整個社會祈禱，他求天主保祐我們大家免受魔鬼的誘惑和破壞。

父親是一位溫文儒雅的人，他和母親共渡了五十年的夫妻生活，在這五十年當中，我沒有看過父親罵母親一句壞話。但是相反的，我卻常常看到母親罵父親。其實我們兄弟姐妹們都很怕我母親，因為我母親是村子裡眾所周知的名嘴，她是嘮叨這方面的名嘴。小時候，我們兄弟姐妹會給母親取一個外號，我們叫她「班長」，因為她一出現，我們就會不由自主地緊張起來。我母親生氣的時候會用竹掃把射我們，就像射標槍一樣地射我們，所以我們要跑得快閃得快，否則就會中標。我們在田裡工作的時候，如果母親脾氣一來，她也會隨手抓起地上的土塊丟我們，所以我們要隨時保持高度的警戒心，以免中彈。難怪我大姐在學生的時候，常常得到賽跑比賽第一名，她說這也要歸功於母親平時的教導。我父親和這種脾氣的老婆相處了五十年，在這當中，我們竟然沒有聽過父親罵一句壞話，這種修養實在是不可思議。後來父親才告訴我們說，夫妻吵架是在所難免，但儘可能不要在孩子面前，那是壞榜樣。

父親說我們不要老是看別人的缺點，因為愈看缺點就會愈討厭，那只會加速彼此的破裂，那怎麼辦呢？方法就是多看他的優點，或許他的優點實在不多，但我們還是要努力去找出他的優點，因為這樣我們的心情會好一點。父親說夫妻之間最好不要有離婚的念頭，就算平時開玩笑也不可以拿離婚來開玩笑，因為講出來就很可能會應驗。

我父親還在世間的時候，我不覺得他有什麼了不起，因為他實在太平凡了，但自從他離開之後，我才慢慢發覺父親真是不簡單，我要向他學習的地方實在太多了。

我的岳父

文／陳光榮（陸森寶的二女婿）

　　我是陸森寶先生的二女婿。我很幸運，自從我來到陸家之後，我的岳父一直都很器重我，他很願意跟我分享他的酸甜苦辣，他有困難的時候，也常找我一起研究對策、解決問題。我的職業是天主教的傳教員，我當了二十多年的傳教員，後來就退休了，但我退而不休，這些年來，我依然義務地為教會奉獻心力。

　　我岳父是個溫良恭儉的人，他常面帶微笑，謙卑有禮，給人有一種親切感。別人向他請教時，他也不隨著自己的喜好而亂下定論，他總是很有耐心地聽完，聽完之後，才很慎重又婉轉地表達出個人的看法，他很期待他的每一句話，真的能夠有助於對方。岳父有頭烏溜溜的頭髮，讓人覺得他既年輕又有精神，但其實他早已滿頭白髮了，他的黑髮是染色的。岳父說染頭髮是為了讓對方看了感到舒服，也是一種禮貌。

　　岳父好像很喜歡和子女們談話，他也很願意傾聽子女們的心聲，無論是有趣的、歡笑的、流淚的、痛苦的話題，或者高談個人未來的偉大抱負等等，這些話題岳父都喜歡聽。不過有些抱負聽起來，還真是有一點幼稚，但是岳父不當場給人潑冷水，他總是微笑地聽子女講話，聽完之後，才很婉轉地給予糾正與引導，讓對方心悅誠服地接受，至少不會太尷尬。後來岳父告訴我說，我們做家長的人，要常和子女談談話，從談話當中，可以知道這個孩子的內心世界在想什麼。如果是好的思想，就給予鼓勵，如果是不好的思想，就提早糾正他，免得他中毒太深就很難開導了。

　　岳父遇到困難需要我幫忙的時候，他會騎著腳踏車到我家，如果我不在的話，岳父就在客廳裡找一張白紙，然後在白紙上寫下他要講的話。岳父的字條內容總是寫得很客氣，他不會用命令的口氣叫我做事。這些字條雖然寫得很客氣，但是卻叫我很難推

辭，因為岳父總是那麼信任我，我又豈能令他失望呢？有一次，字條上寫著：「女婿啊！你可否跑一趟花蓮？因為你的妹夫打電話來，說他的工寮倒塌了，就是蓋在天祥山上那間工寮，幾天前大雪覆蓋而倒塌的，他來電向我求救！所以，你可以去天祥助他一臂之力，重建工寮嗎？但是，如果你很忙的話就不要勉強。我只是告訴你花蓮有這樣的狀況發生，你自己斟酌看看，量力而為。」當我看完這一張字條之後，你說我怎麼拒絕呢？我的確很忙，但我還是在黃昏下班之後，獨自騎著摩托車趕到天祥去，到達天祥時已近午夜十二點了。

　　有一天，我用摩托車載岳父到小馬村提親，是關於我二弟誠惠的親事。那一天，往小馬村那一條公路正在大修，有好幾輛工程車在挖馬路，所以一路上都是坑坑洞洞、高低不平，我的摩托車跳動的很厲害。我心裡一直很擔心岳父，不知道他老人家會不會摔得屁股痛？或則腰酸背痛？結果我很驚訝！他一路上都在唱日本歌，他心情好得很。

　　有一回，我岳父去安慰一位親戚，因為那位親戚參選村長落敗了，岳父聽說那個人為此悶悶不樂，終日寡歡。所以當岳父與他見面時，就語重心長地跟他說：「某某仁兄啊！我希望你不要再憂悶下去，其實選舉失敗乃兵家常事，因為……」岳父正要說下去的時候，那位落選人突然吐出一口黃黃黏黏的濃痰，就吐在岳父的臉頰上，在場的人都驚愕地愣住了，誰都沒料到會發生這種事！原來那位落選人對

謙卑自持、溫厚待人是陸森寶先生的人格風範。（陸賢文提供）

岳父大發脾氣，他把心裡的不滿都全部怪罪在岳父頭上，他認為落敗的主因，是因為岳父沒有支持他的關係！現場陷入一陣混亂、尷尬、錯愕，真不知接下來岳父採取什麼報復？眾人都在屏息靜觀，結果，岳父心平氣和地舉起衣袖，然後用衣袖輕輕地擦掉臉上的濃痰，擦掉之後，岳父平心氣和地對那個落選人說：「你說得沒錯，我的確沒有投你一票，可是你應該知道，我的家不

是住在這裡，我是住另外一個村莊，所以我對你根本沒有投票權呀！」此話講完，岳父就和他的二姐離開了。岳父沒有採取任何報復，而且之後也不曾提起這件事，這件事是岳父的二姐後來告訴我的，她在回憶那件事情時，仍然激動地雙手顫抖。

　　岳父的修養很不簡單，如果換成是別人的話，早就翻桌子、椅子了。聖經上說：「應愛你們的仇人，善待惱恨你們的人；應祝福詛咒你們的人，為毀謗你們的人祈禱。」（路6：27-28）這一段經文唸起來非常容易，但是真正實行起來卻非常困難，這需要有相當的修養才可能做到。我很佩服我的岳父，他一直是我學習的榜樣。

我的老師——陸森寶老師

文／曾修花（陸森寶的學生）

　　我是陸森寶老師的學生，我和陸老師住在同一個村莊——南王村，我也是卑南族人。我從青少年時期到中年，就經常被陸老師點名去參加大大小小的表演活動，所以我對陸老師和他的家人有很深的情誼。今天我很榮幸能夠被陸老師的家人邀請，來分享陸老師過去的點點滴滴。老實講，我有一點緊張，怕自己笨口結舌表達的不好，希望這緊張的心情，不會影響我以下的分享。

　　我在國小的時候就聽過陸老師的大名，可是從來沒有見過他本人，直到我進台東農校讀初一的時候，才第一次看見陸老師，因為他是我們的體育和音樂老師。當時陸老師還很年輕，大約不到四十歲吧！我覺得陸老師長得很帥氣，尤其上體育課的時候，陸老師穿上運動服，就會在全班同學面前，先做幾個示範動作，不論是單槓、雙槓，以及田徑起跑的動作等等，他都能示範得非常標準、敏捷、順暢，害得全班同學都露出了崇拜的眼神。但是陸老師對我們的要求也很嚴格，實在有一點吃不消，不過沒辦法，誰叫陸老師是受日本高等教育的，日本教育本來就很嚴格。

卑南鄉第五屆運動大會南王選手冠軍紀念。（陸賢文提供）

1987年陸森寶先生北上發表音樂，與大學生們的合影紀念。（陸賢文提供）

　　我們上音樂課的時候很熱鬧，因為音樂課的學生特別多，為什麼呢？原來學校把一年級的學生都集合在一起上音樂課。當時台東農校的教室不夠，還在興建當中，因此平時上課的時候，就把學生集合起來一起上課，所以學生人數特別多。陸老師就是我們的音樂老師。

　　當時我們看不太懂中國字，我們會在音樂課本的國語歌詞旁邊，用日文來注音，這樣唱起來會比較順口一點。我們都知道，民國三十八年國民政府來到台灣之後，才開始推行說國語，而我是在民國四十年入學台東農校的，所以當時的學生和老師都不太會講國語。我發現陸老師和陳耕元校長交談時，也都是用日語在溝通，有時候也用卑南族語溝通，因為他們是同族人，也是好朋友。

　　每個禮拜一早上朝會的時候，陳耕元校長會站在司令台上，對全校學生精神講話。可是校長的國語不靈光，校長只好用日語講話，然後由王老師在一旁協助翻譯成國語。王老師是大陸北平人，他的國語和日語都很溜。後來學校的規定下來了，說今後不可以再講方言，否則要扣分，不過暫時還可以講日語，因為大家還不太會講國語。

　　我們上音樂課的時候，大家都唱得很大聲，可是我們的國語咬字是不是正確呢？這一點大家都沒有把握，因為學生和老師都是初學者。如果你問我陸老師的國語咬字如何？這個我不清楚，不敢置評，不過陸老師的歌聲是肯定的，他的歌聲很好聽。

　　台東農校每年畢業典禮的時候，有一個慣例，就是畢業典禮當天，學弟學妹要合唱一首特別的歌曲來歡送畢業生。當時台東農校設有初中和高中，所以初中和高中的畢業典禮是一同舉行的。那麼到底要唱什麼歌來歡送畢業生呢？這個問題就由陸老師去想辦法了。於是陸老師就創作了一首新歌，歌名是〈卑南山〉，為什麼要創作這首歌呢？因為陸老師常聽人們說台東是台灣最落後又貧窮的地區，但是陸老師不以為然，他認為台東風景非常優美，而且又有許多高山，我們能夠生活在這青山綠水的地方，其實才是最有福氣的。所以陸老師勉勵我們，不應該自卑自己是台東人。〈卑南山〉的歌詞內容如下：

　　普悠瑪有一座古老的山，可眺望到蘭嶼島，可俯瞰關山，
　　它是東部有名的山，是傳說中祖先起源的地方。
　　卑南山山勢壯麗高過雲端，
　　可遙望大武山，可遠眺海天交界處，
　　那是造物者的傑作，為的是讓我們成為東部美好的典範。

　　這首歌旋律很優美，它的歌詞充滿振奮人心的意義。當陸老師在教唱的時候，每個學生都很喜歡這首歌，無論是阿美族、排灣族、布農族……等各族的學生，甚至連漢人學生也在當中埋首認真學習，那真是一幅很有趣的畫面，因為大家都在學唱卑南族歌曲。後來有一位男同學唱得特別好聽，那是大家公認的，他的音色高亢悠揚，而且歌詞咬字非常正確，他是阿里山鄒族的人，他唱得比我還棒！比我這正宗的卑南族人還棒！真的令人有一點嫉妒。到了畢業典禮那一天，全校一起合唱〈卑南山〉，我覺得全校的合聲真有如萬丈瀑布傾瀉而下，充滿排山倒海氣勢磅礴之威力，餘音繞樑久久不散。〈卑南山〉是陸老師的第一件作品，在那之後，陸老師又繼續創作了更多的歌曲，但是那些歌曲不是要給學校學生唱的，而是要給陸老師的家鄉族人唱的。

民國五十一年陸老師退休了，退休之後，他不但在家幫忙師母務農，他也用很多時間來參與南王村的各項活動，當然也繼續創作歌曲。陸老師的創作題材，大部份與村子裡發生的事情有關，比如〈落成典禮〉、〈結婚典禮〉以及〈慶賀里長當選〉……等等歌曲。陸老師的歌曲在村子裡受到很大的迴響，大家都喜歡唱他的歌，他的歌幾乎成為族人的流行歌曲。那一段時間，也經常發生一些奇妙的現象，就是南王村每次出外參加任何比賽，總是會得到第一名。例如：合唱比賽、跳舞比賽、運動會比賽，以及各種趣味活動比賽等。總之，當時的南王村很活躍。我想那些成績和族人的領袖及長老們很有關係，陸老師也是當中很有影響力的長老。

後來陸老師進入了天主教會，就為天主教創作了許多聖歌，他的聖歌受到教友們和神父的肯定。我也是天主教友，我比陸老師還早進入教會。陸老師加入教會之後，更增加了我們團體的活力，我們常常聚在一起練唱聖歌，也唱卑南族民謠。陸老師的大姐和二姐也是我們的團員之一，他們很會唱歌，他們是唱古調的大師。古調就是卑南族古老的曲調，這種曲調很不容易學習，如果沒有天份是學不來的，連陸老師都學得很吃力。陸老師會盡可能將古調的詞曲用筆記錄下來，而我是用錄音機將古調記錄下來。

我很歡迎陸老師這一家人常來我家坐坐聊聊，我會準備一些酒菜來招待他們，他們都很開心。我家周圍種植了很多美麗的花朵，所以我家是小型聚會的好地方。我們除了唱歌之外，也會天南地北聊起來，氣氛非常愉快。陸老師的二姐很願意教我唱古調，後來我就慢慢地全部學會了，不過其中有一首古調真的特別難學，我始終抓不住它的竅門。直到有一天凌晨兩點，我突然之間，就輕易地把那首歌唱起來了。我很驚喜，不過到了早晨天亮的時候，我接到一聽電話，說陸老師的二姐過世了，我嚇了一跳！我在想，是不是她直接把古調灌進到我的腦袋裡呢？好奇妙喔！

陸老師的二姐陸秀蘭曾經聊起陸老師的糗事，她說她年輕的

時候，有一次和大姐到山上砍木柴。那一天是大太陽，天氣熱得不得了，所以竹筒裡的白開水很快就被喝完了，正在苦惱沒水喝的時候，他們的大弟陸森寶也意外地來到山上。當時陸老師還在台東公學校念書，年紀大約十五歲左右。姐姐很高興，就請大弟立刻回家提水來喝，大弟說：「遵命。」就精神抖擻地背起竹筒往山下跑回去了。可是等了很久，仍然不見大弟回來，兩位姐姐開始擔心起來，心想是不是發生什麼意外？於是二姐就焦急地下山一探究竟。當二姐走到半路的時候，她看到眼前不遠之處，有一輛大牛車放在那裡，牛車的上方用很多樹葉遮蓋著，原來樹葉底下，有一個農夫和一個青少年在那裡遮蔭乘涼。那個農夫心情很好，唱歌很大聲，那個青少年正向農夫討教如何唱歌。那兩人都躺在草地上翹著二郎腿，非常輕鬆自在的樣子，二姐就走過去定睛一看，才發現那位青少年就是自己的大弟陸森寶先生。原來大弟被農夫的歌聲迷住了，以致把提水的事情完全拋在腦後，二姐看了不禁火冒三丈破口大罵，瞬間就把那二人的興致完全粉碎了。陸老師的二姐笑著回憶說，那是她一生責罵她大弟僅有的一次。

再來談談陸老師的創作歌曲，我個人認為陸老師的歌曲至少超過一百首以上，不過目前留下來的大約只有五十首。陸老師這一生的確造就了很多人才。最近幾年，台灣歌壇也出現了兩位金曲歌王，一位是陳建年先生，另一位是紀曉君小姐。陳建年就是陸老師的外孫，而紀曉君就是我的外孫女。我聽說曉君很受天主教神父的器重，有位神父就陪同她去法國、義大利及羅馬等地表演。曉君的表現很受觀眾肯定，我感到無比欣慰。曉君有一首歌叫〈上主垂憐〉，這首歌是陸老師的作品，聽說這首歌引起不小的震撼，讓台下觀眾感動地流下熱淚。

陸老師雖然已經離開人世，但他的精神會永遠與我們同在，我很榮幸成為他的學生。

我的偶像──外公陸森寶先生

文／陳建年（陸森寶的外孫）

　　現在的年輕人，只要是在電視媒體新聞、戲劇、歌唱、政治上常出現的人物，都喜歡稱之為「偶像」。曾經有人就問過我，我的偶像是誰？想來想去，欣賞的雖多，但卻多半是透過電視新聞或商業廣告媒體大肆宣傳而捧出的知名人士，若硬要我回答我的偶像是誰，我會說：「是我的外公陸森寶先生。」雖然他是自己的外公，但他默默為原住民卑南族人創作出許多膾炙人口的音樂，並以音樂記錄族人歷史的這種精神，真的是我們這些喜歡創作音樂的後生晚輩該好好學習的對象。

　　想起我的外公，曾經是在學校教導音樂及體育的老師，退休後在生活上仍然不忘發揚這兩樣專才，平時在家總喜歡聽音樂並彈奏樂器創作歌曲，又喜歡指導族人後代子孫培養音樂及運動方面的興趣，在任何場合言行舉止態度上總是表現出溫文儒雅、談吐輕柔、聲調慈祥，感覺就是給人如此的親切溫馨，現在想起似乎馬上可以記起他的臉龐與聲調。記得小時候，常與媽媽回外公家，從外公家看到的中古鋼琴、牆壁上黑板記錄著新創作的音樂

一生沉醉於音符的陸森寶先生，用歌寫歷史，以音樂奉獻人群。（陸賢文提供）

詞曲、外公喜悅又專注的哼唱儀態，就已看得出他對音樂的興趣與投入。長大後，看到外公老邁不便的身體，卻還時常坐在鋼琴台前，動動已經不是很靈活的手指頭，當時還對音樂不熱衷的我，很難去體會外公陶醉於音樂那般的享受心情。說到外公的音樂創作，從小到大，看到聽到族人們在部落、教會或家庭聚會裡，吟唱外公創作的歌，並不是透過唱片宣傳或電視收音機廣播，而是能讓族人們喜歡又高興地唱，一直到現在，族人們都還是能朗朗上口。

從高中讀書期間開始，不知為何，不曾受過專業訓練或拜師學習音樂的我，也對創作音樂有了興趣，一直到現在服務於公務機關，斷斷續續累積了一些創作。有幸結識唱片界的音樂朋友而合作錄製唱片，在一次幸運的機會裡還得到了流行音樂的競賽獎項。大多數的人很訝異我是如何學習並創作音樂，一開始我不知道該如何說，但我可以這樣說，或許我真的是深深受到我的外公陸森寶先生音樂感染力的影響。

因為得獎而有了知名度而備受矚目，沒想到無形中卻擾亂了自己的工作與生活，相對地讓自己無法像以前那般以單純的心去創作音樂。這時的我總會想起生前的外公，外公或許沒有我幸運得到音樂獎項，也從不曾出過唱片收取過創作音樂的費用，但他就是樂於默默地創作並分享，因為他音樂創作的靈感有許多來自於族人與部落，並結合傳統古調與當時的流行音樂，自然就會受到族人的喜愛及傳唱。雖然說每個人創作的價值觀都不一樣，外公如此的精神卻是我想要學習的。

想想，不妨先拋開創作音樂能否為個人帶來利益，單純地以關懷族群的心情創作音樂，不但自然又貼近人心，且更能創造心靈的律動及延續音樂的生命。

孫大川
「陸森寶創作歌謠選錄並註釋」

說明：

一、本註釋根據三種版本進行校釋：（一）陸森寶手抄本；（二）曾建次、陳光榮彙整之天主教聖歌版本；（三）陸賢文版本。

二、歌曲名稱及詞譜，盡可能維持陸森寶手抄本的原貌。一些流行的唱法和歌詞的變動，為方便對照，我們一併採錄。

三、曲譜方面，有之前曾建次、陳光榮的校訂，以及後來陸賢文和董一明的再整理，雖有若干細節不得不遷就族人已習慣的唱法和裝飾；但，只要將三個版本並排比對，仍有清楚的脈絡可循。我們也可以藉此體會一首歌在不同時代、不同個人所「生長」的生命。

四、歌詞的部份字斟句酌，幾乎全部由孫大川重譯。

五、拼音部份，為處理外來語，或顧及演唱唸腔的需要，亦有若干未嚴格遵守拼音系統規範之情事，並請諒察。

六、本附錄共收陸森寶的二十四首歌，主要是為配合CD出版的需要，是本傳記聲音方面的呈現。

孫大川
「陸森寶創作歌謠選錄並註釋」

目錄：

1. 卑南山

Denan　kaDi　Tuwangalan

詞曲：陸森寶

$\frac{4}{4}$ | 6　6　6　·i | 3　·2　i2　i6　56 | 5　3　5　2　·1　35 |

① a—De—nan　i　ka—ma—'i-Da—ngan　a—te—ngal　i　ka— pu—yu—ma—
　　山　　　　　　古老的　　　　峰　　　　卑南的
② pa—ka—saT　Da　ka—li　ku-Te—ma-n　bu— Lai　tu　i　—　nu-da-wa—
　　之上　　在　　　　雲層　　　美麗　　它的　　形狀

| 3　－　－　| 6　65　356　53 | 23　216　2　3 | 321　23　1　·6 |

①—yan　　te—ma—　bang　-i　ka-ba-bu-Tu—lan　te—mu-nguL　i　di—la—　di-lang
　　　眺望　　　　蘭嶼　　　遙指　　　　關山
②—yan　　te—ma—　bang　-i　ka-da—i-bu-wan 2 te—mu-nguL　i　ma—ra—　ge- sat 3
　　　眺望　　　　大武山　　　目看　　　　天際

| 6　2　2　·3　216 | 3　·5　56 3　2　·1　35 | 3　－　－　－ |

① a—ma—　wu　na　mi—nga-La-d　i　ka—La-La-wu—　Dan
　　是　　那　　有名望的　　在　　　東方
② a—ma—　wu　tu　di—na-wa-i　kan-　Di　de-ma—　wai
　　是　　　製造　　　　創造者

| 6　·i　66　53 | 6　66　35　21 | 6　·1　2　3 |

① a—ma—wu　la　na　ki —ma-nga-nga—i　la　ka-Di— yu　　　kan　e—
　　是　　那　　被傳誦　　　在那　　　　祖先
② a— ma—wu　tu　pi—na —ka-ba-bu—La-i　ka-n—　ta　ka— Di—
　　是　　　美化　　　我們　　　　這

| 321　232　1　·6　6 | 6　－　－　－ | 0　－　－　－ |

①- mu　　i　ki—na— Di-wan
　　　的地方
②- ni　　i　ma—ka— La-wuD
　　　東方

〔題解〕

　　這首歌的名稱，陸森寶的手抄本直接題作〈卑南山〉，天主教版附加拼音「penansan」。至陸賢文版，則更加上族語題目：〈Denan kaDi Tuwangalan〉。一般皆認為，卑南族的發祥地是在知本附近海邊的「panapanayan」。但一九五〇年代末期，「南王社」至pana-panayan「分株」，並逐漸強化其「都蘭山」起源說。這首歌應該也是那一個時期的作品。「卑南山」即「都蘭山」。卑南語作「Tuwangalan」，有「眺望」的意思。做為東海岸山脈最後一個高峰，都蘭山可以遠眺四方，是南王社的聖山，祖靈的居所。

〔翻譯〕

（1）aDenan i kama'iDangan , atengaL i kapuyumayan ;
　　　temabang i kababuTulan temunguL i diladilang .
　　　amawu na mingaLad i kaLaLawuDan ,
　　　amawu la na kimanganga-i la kaDiyu kan
　　　emu i kinaDiwan

　　　古老的山，普悠瑪的山
　　　眺望蘭嶼，遙指關山，
　　　它是那在東方有名的，
　　　是傳說中祖先起源的地方。

（2）pakasaT Da kali kuTeman , buLai tu inudawayan ;
　　　temabang i kadaibuwan , temunguL i maragesat .
　　　amawu tu dinawai kanDi demawai ,
　　　amawu tu pinakababuLai kanta kaDini
　　　i makaLawuD .

　　　它在雲層之上，姿態雄偉
　　　眺望大武山，極目天際，
　　　它是造物主的傑作，
　　　為美麗我們的東方。

〔註釋〕

　　　1.diladilang，即今關山。
　　　2.kadaibuwan，指daibu，乃日語「大武」。
　　　3.i maragesat，指海天交接處。

2. 天主經

i Ama kaDi makasaT

詞曲：陸森寶

$\frac{2}{4}$ | 5 5 5 | 5 5 6 6 | 5 i̯ | i̯ i̯ 6 i̯ | 2̇ 3̇ 2̇ i̯ | i̯ — | i̯ — |

i A-ma ka-Di ma-ka—saT se—mu— nga-La mi ka—nu-nga—Lad
父　在　天　朝拜　名字

| 6 6 6 5 6 | i̯ 6 5 | 5 6 5 3 2 | 2 3 2 1 | 1 — | 1 — |

pa-re-de- ku nu De-ka—l nu ba— ti ka— Di i — saT
抵達　國　言語

| 2 2 2 2 3 | 5 5 3 5 | 6 · i̯ 6 5 | 6 — | i̯ i̯ i̯ 5 | 6 3 3 |

ka-ma-wa-na mi i- tu— ru-s na i da— re be-ra-yi mi ga— re-m
同樣　跟隨　地上　給　現在

| 2 5 · 5 | 5 — | 6 · 5 i̯ i̯ | 6 6 5 · 5 | 6 · 2̇ i̯ i̯ i̯ | i̯ — |

Da na— ni— yam ka— ba-ba-a— wa-n ka-na wa-wa-ri— wa—ri
我們的　活糧　每天

| 2̇ · 3̇ 2̇ i̯ | i̯ 2̇ i̯ 6 5 | 5 6 5 3 · 5 | 6 — | 5 i̯ i̯ i̯ i̯ | i̯ i̯ 6 |

La— pu-su na-ni— yam pa— me—li— yan ka-ma-wa-na mi ka—nu
脫　過錯　像　祢

| 5 2̇ 2̇ 2̇ 2̇ | 2̇ — | 3̇ 3̇ i̯ i̯ | 2̇ 6 | i̯ · 2̇ i̯ i̯ | i̯ — |

me-La- pu-s ka—na mi-pa—me-li— ya— n ka— ni— yan
赦免　那　罪

〔題解〕

　　陸森寶的聖歌，包括彌撒曲和一般聖詠，都是他入教（1971）之後十年中間寫的，創作的確切年代很難考訂。彌撒曲各首（如〈頌揚上主〉、〈上主垂憐〉、〈光榮頌〉、〈信經〉、〈聖經〉、〈信德奧跡〉、〈天主經〉、〈天下萬國〉、〈天主羔羊〉、〈除免世罪〉等），在我大學畢業（1976）前後，似乎即已創作完畢。

〔翻譯〕

　　i Ama kaDi makasaT ,

　　semungaLa mi kanungaLad ,

　　parede ku nu Dekal nu bati kaDi isaT ,

　　kamuwana mi iturus na i dare ,

　　berayi mi garem Da naniyam

　　kababaawan kana wawariwari ,

　　Lapusu naniyam pameliyan

　　kamuwana mi kanu meLapus kana

　　mipameliyan kaniyam .

　　aDi paLaLepe'an mi kana melalimaw ,

　　Le'aLawi mi kana kuwatisan .

　　我們的天父，願祢的名受顯揚，

　　願祢的國來臨，願祢的旨意奉行在人間，

　　如同在天上。

　　求祢今天賞給我們日用的食糧，

　　求祢寬恕我們的罪過

　　如同我們寬恕別人一樣。

　　不要讓我們陷於誘惑，

　　但救我們免於凶惡。

3. 耶穌基督

Yezese [1]

詞曲：陸森寶

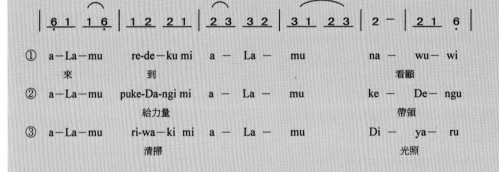

$\frac{2}{4}$

| 5 − | 5̲ ̲3̲ ̲6 | 5 3̲ ̲2̲ | 2 3̲ ̲5 | 5 5̲ ̲2 | 3̲ ̲2̲ ̲1 | 2 − | 2 − |

① i　Ye − ze− se　na　ki−nu −　re−sa − nge − Da − lan
　　耶穌　　　　　　　　　　依靠
② i　Ye − ze− se　na　ki−nu −　re−te −　ma − ma−yan
　　依靠為父
③ i　Ye− ze− se　na　pu−ri − ya−yi −　ya − ma−wan [2]
　　救贖者

| 6̲.̲ ̲1̲ | 1̲.̲ ̲6̲.̲ | 1̲ ̲2̲ | 2̲ ̲1 | 2̲ ̲3 | 3̲ ̲2 | 3̲ ̲1̲ | 2̲ ̲3 | 2 − | 2̲ ̲1̲ ̲6̲.̲ |

① a−La−mu　re−de−ku mi　a − La − mu　na − wu− wi
　　來　　　到　　　　　　　看顧
② a−La−mu　puke−Da−ngi mi　a − La − mu　ke − De − ngu
　　給力量　　　　　　　　　帶領
③ a−La−mu　ri−wa−ki mi　a − La − mu　Di − ya− ru
　　清掃　　　　　　　　　　光照

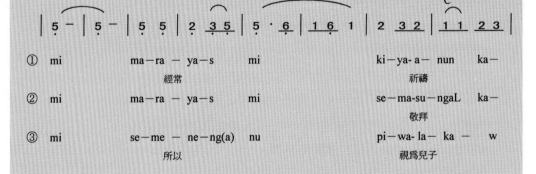

| 5 − | 5 − | 5̲ ̲5̲ | 2̲ ̲3̲ ̲5̲ | 5̲.̲ ̲6̲ | 1̲ ̲6̲.̲ | 1 | 2̲ ̲3̲ ̲2̲ | 1̲ ̲1̲ ̲2̲ ̲3̲ |

① mi　ma−ra − ya−s　mi　ki−ya−a− nun　ka−
　　經常　　　　　　　　祈禱
② mi　ma−ra − ya−s　mi　se−ma−su−ngaL ka−
　　敬拜
③ mi　se−me − ne−ng(a) nu　pi−wa−la−ka − w
　　所以　　　　　　　　視為兒子

① —nu a nu re-de— ka—w mi sa— de — ku mi
祢 臨 溫暖

② —nu a nu ki-le-nga—wa—i mi piya—ke— Dang mi
祢 聆聽 我們 有力量

③ mi a nu la-ma— na—i mi ka—babu—Lai niyam
可憐 將美好 我們的

① a re —ke—D mi
堅固 我們

② ka— ke— se—r mi
堅強 我們

③ ka— Li— da—La — nan
道路

〔題解〕

這首歌陸森寶的手抄本題作〈耶穌聖體歌〉，應該是彌撒中領聖體時唱的。天主教版改為〈耶穌基督〉（Yezese），陸賢文版從之。

〔翻譯〕

（1）i Yezese na kinuresangeDalan ,

　　aLamu redeku mi , aLamu nawuwi mi .

　　marayas mi kiyaanun kanu ,

　　a nu redekaw mi ,

　　sadeku mi , arekeD mi .

　　耶穌，我們所依靠的，

　　請臨在我們，看顧我們。

　　我們時時向祢祈禱，

　　若蒙親臨，

　　將溫暖我們，堅固我們。

（2）i Yezese na kinuretemamayan ,

　　aLamu pukeDangi mi , aLamu keDengu mi .

　　marayas mi semasungaL kanu ,

　　a nu kilengawai mi ,

　　piyakeDang mi , kakeser mi .

　　耶穌，我們的父，

　　來給我們力量，引導我們。

　　我們時時敬拜祢，

　　若蒙垂聽，

　　我們必有力，且堅強。

（3）i Yezese na puriyayiyamawan ,

　　aLamu riwaki mi , aLamu Diyaru mi .

　　semeneng(a) nu piwalakaw mi ,

　　a nu lamanai mi ,

　　kababuLai niyam kaLidaLanan .

　　耶穌，救贖者，

　　來清理我們，光照我們。

　　既然祢視我們為子，

　　若蒙垂憐，

　　我們的道路，必美善。

〔註釋〕

　　1.Yezese，即耶穌，外來語。「z」唸「ㄗ」。為表尊貴，「Y」大寫。

　　2.puriyamawan，乃供品、犧牲的意思，此處喻指耶穌，祂是救贖者。

4. 信望愛

wuniyan Da mulepus

詞曲：陸森寶

$\frac{2}{4}$ | 6 · 6 | 6 56 | i · 2 | 6 56 | i 65 | 3 3 | 3 － | 3 － |

① wu— ni— ya— n Da mu— le— pu— s　i pu— na—pu— nan
　 沒有　　　　　　永恆　　　　　在　世上
② wu— ni— ya— n Da mu— le— pu— s　mu—tu— da—na— pan
　　　　　　　　　　　　　　岩石
③ ta pa— ka—bu—La— ya— i ta ka—Li ka—wa—ngan
　 使美好　　　　　　　　　　　　腳步

| 5 · 6 | 3 · 5 | 6 · 5 | 6 | 3 | 2 · 3 | 1 | 2 | 3 · 2 |

① a— ne me— re— de— k ta 'a— mi— yan i ki— La—
　　　　到了　　　　　我們　時日　　　轉身
② a— ne ma— re— pa— wu— wa la ta ku— ret i sa— se—
　　　　逢到　　　　　　　期限　　　走完
③ ta ku— re— na—nga— i tu ka— Li— ba— ti—
　　　　順從　　　　　祂　聖言

| 5 21 | 6 · 2 | 1 21 | 3 21 | 6̣ 6̣1 | 6̣ － | 6̣ － |

①—La—Li— ku— D ta ba—bu— re—k(e) ta
　　　　　　回去
②—ka—D ta Da—ta ka—Di— De—ka— lan
　 我們的　　　在世間
③—ya— n pa—na—a—na ta ku—re— te—ma— ma
　 真心　　我們　以祂爲父

‖ 3　33 │ 32　12 │ 3·3 │ 5　35 │ 6·i │ 65　32 ‖

① a—Di ta ka-sa— le-nga—nge— se— ng　　a— Di ta ki—yan—
　　不會 我們　寂寞　　　　　　　　　　　　　　　　害怕
② a—Di ta ka-ra— ra-pi i— su—wa　　sa— se— ma-ma—ngaL
　　不會 我們　疲累　　　任何地方　　　　　　歡樂
③ a—Di-ya ta i— ge-La ma— i— se—ma-nga—L(a)　ta Tem—
　　　　　害羞　　　　歡喜　　　　　　　朝向

‖ 3— │ 3— │ 6·6 │ 565　32 │ 1　3 │ 5　35 │ 6　2 ‖

①—dang　　a— i— Du i Ye— se na wu—re— kiya—Te—
　　　　　有　　　　耶穌　　迎接
② ta　　a— ma-wu i Ye— se na wu—re— puwa- da—
　　　　　就是　　　　開路
③—pa　　ka— a— Du i Ye— se na te— ma— ra— ta—
　　　　　在　　　　迎接

‖ 1　32 │ 3— │ 31　22 │ 121　6̣ │ 6̣— │ 6̣— ‖

①—bu— ng　na wu-re-ka-ke— Deng kan— ta
　　　　　　引導　　　　我們
②—La— n　na pa-La-La-da— m kan— ta
　　　　　　教導　　　　我們
③—ra kan— ta ma— Le-'a— Law kan— ta
　　　　　　護佑　　　　我們

〔題解〕

　　陸森寶的手抄本題作〈信望愛德〉，教會版題作〈信望愛三德〉，並依首句訂族語題目：〈wuniyan Da mulepus〉。陸賢文除簡化成〈信望愛〉外，族語題目從之。「wuniyan」，意即「沒有」；「mulepus」，即「永恆」。歌詞的意思即在強調世間沒有永恆的事，只能依靠信德、望德和愛德，將一切交託給基督。

〔翻譯〕

（1）wuniyan Da mulepus i punapunan，

　　　ane meredek ta 'amiyan i，

kiLaLaLikuD ta , baburek(e) ta .

aDi ta kasalengangeseng ,aDi ta kiyandang ,

aiDu i Yase na wurekiyaTebung ,

na wurekakeDeng kanta .

世上沒有永恆的事，
時日一到，
我們將轉身回去。
我們不會感到寂寞、害怕，
有耶穌迎接
帶領我們。

（2）wuniyan Da mulepus mutudanapan ,

ane marepawuwa la ta kuret i,

sasekaD ta Data kaDiDekalan .

aDi ta kararapi isuwa , sasemamangaL ta ,

amawu i Yese na wurepuwadaLan ,

na paLaLadam kanta .

沒有人可以永恆像磐石，
期限一滿，
我們將走完塵世盡頭。
我們將歡喜，不會有任何牽掛；
有耶穌開路
引導我們。

（3）ta pakabuLayai ta kaLi kawangan ,

ta kurenangai tu kaLibatiyan ,

panaana ta kuretemama .

aDiya ta igeLa ,maisemangaL(a) ta Tempa ,

kaaDu i Yese na temaratara kanta,

maLe'aLaw kanta .

走好我們的腳步，
聽從祂的聖言，
真心以祂為父。
不害羞，歡喜奔向祂；
耶穌會迎接
護佑我們。

5.收穫祭

kapudare'an ₁ Da bini

詞曲：陸森寶

$\frac{2}{4}$ | 3 6 | 6 6 | i 6 | 6 · i | 6 | 6 5 | 3 2 | 3 5 | 3 — | 3 — |

① tu da—wa—ya— w ka—ba— bi—ni— 'an ₂
　　創造　　　　　　　　粟種

② tu pu—bu—wa—'a— i ta si—na—sa— Lem
　　出芽　　　　　　種下的

③ se—me—neng a nu pi—wa—la— ka— w mi
　　既然　　　　　視為子　　　　我們

| 2 | 3 2 | 1 3 | 6 · 3 | 2 5 | 3 2 1 | 6̣ 6̣ 1 | 6̣ — | 6̣ — |

① tu pa— re—de—ka— i ta—Da ka-Li— 'u—da— lan
　　降　　　　　　　　雨水

② tu pa— se—na—na— i ta ka-Li— ka—da— wan
　　照　　　　　　　陽光

③ a— Di mi su— wa—be— Li ka— nu ka-Li— da—La— nan
　　違反　　　　　　道路

| 3 | 3 2 | 1 3 | 2 · 1 | 6̣ 1 | 3 3 2 1 | 3 3 5 | 3 — | 3 — |

① tu pa— te— li— wa—w ta si— na—sa— Lem
　　生長　　　　　　種下的

② bu—Lai ba—nge—sa— r tu pi ni— bu—wa— 'an
　　美　　　　　　開花

③ a— Di ka— a—ba— ba—Lu— i mi ka—na ba—bu— La—bu— Lan
　　忘記　　　　　　每月

〔題解〕

　　〈收穫祭〉是一首聖歌，感激上主賜給充足的雨水陽光，作物豐收。陸賢文版題作〈收穫節〉，族名作〈kapaDaran Da bini〉；天主教版題作〈收穫祭〉，族名作〈kapudarea'an Da bini〉，今從之。陸森寶的手抄本未收錄本曲。

〔翻譯〕

（1）tu dawayaw kababini'an ,

　　　tu paredekai taDa kaLi'udalan ,

　　　tu pateliwaw ta sinasaLem ,

　　　kala semungaL la ta kana demawai ,

　　　kala semenaya ta mapulapulat ,

　　　kala semangaL la ta mapiyapiya .

　　　祂創造了種籽，
　　　又普降雨水，

讓種下的生長。
我們來敬謝造物主，
一齊高歌，
一同歡樂。

（2）tu pubuwa'ai ta sinasaLem，

　　　tu pasenanai ta kaLikadawan，

　　　buLai bangesar tu pinibuwa'an，

　　　kala panawuwa ta kana demawai，

　　　kala semenaya ta mapulapulat,

　　　kala semangaLa ta mapiyapiya．

祂讓種下的抽芽開化，
又普照陽光，
作物滋長豐美。
我們來呈獻給造物主，
一齊高歌，
一同歡樂。

（3）semeneng a nu piwalakaw mi，

　　　aDi mi suwabeLi kanu kaLidaLanan，

　　　aDi kaababaLui mi kanababuLabuLan，

　　　mikeDanga mi kana aamiami，

　　　kala semenaya ta mapulapulat，

　　　kala semangaLa ta mapiyapiya．

既然祢視我們為子，
我們不會違背祢的道路，
月月不忘，年年得力。
讓我們一起高歌，
一同歡樂。

〔註釋〕

　　1.kapudarea'an，有「下地」的意思，「kapudarea'an Da bini」即指新米出倉。陸賢文
　　　版作「kapaDaran Da bini」」，「kapaDaran」即「使出……」的意思。

　　2.kababini'an，泛指種籽。

6. 頌祭祖先

mi'ami'ami la i ma'iDang

詞曲：陸森寶

$\frac{4}{4}$ | 3 6 6 6 6 ·5 3 5 | 6 i i 6 6 ·5 3 2 | 3 5 6 5 3 5 32 |

① mi-'a-mi-'a-mi　　la i　ni-re-bu-wa-'a —　　n i　ho — hai — yan hoi—
　　　　　　　發祥地

② a-ka-sa-nga-La —　n Da　te-mu-wa-mu-wa —　　n　ho — hai — yan hoi—
　　喜樂

| 3 - - - | 3 5 6 5 3 3 1 | 2 3 3 1 2 21 6̣ | 6̣ 3 2 1 6̣ 6̣ |

①-yan　　　　ka — ma — wan Da　i-na-ba-i-ya-Lu—wan i　ka— e— mu—
　　　　好像是　　　　　被遺忘

②-yan　　　　mu — ka— sa ta　pi-na-ka-i-ya—bu-Lai(y)a pi— na— pa—da—
　　　　一起　　　　　盛裝

| 6̣ - - - | 6̣ 2 2 6̣ 2 ·5 | 3 3 2 1 3 3 5 32 | 3 - - - |

① -an　　　ma-re—pa-wu- wa　la　ka-na a– mi ka-na bu — Lan
　　　　正值　　　　那 年 那 月

②-ngan　　pa-na—'u-wa—nai　ta　pa— ta— ba— nga— nai
　　　呈現　　　　奉獻

| 5 65 3 5 6 ·i | 6 3 2 1 6̣ | 3 1 2 3 1 21 6̣ | 6̣ - - - |

① ma— re—pa—ku— re— d　la Da- tu　wu— wa—ru— ma— 'an
　　期限　　　　　　回家

② i — Di na　be— ka—Lan na　ka— ba— bi— ni— 'an
　　　　　　　　　　小米種

| 3 ·3 3 3 3 3 3 3 | 1 2 3 - | 5 ·5 5 5 6 6 | 3 5 6 - |

① ka— ra—ba-sa-kaw　la i　sering sering sering 2　re-'a-ba-la—nai　la i　sering sering sering
　　扛 ·　　　　　　　伴

② ki— ya—nu-na-na-i　la i　sering sering sering　a— ra-se-na—yai　la i　sering sering sering
　　祈禱　　　　　　唱

```
| i · i 2 i  6  6 | i  5  6  — | 3 · 3  3 5  6  3 2 |
```

① gi — le-gi-la—nai la i　sering sering sering　me—re—de—re—de—k i
　　小跑步　　　　　　　　　　　　　　　到

② wu—wa—ra-ka—nai la i　sering sering sering　pa—na—a- na—an　ta
　　跳舞　　　　　　　　　　　　　　　真心

```
| 3 5  3 2  1 21  6 | 3 1  2 3  1 21  6 | 6 — — — |
```

① ba—i—wa—n(e) la　　i　　Du— ng(e)—Du—ngan

② pa- ka—se-ma—nga—　L　kan　i—nu—Tu —ngu—lan
　　取悅　　　　　　　　　　　傳統

```
| 2 2  2 2  1  2 3 | 3 — — — | 3 3  3 3  5 65  3 5 | 6 — — — |
```

① pi-na- te-nga -Da—w　　la　　　i　e—mu i　ma—　’i—　Dang
　　使坐

② pi—na- te-nga -Da—w　　la　　　i　e—mu i　ma—　’i—　Dang

```
| i · i  5  5 6 | 6 — — — ‖
```

① ta　　sa—su—nga—　Lan
　　　　敬拜

② ta　　sa—su—nga—　Lan

〔題解〕

　　民國四十七年（1958），時任台東縣議員的南信彥，鑒於南王人每年收穫祭和大獵祭，都得前往「發祥地」（panapanayan）祭祖，頗為不便，遂發動部落族人前往pana-panayan分出神竹兩株，種在部落北邊叫做palangan屬於陳光榮家族的土地上，做為後來部落祭祖的地方。不過，南王人對此次行動頗有爭議，這首歌的祭祖涵意遂被沖淡了。陸森寶的手抄本題作〈ミアミアミ　タイ　マイラン〉（mi'ami'ami la i ma'iDan），天主教版譯作〈年邁老人〉，陸賢文版則題作〈頌祭祖先〉，也是一般通行的譯法。

〔**翻譯**〕

（1）mi'ami'ami la i nirebuwa'an , hohaiyan hoiyan ,
　　kamawan Da inaba(i)yaLuwan , i ka-emu-an .
　　marepawuwa la kana ami kana buLan ,
　　marepakured la Datu wuwaruma'an .
　　karabasakaw la i sering sering sering !
　　re'abalanai la i sering sering sering !
　　gilegilanai la i sering sering sering !
　　merederedek i baiwan(e) la i Dung(e)Dungan
　　pinatengaDaw la i emu i ma'iDang ,
　　ta sasungaLan .

　　多年在發祥地，
　　吼嗨央吼依央；
　　祖先好像被遺忘了。
　　逢到那年那月，
　　確定祂回來的時刻。
　　扛起它來，sering、sering、sering！
　　伴著它來，sering、sering、sering！
　　跑起步來，sering、sering、sering！
　　到了拜萬東東岸，
　　安座老祖先，
　　我們來敬拜。

（2）akasangaLan Da temuwamuwan , hohaiyan hoiyan ,
　　mukasa ta pinaka(i)yabuLai (y)a pinapadangan
　　pana'uwanai ta patabanganai ,
　　iDi na bekaLan na kababini'an
　　kiyanunanai la i sering sering sering !
　　arasenayai la i sering sering sering !
　　wuwarakanai la i sering sering sering !
　　pana'ana'an ta pakasemangaL kan inuTungulan ,
　　pinatengaDaw la i emu i ma'iDang ,
　　ta sasungaLan .

　　取悅祖先的時刻到了，

吼嗨央吼依央：

我們一同盛裝打扮，

展示並奉獻

這新粟

禱祝起來，sering、sering、sering！

吟唱起來，sering、sering、sering！

跳起舞來，sering、sering、sering！

誠心取悅讚頌，

安座老祖先，

我們來敬拜。

〔註釋〕

1.nirebuwa'an：即發祥地，亦稱作panapanayan，在知本附近的海岸邊。此句的意思是說，祖靈在rebuwa'an多年，彷彿被遺忘了。

2.sering，狀聲詞，為卑南人盛裝時臀鈴聲。

7. 俊美的普悠瑪青年

bangsar a baLaLusu'an₁ i puyuma

詞：陸森寶
曲：阿美族古謠

4/4

6 i | 6 - - i 6 | 5 5 3 2 1 3 | 6 6 5 3 5 | 3 - - 1 |

① pu—yu—ma　　bu-La-bu-La—yan i sa-gar Da a— puT ya—
　　　　　　少女　　　喜歡　　花
② pu—yu—ma　　ba-nga-nge-sa—ran i sa-gar Da De—nan ya—
　　　　　　　　　　　　　　　　山

2 - 3 2 1 | 2 1 - - - | 0 0 6 i | 6 - - i 6 | 5 3 2 1 3 |

① -hei i— ya— hei　　si— na-Le— m i ba-ka-ba-k i
　　　　　　　　種　　　　　花園
② -hei i— ya— hei　　mu—'i—ba— t mu-Li-ka-p i
　　　　　　　　　　　　尋遍

6 6 5 3 5 | 3 - - 1 | 2 - 3 2 1 | 3 - - - | 3 - 0 0 |

① bu—Lai a ru—ma' ya—hei i— ya— hei
　　　　　家
② i—na—ba da—re ya— hei i— ya— hei
　　美　　土地

5 5 3 5 6 6 | 5 5 3 2 1 6. | 6 - 1 - | 5 5 3 5 6 6 |

① ka-ra— 'u-pi-Daw Da bu-La-bu-La—yan i ya—hei　ki-Te—ba-nga-nai Da
　　編成花環　　　　　　　　　　　迎接
② pu— nge— sa—l me—ra— bi i ya—hei　se— ma-Le-m
　　開始　　　　除草　　　　　　　種植

5 5 3 2 1 6. | 6 - 1 - | 5 5 3 5 6 6 | 5 5 3 2 1 6. |

① ma-'a—'i-Da-nga-n i ya— hei　tu pi—'a-pu-Taw Da pa— 'a— bal i
　　老人　　　　　　　　戴花　　　　　同伴
② Da a—dang i ya— hei　ra— 'i— ya-i tu sa-'a-sa-'aD i
　　樹苗　　　　　　　砍　　　　　枝

```
| 6̣ — 1 — | 5̲5̲ 3̲5̲ 6 6 | 5̲5̲ 3̲2̲ 1 6̣ | 6̣ — 1 · 6̣ |
```

① ya— hei　　tu pi—'a—pu—Taw i　wu-wa—ra-ka—nai i　ya—hei ya—
　　　　　　　戴花　　　　　　跳舞

② ya— hei　　Ta-Te—be— 'an i　ka-sa—ga—sa—gar i　ya—hei ya—
　　　　　　　粗　　　　　　美好

```
| 2 6̣ 1 3̲ · 3̲ | 3 — 5 3̲2̲ | 3 — — 3̲3̲ | 3 — — — | 3 — 0 0 |
```

①-i—ya—hei ho— i— yan ho— i—yo— in　　ho-i— yan

②-i—ya—hei ho— i— yan ho— i—yo— in　　ho-i— yan

```
| 6 3̲2̲ 1 6̣ | 1 2̲1̲ 6̣ 6̣6̣ | 6̣ — — — | 2̲2̲ 2 3 · 3̲ |
```

① ho—iyo— i—yan ho-i-yo—in ho-i— yan　　　　sa-Le—ma—na— i
　　　　　　　　　　　　　　　　　　　　　　　　　　種

② ho—iyo— i—yan ho-i-yo—in ho-i— yan　　　　re— kaw- iya i
　　　　　　　　　　　　　　　　　　　　　　　　　　砍伐

```
| 5 2 3 — | 5̲5̲ 5̲5̲ 6 · 6̲ | 5 3 6 — | i̲i̲ 5̲5̲ 6 · 6̲ |
```

① bu—Lai ta　　i—Di- Du— wa— i　bu- Lai ta　　wu-wa—ra-ka—na— i
　　　　　　　編起來　　　　　　　　　　　　　　跳舞

② bu—Lai ta　　pa-Li- Di— ngan i　bu-Lai ta　　mu— Ti— ma i
　　　　　　　車運　　　　　　　　　　　　　　　　　　　　　　　　　　

```
| 5 3 6 — | 5 5 6 — | 6 — 0 0 ‖
```

① bu—Lai ta　　hei—yo—yan

② bu—Lai ta　　hei—yo—yan

〔題解〕

在陸森寶的手抄本中，這首歌題作〈ボライタ〉，並有中文譯名〈美麗的普幽瑪青年〉。天主教版題作〈普由瑪帥哥〉（buLai ta bangsaran i puyuma）。陸賢文版題作〈俊美的普悠瑪青年〉（bangsar a balalus'an i puyuma）。一九五八年「八二三炮戰」，陸森寶為鼓舞部落青年，創作此曲。當初唱這首歌時，第一段歌詞內容原本為「卑南族的少女，喜歡阿兵哥」；後來陸森寶將其改成「卑南族的少女愛花」，成為現在這樣的歌詞內容。值得注意的是，這首歌是陸森寶從阿美族一首已淹沒的老歌取得靈感改編而成，輕快的節奏，可以感覺得出阿美族的元素。不過，目前流行於部落的版本卻有完全不同的歌詞，我們同樣收錄於後。

〔翻譯〕

（1）puyuma buLabuLayan i sagar Da apuT ,

　　yahei iyahei ;

　　sinaLem i bakabak i buLai a ruma' ,

　　yahei iyahei;

　　kara'upiDaw Da buLabuLayan i ,yahei;

　　kiTebanganai Da ma'a'iDangan i, yahei ;

　　tu pi'apuTaw Da pa'abal i , yahei;

　　ta piapuTai wuwararakai,yahei;

　　ya-iyahei hoiyan ho-iyoin hoiyan ,

　　ho- iyo-iyan ho- iyoin hoiyan ,

　　saLemanai buLai ta ,

　　iDiDuwai buLai ta ,

　　wuwarakanai buLai ta,

　　heiyoyan .

　　普悠瑪少女愛花，

　　呀嘿，依呀嘿；

　　種在庭院，家變得美麗，

　　呀嘿，依呀嘿。

　　少女們將它編成花環，呀嘿；

　　拿它迎接族老，呀嘿；

　　伙伴們將它戴在頭上，呀嘿，

　　戴起花環來跳舞，呀嘿；

　　呀依呀嘿，吼央吼依喲依吼央，

　　吼依喲依央，吼依喲依吼央。

種下去，我們會美好，

戴起來，我們會漂亮，

跳起舞來，更亮麗，

嘿喲嘿依--------。

（2）puyuma bangangesaran i sagar Da Denan ,

yahei iyahei;

mu'ibat muLikap i inaba dare ,

yahei iyahei;

pungesal merabi i , yahei;

semaLem Da adang i ,yahei ;

ra'iyai tu sa'asa'aD i, yahei;

TaTebe'an i kasagasagar i , yahei;

ya-iyahei hoiyan hoiyoin hoiyan ,

ho-iyo-iyan ho- iyoin hoiyan.

rekawiya i buLai ta ,

paLiDinganai i buLai ta ,

muTima i buLai ta ,

 heiyoyan .

普悠瑪少年愛山，

呀嘿，依呀嘿；

遍尋美好的土地，

呀嘿，依呀嘿；

開始除草，呀嘿；

栽種樹苗，呀嘿；

修剪枝條，呀嘿；

樹壯枝茂，呀嘿；

呀依呀嘿，吼央吼依喲依吼央，

吼依喲依央，吼依喲依吼央。

砍伐它，我們會美好，

搬運它，我們會幸福，

賣得好價錢，我們更美滿，

嘿喲嘿依--------。

〔流行版本〕

puyuma buLabuLayan i sagar Da buLan,
　　　　　　　　　　　　月亮

yahei iyahei;

puyuma bangangesaran i sagar Da Denan,
　　　　　　　　　　　　山

yahei iyahei.

buLai (y)a kure ayawan,yahei;
　　　　樹蔭

semeber a akasaseLu'an,yahei;
　　　　竹筍

padapur la mataretaral,yahei：
　砌　　　堆疊

ameTe' Da temumuwamuwan,yahei
　堅定　　　　　子孫

ya-iyahei hoiyan hoiyoin hoiyan,

ho-iyo-iyan ho-iyoin hoiyan.

buLai a buLabuLayan,

bangsar a bangangesaran,

kanta i puyuma,heiyoyan-----。

普悠瑪少女愛月亮，
呀嘿，依呀嘿：
普悠瑪少年愛青山，
呀嘿，依呀嘿：
綠樹成蔭，呀嘿，
竹筍競長，呀嘿，
堆石成壘，呀嘿，
安定祖先，呀嘿，
呀依呀嘿，吼依央吼依喲依吼央，
吼依喲依央，吼依喲依吼央。
少女美麗，
少年健壯，
我們卑南族，嘿喲嘿依------。

〔註釋〕

1.三版本的譜此處皆記作「2」(Re)，但流行的唱法則將「2」(Re)唱成「3」(mi)。

8.散步歌

kaita　kaita　kure-ayawa

詞曲：陸森寶

(女)　　　　　　　　　　　　　　　　　　　　(男)

$\frac{4}{4}$ | 0 5　5 3　6　6 3 | 2 3　2 1　6̣ 6̣　6̣ | 6̣ 1　6̣ 5̣　6̣ 1　2 3 |

① ka－i－ta　ka－i－ta　san—　pu－waɪ ba—a　an-ke—ma-yu　i　a—Di ta
一同去　　　　　　　　散步　　　哥哥　　你既然這樣說　　不

② ka－i－ta　ka－i－ta　mu-wa-Da-ngi-ya　ba—a　an-ke—ma-yu　i　a—Di ta
出遊

③ ka－i－ta　ka－i－ta　ku-re—aya-wa　ba—a　an-ke—ma-yu　i　a—Di ta
乘涼

④ ka－i－ta　ka－i－ta　pu-wa—ri-ka—na ba—a　an-ke—ma-yu　i　a—Di ta
放牛

(女)

| 5 3　3 2　1 6̣ | 1 | 0 5　5 3　6 6　5 3 | 5 － － － |

① se-ma—nga—　L(e) a—maw　　i— na-ba　i—su—wa e—　ba
高興　　　嗎?　　好　　哪裡　哥

② se-ma—nga—　L(e) a—maw　　i— na-ba　i—su—wa e—　ba

③ se-ma—nga—　L(e) a—maw　　i— na-ba　i—su—wa e—　ba

④ se-ma—nga—　L(e) a—maw　　i— na-ba　i—su—wa e—　ba

(男)

| 0 6̣　i 6̣　i i　6 5 | 0 2 2　2̇ i̇　2̇ i　6 5 | 6̣ i　5 3　2 － |

① ka－i－ta　mu-La-wu-Da　i-na- ba tu　se-na—naw ta　Da ka-babu-La-nan
東邊　　　　　照　　　月亮

② ka－i－ta　mu- ti—muL la　i-na- ba ta　de-mi—rus Da　ka-a'e—bi—ngan
南邊　　　　　洗　　　溫泉

③ ka－i－ta　mu-'a—mi-ya　i-na- ba ta　mu-yi-saT Da　ka- ta—mi-na—an ₂
北方　　　　　上　　　船

④ ka－i－ta　mu-Da—ya- ya　i-na- ba tu　ba- li—yaw ta　Da ka-ba-a—yan
西邊　　　　　遮蔭　　　藤蔓

```
| 2 - 0 5 5̲3̲ | 6 6̲5̲ 5 1̇ 6̲5̲ | 6 - 0 5 6̲5̲ |
```
　　　　　　（女）　　　　　　　　　　　　　　　　　　（合）

① ai—wu-wa　pa—wu- wa　e— ba—　　a　　ma-ta—
　　　　好　　　　真的　　　　　　　　　　一樣
② ai—wu-wa　pa—wu- wa　e— ba—　　a　　ma-ta—

③ ai—wu-wa　pa—wu- wa　e— ba—　　a　　ma-ta—

④ ai—wu-wa　pa—wu- wa　e— ba—　　a　　ma-ta—

```
| 3 2̲ 1̲6̣̲ 5̣ . 6̣ 1̲6̣̲ | 1 - - - |
```

① ti—　ka　ta　ni—ra-nge— ran₃
　　　　我們　　　想法
② ti—　ka　ta　ni—ra-nge— ran

③ ti—　ka　ta　ni—ra-nge— ran

④ ti—　ka　ta　ni—ra-nge— ran

〔題解〕

　　這是一首男女對唱的情歌,應該也是一九五〇年代末期的創作,為南王民生康樂隊表演,增加一些劇情的效果。不過,歌詞本身卻也如實的反映了當時懷春少年男女的心思。陸森寶手抄本和天主教版,皆題作〈愛情歌〉。陸賢文版則改為〈散步歌〉,並加上族語「kaita kaita kure-ayawa」,可能是因歌詞頭一句提說要去散步,故改為〈散步歌〉,感覺上也含蓄些。從之。

〔翻譯〕

（1）（女）kaita kaita sanpuwa ba-a,

　　　（男）ankemayu i aDi ta semangaL(e) amaw?

　　　（女）inaba isuwa eba?

　　　（男）kaita muLawuDa, inaba tu senanaw ta Da kababuLanan；

　　　（合唱）aiwuwa pawuwa eba-a, matatika ta nirangeran.

　　　（女）我們去散步吧,哥哥;

（男）你既這麼說，我怎能不歡喜呢？

（女）往哪裡好呢？

（男）東邊去吧，好讓月光照亮我們；

（合唱）唉呀真巧，我們的想法竟然一樣！

（2）（女）kaita kaita muwaDangiya ba-a,

　　（男）ankemayu i aDi ta semangaL(e) amaw?

　　（女）inaba isuwa eba?

　　（男）kaita mutimuL la, inaba ta demirus Da ka-a'ebingan;

　　（合唱）aiwuwa pawuwa eba-a, matatika ta nirangeran.

　　（女）我們去走走吧，哥哥；

　　（男）你既這麼說，我怎能不歡喜呢？

　　（女）往哪裡好呢？

　　（男）南邊去吧，好到溫泉洗澡；

　　（合唱）唉呀真巧，我們的想法竟然一樣！

（3）（女）kaita kaita kure-ayawa ba-a,

　　（男）ankemayu i aDi ta semangaL(e) amaw?

　　（女）inaba isuwa eba?

　　（男）kaita mu'amiya, inaba ta muyisaT Da katamina-an;

　　（合唱）aiwuwa pawuwa eba-a, matatika ta nirangeran.

　　（女）我們去兜兜風吧，哥哥；

　　（男）你既這麼說，我怎能不歡喜呢？

　　（女）往哪裡好呢？

　　（男）北邊去吧，好到港口乘船；

　　（合唱）唉呀真巧，我們的想法竟然一樣！

（4）（女）kaita kaita puwarikana ba-a,

　　（男）ankemayu i aDi ta semangaL(e) amaw?

　　（女）inaba isuwa eba?

　　（男）kaita muDayaya, inaba tu baliyaw ta Da kabaayan;

　　（合唱）aiwuwa pawuwa eba-a, matatika ta nirangeran.

　　（女）我們放牛去吧，哥哥；

（男）你既這麼說，我怎能不歡喜呢？

（女）往哪裡好呢？

（男）西邊去吧，好讓藤蔓遮蔭；

（合唱）唉呀真巧，我們的想法竟然一樣！

〔註釋〕

1. sanpu，外來語，即散步。

2. muyisaT Da katamina-an，即上船、搭船的意思。此句翻譯補上「港口」一詞，是為順文氣，並配合前後各段之句型。katamina-an的字根為「tamina」，乃日語「船」的意思。

3. 各段第五句，原來應該由女方唱，所以才說「aiwuwa pawuwa eba-a」（唉呀真是的，哥哥）；但後來皆改由男女合唱，故將「哥哥」（eba-a）省略了，譯作：「唉呀，真巧，我們的想法竟然一樣！」matatika，乃相合、互通的意思。

9.當兵好

詞曲：陸森寶

$\frac{2}{4}$

当兵 好　　　 当兵 好 a-ma-wu na ma— 'a— yir
　　　　　　　　　就是　　那　保衛者

当兵　好　　　 当兵　好 a-ma—wu na me-re—'a-'a—Law
　　　　　　　　　　　　守護者

ta—'e-san la　mu-ta—Da-ta— Daw　a— La-yan la　mu-ku-wa-ku—wang
配帶　　刀　　　　　　　　　背上　　槍

ka-sa—ya-sa— ya-yu tu　hi- ko—ki l　ka-sa—ya-sa— ya-yu tu　sa-su—dan 2
一架一架　　　　　飛機　　一艘一艘　　　　船艦

ho—i—yo yan—hoi—yan　　　a— Di ka-wulep i　Li— ku— Dan
　　　不會　　擔憂　　　　後方

ai-Di—ni　mi na　wu-ru-sa-su—lud　　　pu— ke—Dang ka-n(e)
有我們　　　　　頂住　　　　　　給糧　　你們

mu　　　hei-yan　　ho— a— i— ya— yan

〔題解〕

〈當兵好〉應該算是陸森寶的應景之作。其實，台灣在民國四十、五十年代，最活絡的藝文活動就是「勞軍」，對原住民而言，那也是表達效忠的一種形式。南王部落那段時期，在縣議員南信彥的鼓勵支持下組成了南王民生康樂隊，巡迴各地表演，風靡一時。陸森寶參與了樂團訓練、指導的工作，這首歌就在這樣的環境下寫成的。

〔翻譯〕

當兵好，當兵好，
amawu na ma'ayir；
當兵好，當兵好，
amawu na mere'a'aLaw .
ta'esan la mutaDataDaw，
aLayan la mukuwakuwang；
kasayasayayu tu hikoki，
kasayasayayu tu sasudan，
hoiyo yanhoiyan .
aDi kawulep i LikuDan，
aiDini mi na wurusasulud，
pukeDang kan(e) mu，
heiyan ho-a-i-yayan .

當兵好，當兵好，
他是那保衛者；
當兵好，當兵好，
他是那守護者。
配上尖刀，
背起長槍；
敵機一架一架打下，
敵艦一艘一艘擊沉，
吼依喲依吼央。
別擔憂後方，

有我們頂住，

給你們力量，

吼依央吼啊依也央。

〔註釋〕

　　1. hikoki：日語，飛機。

　　2. sasudan：日語，船艦。

10. 美麗的稻穗

buLai naniyam kaLaLumayan

詞曲：陸森寶

$\frac{4}{4}$ | 2 3 2 1 3 5 | 6 − − − | i 6 5 3 2 | 1 6 5 65 3 2 |

① pa−sa− Law bu− Lai　　　na−ni−ya−m　ka−La−Lu− ma−
　　非常　　　美麗　　　　　　我們　　　　　稻穗
② pa−sa− Law bu− Lai　　　na−ni−ya−m　ka−a−ong− Da−
　　　　　　　　　　　　　　　　　　　　鳳梨
③ pa−sa− Law bu− Lai　　　na−ni−ya−m　ka−Da−zo− Li−
　　　　　　　　　　　　　　　　　　　　造林

| 3 · 3 3 − | 3 − 5 3 2 | 1 5 5 6 5 | 3 5 5 32 3 · 3 |

①−yan ga−rem　　ho−i−　yan ho−i− ya−n na−　Lu−ha−i−
　　現在
②−yan ga−rem　　ho− i−　yan ho−i− ya−n na−　Lu−ha− i−
③−ngan ga−rem　　ho− i−　yan ho−i− ya−n na−　Lu−ha− i−

| 3 − − − | 2 2 2 1 3 − | 3 3 1 2 2 2 1 | 1 6 2 2 6 1 |

①−yan　　a−da− le−p mi　　　a−da− le−p　mi e−ma−re− 'a−
　　　　接近　　　　　　　　　　　　　收割
②−yan　　a−da− le−p mi　　　a−da− le−p　mi pe− na−Li−
　　　　　　　　　　　　　　　　　　　載運
③−yan　　a−da− le−p mi　　　a−da− le−p　mi e−ma−re− ka−
　　　　　　　　　　　　　　　　　　　砍伐

| 6 · 5 6 · 6 | 6 − − − | 5 3 2 1 5 | 5 6 5 3 5 3 |

①-ni　yo−ho− i− yan　　　ho−i−　yan ho−i −yan na−　Lu−
②-Ding yo−ho− i− yan　　　ho−i−　yan ho− i −yan na−　Lu−
③-wi　yo−ho− i− yan　　　ho−i−　yan ho− i −yan na−　Lu−

```
| 6 6  6  6 65 | 3  5 3  3 — | 3 — 2 2  2 1 | 3 — — 3 1 |
```

①	-hai— yan hi—ya	o ho—i—yan	pa- ti-ya-ga— mi
			捎信

②	-hai— yan hi—ya	o ho—i—yan	a- pa—a—a— te—	D(e)
			寄送	

③	-hai— yan hi—ya	o ho—i—yan	a-sa-sa-nga— a —	n
			打造	

```
| 2 2  2 1  1  62 | 2 6  1  6·5 | 6—6 — | 6—0  0 |
```

① pa-ti—ya-ga—mi kan ba— li　　e—tan　i　king—mong

　　　　　　　　　　　　　　　　　　　　　　金門

② a—pa—a—a—teD kan ba— li　　e—tan　i　king—mong

③ a—sa—sa-nga-an　sa—su—dang　pu—ka　i　king—mong

　　　　　　船

〔題解〕

　　這是陸森寶最膾炙人口的作品，亦是為八二三炮戰前線的卑南族子弟寫的。模擬女性的心情，撫慰戰火中男兒的苦難。一九八〇年代，卑南族名歌手胡德夫，更將這首歌推給整個台灣社會，不但成為民歌世代共同的記憶，也是原運青年最強而有力的鼓舞力量。

　　陸森寶的手抄本裡，這首歌原題作〈豐年〉，依歌詞內容，此曲之創作背景，的確是七、八月間的收穫季節，名實極為相符；但，其寄寓卻在名實之外，實在值得玩味。天主教版保留了原名，陸賢文版則順應流行的稱法，題作〈美麗的稻穗〉（buLai naniyam kaLaLumayan）。

〔翻譯〕

（1）pasaLaw buLai naniyam kaLaLumayan garem，

　　　hoiyan hoiyan naLuhaiyan，

　　　adalep mi adalep mi emare'ani yohoiyan，

　　　hoiyan，

　　　hoiyan naLuhaiyan，

　　　hiya o hoiyan，

　　　patiyagami patiyagami kan bali etan i kingmong．

　　　結實纍纍呀，我們今年的稻穀，

吼依央吼依央那魯嗨央，
我們就接近了，接近收割的日子，
吼依央，
吼依央那魯嗨央，
依呀喔吼依央，
我要捎信，捎信給在金門的哥哥。

（2）pasaLaw buLai naniyam kaaongDayan garem ,
hoiyan hoiyan naLuhaiyan ,
adalep mi adalep mi penaLiDing yohoiyan ,
hoiyan ,
hoiyan naLuhaiyan ,
hiya o hoiyan ,
apa-a-ateD(e) apa-a-ateD kan bali etan i kingmong .

長得好啊，我們今年的鳳梨，
吼依央吼依央那魯嗨央，
我們就接近了，接近載運的日子，
吼依央，
吼依央吼依央那魯嗨央，
依呀喔吼依央，
我要寄送，寄送給在金門的哥哥。

（3）pasaLaw buLai naniyam kaDazoLingan garem ,
hoiyan hoiyan naLuhaiyan ,
adalep mi adalep mi emarekawi yohoiyan ,
hoiyan ,
hoiyan naLuhaiyan ,
hiya o hoiyan ,
asasangaan asasangaan sasudang puka i kingmong .

茂盛高大呀，我們今年造的林木，
吼依央吼依央那魯嗨央，
我們就接近了，接近伐木的日子，
吼依央，
吼依央那魯嗨央，
依呀喔吼依央，
我要打造，打造船艦到金門。

11. 思故鄉

sare'eD i kaDekalan 1

詞曲：陸森寶

$\frac{4}{4}$　3 3 | 6 — 6 i 6 5 | 6 — i 6 5 | 6 6 6 — | 6 — 3 5 6 5 |

① te-ma—bang ku pi—ya-La—wuD pi—pu— ya—yu—ma 　 a — i —
　眺望　　　東方　　　　向普悠瑪　　　　　　　有

② te-ma—bang ku pi—ya-La—wuD pi—pu— ya—yu—ma 　 a — i —
　眺望　　　東方　　　　向普悠瑪　　　　　　　有

| 3 2 5 3 2 1 6 1 2 | 3 · 5 6 6 5 5 | 3 2 1 2 3 — | 3 — 3 3 5 |

①-Du a ka-hi-ko-ki— ya— n 2 a—mu-wa-La—wuD ho—i-yan 　 a—wu—
　　飛機　　　　　　　向東方　　　　　　　往

②-Du a ka-Li—'a-ya—ma n a—mu-wa-bi— yi ho—i-yan 　 a—wu—
　　鳥　　　　　　　飛　　　　　　　去

| 6 5 3 2 1 | 2 5 3 5 3 — | 5 3 2 1 6 1 | 6 — — — |

①—ka la me-na— na-wu — wa i La—Lu — wa—nan 3
　　　看　　　　　　　迎獵門

②—ka la se-ma— se-ka— Da i pa-La — ku— wan
　　　遍訪　　　　　　　會所

| 3 3 1 2 3 5 3 | 3 — 6 6 5 3 | 5 6 i 6 6 — | 6 — 2 2 |

① pa'a-bal 4 a ba-nga-nge-sa— ran pu'a - puT a bu-La—bu-La—yan 　 se-pe—
　成隊　　青年們　　　　獻花　　少女們　　　　想念

② muwa-rak a ba-nga-nge-sa— ran kure-di—kes a bu-La—bu-La—yan 　 sere- 'e—
　跳舞　　青年們　　　　扶手　　少女們　　　　想念

| 6 · 1 2 1 | 2 5 3 5 3 — | 3 — 6 5 3 | 6 5 3 3 2 |

①- nga— n Da ri-sa-ri— san 　 a—i — Di ku i ka-king—
　　同伴們　　　　　在　　我

②-Dan Da i—nu-Li-sa— wan 　 a—i — Di ku i ka-king—
　　相聚　　　　　在　　我

① － mo－ngan
金門

② － mo－ngan
金門

〔題解〕

　　〈思故鄉〉是陸森寶原來的題目，三個版本一致。這首歌與〈美麗的稻穗〉相互呼應，可以視為一組。同樣以「八二三」為背景，只是這首歌是以前線「戰士」的心境寫的。詞曲哀怨，令人不勝唏噓。

　　歌詞方面，天主教版完全依照手抄本版，陸賢文版在副歌部份，有一處用字上有差異更動（詳見註釋）。此外，本歌另有流行版，收錄在後。

〔翻譯〕

（1）temabang ku piyaLawuD pipuyayuma ,

　　　aiDu a kahikokiyan amuwaLawuD , hoiyan ;

　　　awuka la menanawuwa i LaLuwanan .

　　　pa'abal a bangangesaran ,

　　　pu'apuT a buLabuLayan .

　　　sepengan Da risarisan ,

　　　aiDi ku i kakingmongan .

　　　我向東方眺望，朝著普悠瑪，
　　　一架飛機往東飛，吼依央：
　　　它要去探望迎獵門。
　　　青年成隊跑步，
　　　少女獻上花環。
　　　想念伙伴們啊，
　　　我守在金門。

（2）temabang ku piyaLawuD pipuyayuma ,

　　　aiDu a kaLi'ayaman amuwabiyi , hoiyan ;

　　　awuka la semasekaDa i paLakuwan .

muwarak a bangangesaran，

kuredikes a buLabuLayan．

sare'eDan Da inuLisawan，

aiDi ku i kakingmongan．

我向東方眺望，朝著普悠瑪，

有鳥在飛，吼依央；

牠要去探訪會所。

青年們跳舞，

少女們緊牽著手。

想念相聚的日子，

我守在金門。

〔註釋〕

1. 陸賢文版的族語題目作〈sare'eD i kaDekalan〉，即「思念部落（故鄉）」的意思，天主教版則題作〈temabang ku piyaLawuD〉，即「向東眺望」的意思。

2. kahikokiyan，hikoki為日語「飛機」。

3. Luwanan，是卑南族大獵祭快結束時，婦女們為將從獵場下山的男士們搭建的迎獵場所，有的部落將其稱作「凱旋門」。那是獵場和部落之間的轉換場，也是除喪的第一個地點。

4. 「pa'abal」是陸賢文的用詞，在陸森寶的原稿中用的字是「paLaiLai」，指獵場下山後，由「Luwanan」返回部落時，盛裝的青年人成隊小跑步沿路護衛老人的情形。

〔流行版本〕

（1）temabang ku piyaLawuD pipuyayuma，

　　aiDu a kaLi'ayaman amuwabiyi，hoiyan；

　　　　　鳥　　　　　飛

　　awuka la meredeka i kaDekalan．

　　　　　　到達　　部落

　　あんちゃん思うなね，

　　あの子は元氣かね？

　　asuwa ku wuwaruma'an，

　　何時　　回家的日子

　　aiDi ku i kakingmongan．

　　在　我　　金門

我朝東方眺望，向著普悠瑪，
一隻鳥在飛，吼依央；
牠要飛抵部落。
親愛的想著你啊，
那個她一切可好？
何時才是回家的日子，
我在金門。

（2）temabang ku piyaLawuD pipuyayuma ,
aiDu a kahikokiyan amuwabiyi , hoiyan ;
　　　　　飛機
awuka la semasekaDa i kaDekalan .
　去　　　遍訪　　部落
あんちゃん思うなね，
あの子は元氣かね？
amanai ku masasupengan ,
什麼東西　　思念
aiDi ku i kamazoan .
　　　　馬祖

我朝東方眺望，向著普悠瑪，
一架飛機在飛，吼依央；
它要遍訪部落。
親愛的想著你啊，
那個她一切可好？
何時才是回家的日子，
我在馬祖。

12. 海祭

a senai Da muLaLiyaban

詞曲：陸森寶

$\frac{4}{4}$ | 6 65 i 6 | 2i 6i 65 3 | 2 12 35 65 | 3 - - - |

① wu-ni— ya—n Da ka-bi-ni— a—n ki— na— Di— wan
　　沒有　　　　　種籽　　　　在　　家鄉

② a— ma— wu la na ka-sa-nga-La—n Da te-mu—wa— mu— wan
　　是　　　　歡喜　　　　　祖先

| 35 6 i 6 23 | 1 6̣ 3 65 | 32 13 21 6̣ | 6̣ - - - |

① tu a—ya—a— ya— a—w pa-re— dek i ka-ba-bu— Tu— lan
　　尋找　　　　到　　　蘭嶼

② i — nu— ka-se-ma-ba-l pa-ke-la— Da-m i ka-ru— ma— 'an
　　起早　　　告知　　　祖靈屋

| 3 · 5 6 i 65 | 3 - i 65 5 | 6i 2i 2i 65 | 6 - - - |

① tu a— Te-bu-nga-i la ka— se-ma— nga— La—n la
　　找到　　　了 歡樂

② ma— si-ka-si-k la mu— La— Li— ya— ba— n la
　　出發　　　海祭

| i 6i 65 3 | 2 · 1 3 - | 3 · 5 6 56 | i 6 2i i |

① tu la— se— la— se—Daw ma— ru— wa-ru—wa la
　　藏匿　　　　可以

② me-re— siu- k a miya—be-tan pa — ke-la— Da—m a
　　炊煮　　　年輕人　　告知

| 3· 1 2 1 6 | 6 − − − | 3 3 3 5 6 1 | 6 6 5 3 2 5 |

① pu— ki—Da— ya— yan　　tu　　pu— bi— ni—ya— na— i
　　送往西岸　　　　　　　　　播種
② ma— 'i— Da— ngan　ka—ra—　su—nga-L　la ka-ra—pe—Ti- k
　　老祖先　　　　　　　祭拜　　　　　獻酒

| 3 − − − | 6̣ 2 2 ·1 | 3 5 6 5 3 ·1 | 2 3 5 2 1 6̣ |

① la　　tu　sa—　pu—　sa—　　　pu— ra— w
　　　　　　　　　繁衍
② la　　te—ma—ra pu—ma— de— ru　la kan-Di ma— 'i—
　　　　供奉　　米飯　　　　　　這　　祖先

| 6̣ − − − | 6 − 1 1 | 6 1 5 6 5 3 | 3 − 5 − |

① la　　tu pa—re— de—ka— na— i la ka—
　　　　　延續
②—Dang　a—me—li a ra— re— Ta— 'an bu—
　　　　不是　　放棄　　　　良善

| 6 1 6 5 3 5 6 | 6 − − − ‖

① — n— ta ga— rem
　　　　至今
②—Lai a ka-ku—wa-ya— nan
　　　習俗

〔題解〕

　　陸森寶領洗之後，大部份的精力都集中在聖歌的創作上。〈海祭〉作於一九八五年，是他晚年之作，和他最後的遺作〈懷念年祭〉，可以看成是他重返卑南族傳統的標誌。這首歌的背後，有一段南王部落和蘭嶼人之間的傳說故事，敘述南王人前往蘭嶼偷小米種籽的經過，這是〈海祭〉的由來，是南王人感恩、回饋的祭儀。陸森寶將傳統故事入歌，唱法亦如說古，平鋪直敘、娓娓道來。海祭是南王人最不同於其他卑南族部落的儀式，陸森寶晚年用歌傳述它，是他的文化研究用音樂寫成的報告。

〔翻譯〕

（1）wuniyan Da kabinian i kinaDiwan，
　　　tu ayaayaaw paredek i kababuTulan，
　　　tu aTebungai la，kasemangaLan la，
　　　tu laselaseDaw，maruwaruwa la pukiDayayan，
　　　tu pubiniyanai la，tu sapusapuraw la，
　　　tu paredekanai la kanta garem．

　　　家鄉沒有種籽，
　　　尋找到蘭嶼；
　　　找到了，高興了，
　　　將它藏匿起來，終於可以帶回西邊。
　　　種下它，讓它繁衍，
　　　延續至今。

（2）amawu la na kasangaLan Da temuwamuwan，
　　　inukasemabal pakelaDam i karuma'an，
　　　masikasik la muLaLiyaban la，
　　　meresiuk a miyabetan，pakelaDam a ma'iDangan，
　　　karasungaL la，karapeTik la，
　　　temara pumaderu la kanDi ma'iDang，
　　　ameli a rareTa'an，buLai a kakuwayanan．

　　　祖先歡喜的日子到了，
　　　及早到祖靈屋祭告：
　　　出發，去海祭，
　　　年輕人煮小米，老人家禱祝，
　　　祭拜，獻酒，
　　　向祖先供奉。
　　　不該放棄，這是美善的習俗。

13. 歡喜的日子
kasemangaLan　kan　Yese

詞曲：陸森寶

$\frac{2}{4}$ | 3 66 | i i 6 | 6 i 2 i | 6 · i | 65 32 | 3 − | 3 − |

a　ka-se− ma-nga-Lan　Da ka- wa-ri− ya−　　n(e) ga−　rem

歡喜　　　　　日子　　　　　　　今天

| 3 23 | 1 1 6 | 35 6 i | 6 35 | 3 23 | 1 6 | 6 − | 6 − |

a　wu-wa− ka-sa- yan　ka-na i−n− Tab ka-na　ka-La−　La- ngi− Tan

一同　　　　　　覆蓋　　　　　天

| 62 22 | 21 6 | 12 532 | 3 − | 6 33 | 22 16 |

a− ka−sa-nga−Lan　　a- ka−se-na− yan　kan- Du i　ma-'i−Dang i

| 12 33 | 3 − | 6 6 | 6 i 2 i | 6 65 | 6 i 65 | 3 − |

de−　ma−wai　ka− la　pu-Li−gu-wa ta Da-tu　ka-Li− nga-La−　dan

造物主　　　　讚美　　　　　名

| 5 3 | 35 6 | 66 · 6 | 5 6 · i | 6 − | 6 − | i 6 | 65 32 |

ka−n(e) i　Ye− se-ki− ri−s−to　　　　wu-ni− ya−　n

沒有

〔題解〕

　　這是一首讚頌耶穌基督的聖歌，通常在彌撒進堂時詠唱，表示主日是一個歡天喜地的日子。天主教版及陸賢文版皆題作〈基督為王〉，但陸森寶之手抄本則題作〈アカスマガラヌ〉（akasemangaLan，喜びの日），此處改依原作者。

〔翻譯〕

a kasemangaLan Da kawariyan(e) garem,

a wuwakasayan kana inTab kana kaLaLangiTan;

a kasangaLan, a kasenayan,

kanDu i ma'iDang i demawai;

kala puLiguwa ta Datu kaLingaLadan kan(e) i Yesekiristo,

wuniyan Da pinaluwan

tu Lamanan kanta,patalimulepus iDu.

今天是普天同慶的日子
歡欣讚頌
永生的造物主。
讓我們來讚美基督聖名，
祂的憐憫永無止盡，
直到永遠。

14. 光榮頌

muLiguwa i Ama na demawai

詞曲：陸森寶

$\frac{2}{4}$ | 6 6 | 6 · 1 | 2 1 65 | 3 65 | 6 · 3 | 5 33 | 23 32 12 |

ka—Di ma—ka— sa— T mu—Li-gu—wa i A—ma na de—ma—
在 天 光榮 父 造物主

| 3 — | 3 — | 3 · 5 | 6 · 1 | 65 66 | 32 53 | 2 2 | 1 2 |

—wai na 'i— ya—na-ba—ya— n ka—Di i da—
平安 在 地上

| 3 — | 23 21 | 6 2 | 21 6 | 5 6 | 6 — | 6 — | 1 66 |

—re wu— da— wa— i ta ta ka-ra—
形成 歡慶

| 6 1 | 31 2 | 1 2 | 3 32 | 1 2 | 5 32 | 3 — | 6 65 |

se— ma— nga— La—w ta ka-ra su— nga— Law ta ka-ra
敬拜

| 6 1 | 65 3 | 3 — | 5 3 | 35 65 | 6 · 1 | 65 6 | 3 65 |

pa—ka— bu— La— yaw i na mu—Li— gu na de—ma—
讚美 聖 造物主

‖ 6 — │ 6 — │ 2 2 2 1 │ 2 3 2 │ 1 2 │ 3·5 │ 6 5 3 2 │

—wai　　i A—ma na　de—ma— wa—i　tu ya— wan i ma—ka—
　　　　　　　　　　　　　　　　　首領　　上天

‖ 3 — │ 3 3·3 │ 5 3 │ 3 5 │ 6·5 │ 6 6 │ 2 1 │ 1 3 2 │ 2 1 6 │

—sa—　　T na wu— ni— ya-n(e)　Da ki— na—　　　wu
　　　　沒有　　　　　不知道的

‖ 6 — │ 6 — │ 6 6 6 │ 6 2 1 │ 6 1 │ 1 6 │ 6 5 3·3 │ 3 — │

—Lid　　na mi-sa— sa　tu wa— la— k kan A—ma na
　　　　單獨　　　　　兒子

‖ 1·2 │ 5 3 │ 6 5 3 │ 3 3·3 │ 5 3 │ 3·5 6·6 │ 6 — │ 6 — │

de— ma— wa—i　i　Ye— s— ki— ri—　s— to l
　　　　　　　耶穌基督

‖ 1 6 │ 6 1 │ 3 3·2 │ 1 3 │ 2 2 1 │ 6 1 2 │ 3 — │ 5 3 │

i yu na me— La—La— pu—s ka—na pa— me—li— yan ka—la
　　　　除免　　　　　罪惡

‖ 2 1 2 3 │ 3 — │ 3 — │ 6 6 5 │ 6 1 │ 6·1 │ 6 5 3 │ 2 1 6 │

la— ma-nu mi　　i yu na se—ma—ba—be— sa— b ka—na ra—
垂憐　我們　　　　祢　洗滌

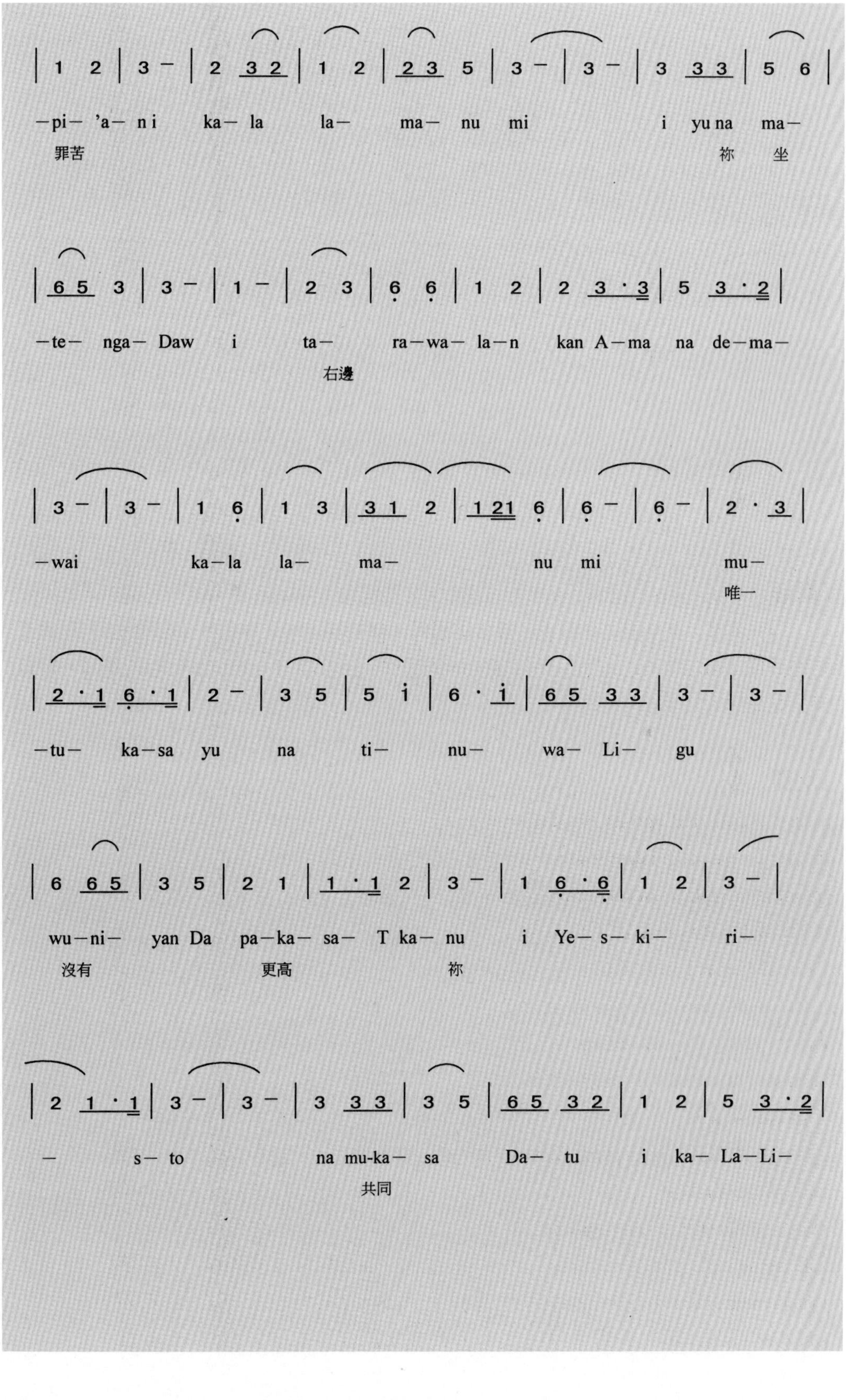
—pi— 'a— n i ka— la la— ma— nu mi i yu na ma—
罪苦 祢 坐
—te— nga— Daw i ta— ra—wa— la—n kan A—ma na de—ma—
右邊
—wai ka—la la— ma— nu mi mu—
唯一
—tu— ka—sa yu na ti— nu— wa— Li— gu
wu—ni— yan Da pa—ka— sa— T ka— nu i Ye— s— ki— ri—
沒有 更高 祢
— s— to na mu-ka— sa Da— tu i ka— La—Li—
共同

〔題解〕

　　〈光榮頌〉是彌撒「進堂式」最後的讚頌，集禱經之後，便進入「聖道禮儀」，是天主教彌撒中極為重要的經文。陸森寶的族語翻譯，字字精準，若沒有堅固的信德，很難有如此深刻的文字掌握和理解。

〔翻譯〕

kaDi makasaT muLiguwa i Ama na demawai,

na 'iyanabayan kaDi i dare wudawai ta.

ta karasemangaLaw ,ta kara sungaLaw,

ta kara pakabuLayaw ,

i na muLigu ,na demawai.

i Ama na demawai,tu yawan i makasaT,

na wuniyan(e) Da kinawuLid.

na misasa tu walak kan Ama na demawai

 i Yesekiristo,

i yu na meLaLapus kana pameliyan ,

kala lamanu mi;

i yu na semababesab kana rapi'an i ,

kala lamanu mi;

i yu na matengaDaw i tarawalan

kan Ama na demawai,

kala lamanu mi.

mutukasa yu na tinuwaLigu,

wuniyan Da pakasaT kanu

i Yesekiristo;

na mukasa Datu i kaLaLigu

kana seiLei.

i Ama na demawai,

kemaya mi.

天主在天受光榮，主愛的人在世享平安。

主、天主、天上的君王，全能的天主聖父，

我們為了祢無上的光榮，

讚美祢、稱頌祢、朝拜祢、顯揚祢、感謝祢。

主、耶穌基督、獨生子；

主、天主、天主羔羊，聖父之子；

除免世罪者，求祢垂憐我們，

除免世罪者，求祢俯聽我們的祈禱。

坐在聖父之右者，求祢垂憐我們；

因為只有祢是聖的，

只有祢是主，

只有祢是至高無上的。

耶穌基督，祢和聖神，同享天主聖父的光榮。

阿們。

（本譯文直接引自彌撒經文）

〔註釋〕

1. Yesekiristo：日語，耶穌基督。

2. seiLei：日語，聖靈。

15. 祝賀神父

muyisaT　mutu　ragan

詞曲：陸森寶

$\frac{2}{4}$ | 6 6 6 | 6 i 2 i | 6 i | i 6 | 6 5 3 | 3 − | 3 − | 3 · 5 |

① ta Di—yan ma-sa—sa-nga— La　ma-pi—ya— pi —ya　　pi — nu
　　我們來　　　歡慶　　　　　全部　　　　　　　　已戴上花環
② ta Di—yan se-na—se-na— ya— i　mu-ka—sa— ka— sa　　pi — nu
　　　　　　歡唱　　　　　一同　　　　　　　　　已戴上羽毛
③ ta Di—yan u-wa—ra-ka— na— i　i—nu—wa—Du— kan　　pi — nu
　　　　　　歡跳　　　　　聚集　　　　　　　　已著裝

| 6 i | 6 5 | 3 5 | 2 1 | 6 | 1 | 3 2 | 3 | 2 32 | 1 6 | 6 − | 6 − |

① a—pu—Tan　pi-na—ka-bu— Lai la　i—Di bang —　sar
　　已著裝　　　　　了　這個　　青年
② i—ri—san　pi-na—ka-bu— Lai la　i　na　pi—na-mi— Li
　　　　　　　　　　　這　被揀選者
③-ki—ru-wa-nan　pi-na—ka-bu— Lai la　i　na　pi—na-ra— gan
　　已裝扮　　　　　　　這　祭司

| 1 2 | 3 3 | 3 2 | 1 3 | 6 · i | 6 5 | 3 3 | 3 − | 3 − |

① a-ma—wu na ti—nu-Du　na　　pi-nu-ba-ti— yan
　　是 那 被指定　那　　被預許的
② Ti-nu-Tu-wa— lan　la ta pa—ka— ka— la— ngan
　　已開　　　　　道路
③ pi-na—se-na— nan　la ta u— wa— ba— ka— ran
　　光照　　　　　成長

〔題解〕
　　一九七二年卑南族知本部落的洪源成、曾建次兩位修士晉陞神父，這是天主教傳入卑南族地區頭等重要的大事，族人皆同感榮耀。剛領洗年餘的陸森寶更感恩寵滿溢，他因而寫下了這首歌。天主教版及陸賢文版皆題作〈神職晉鐸〉，但陸森寶的手抄本題作〈祝賀神父〉，故改訂之。之後，兩位神父，蒙上主眷顧，曾建次神父被選任為原住民第一任輔理主教；而洪源成神父神修精進，為族人愛戴。

〔翻譯〕
（1）ta Diyan masasangaLa mapiyapiya，
　　　pinu apuTan pinakabuLai la iDi bangsar，
　　　amawu na tinuDu na pinubatiyan，
　　　chen-sen-hu，ta kuwarenangan，
　　　muisaT na kangaLadan i punuyumayan

我們同來歡慶，
已為這個青年
戴上花環，裝扮完成。
他是被指定，被預許的：
曾神父，我們要跟隨的
（因為你）卑南族的名聲被舉揚。

（2）ta Diyan senasenayai mukasakasa，

　　　pinu irisan pinakabuLai la i na pinamiLi，

　　　TinuTuwalan la ta pakakalangan，

　　　hong-sen-hu，ta kilengawan，

　　　semenan na kangaLadan i punuyumayan

我們同來歡唱，
已為這個被揀選的
戴上羽毛，裝扮完成。
我們的道路，已被打開：
洪神父，我們要聽從的
（因為你）卑南族的名聲被照耀。

（3）ta Diyan uwarakanai inuwaDukan，

　　　pinukiruwanan pinakabuLai la i na pinaragan，

　　　pinasenanan la ta uwabakalan，

　　　chen-sen-hu，hong-sen-hu，

　　　muLiguwa na ngaLad mulepulepus．

我們同來歡跳，
已為這祭司
著裝打扮。
我們的前途，已被光照，
曾神父，洪神父
光榮名聲直到永遠。

16. 讚揚儲蓄互助社

buLai　nanta　gojiosia₁

詞：陸森寶
曲：日本歌謠

$\frac{2}{4}$ | 6̣ 6̣ 6̣ 5̣ | 6̣ 6̣ 1 2 | 3 · 2̲1̲ | 3 − | 6 6 5 6 | 3 3 2 5 |

① a−n− ta ki− sa-sa−ya i ma− ki−teng　　an-ta ka-sa− yi-ma−ya-i
　　　　單獨　　　　　小　　　　　　　　　　　　少
② a−n− ta ki− sa-sa−ya i ma− ki−teng　　an-ta ka-sa− yi-ma−ya-i

③ a−n− ta ki− sa-sa−ya i ma− ki−teng　　an-ta ka-sa− yi-ma−ya-i

| 2 · 2̲1̲ | 6̣ − | 3̲ 3̲ 3̲ 5̲ | 6̣ 6̣ 1 2 | 3 · 2̲1̲ | 3 − | 2 2 2 5 |

① pu− wa− ri　a-n− ta wu− ka-sa−yai i　pa−La− mu　a−n− ta ka−
　　慢　　　　　　　　　　　　　　快　　　　　　多
② pu− wa− ri　a-n− ta wu− ka-sa−yai i　ma−ke− ser　a−n− ta ka−
　　　　　　　　　　　　　　　　　　強
③ pu− wa− ri　a-n− ta wu− ka-sa−yai i　a− ri− yi　a−n− ta ka−
　　　　　　　　　　　　　　　　　　快

| 2̲1̲ 6̲̣5̲̣ | 1 6̣ 6̣ | 6̣ − | 6 6 6 6 | 6 · 5 | 6 5 3 5 |

①-Du-wa−nai i　e−　sa− Du　ta ru−ke-Da− nga−w　ta　pi-sa−
　　　　　　　多　　　　　　支持　　　　　　　團結
②-Du-wa−nai i　ma−　Ti− na　ta　La-pu− sa− w　na−　n-ta
　　　　　　　大　　　　　　放下
③-Du-wa−nai i　mu−　yi− saT　pa-Li−gu-wa− na− i　na-nga- Lad i
　　　　　　　上升　　　　　榮耀　　　　　　　名

〔題解〕

　　一九七○年八月二十八日，在瑞士籍賀石神父的推動下，南王成立儲蓄互助社。這是一種寓小額貸款於儲蓄的互動機制，藉大家的力量幫助大家。陸森寶不但成了互助社忠實的社員，還特別為它寫了兩首歌。〈讚揚儲蓄互助社〉即是第一首，是陸森寶在一天內改編自日本歌謠的作品，有戰鬥的節奏，能鼓舞士氣。這首歌後來也成了南王儲蓄互助社的社歌。陸森寶過世那年年底，互助社特別將歌詞連同簡譜製成紀念座，以誌不忘。另外一首〈達到六千萬〉，寫於一九七七年。那一年南王互助社的股金累積到三千萬元，為鼓勵大家再接再厲，陸森寶寫下這首歌，要求族人向六千萬邁進。

〔翻譯〕

（1）anta kisasaya i makiteng,

　　　anta kasayimayai i puwari,

　　　anta wukasayai i paLamu,

　　　anta kaDuwanai i esaDu.

　　　ta rukeDangaw, ta pisa'uranai,

　　　maba-a-ba-awa ta,

　　　buLai nang-o gojiosia.

　　　單獨一人力量小，

　　　數目少，成長慢，

齊力合作成就快，
人多，積累也多。
支持、團結、互助；
美哉，南王互助社。

（2）anta kisasaya i makiteng,
anta kasayimayai i puwari,
anta wukasayai i makeser,.
anta kaDuwanai i maTina.
ta Lapusaw nanta rapi'an,
pana'ana ta kuresangeDal,
 buLai nang-o gojiosia.
單獨一人力量小，
數目少，成長慢，
齊力合作力道強，
人多，積累也大。
掙脫勞苦，
真實依靠。
美哉，南王互助社。

（3）anta kisasayai makiteng,
anta kasayimayai i puwari,
anta wukasayai i ariyi,
anta kaDuwanai i muyisaT.
paLiguwanai nangaLad i puyuma,
tu batibatiyana,
buLai nang-o gojiosia.
單獨一人力量小，
數目小，成長慢，
齊力合作成果提升。
榮耀普悠瑪的名聲，
成為口碑。
美哉，南王互助社。

〔註釋〕
　1. gojiosia：日語，互助社。
　2. nang-o：日語，南王。

17. 天主之母

i yu ina

詞曲：陸森寶

$\frac{2}{4}$ | 1 32 | 3·5 | 3 32 | 1 6 | 1 32 | 3·1 | 321 1 |

① i yu i— na—(a) na la-ma-n ka— ni—
祢　　母　　　　　　　　　憐憫　我們

② i yu i— na—(a) na i-nu- ka— sa—
共同的

C
| 1 — | 1 — | 1 6 | 1 32 | 3 31 | 2 32 | 1 6 | 6 26 |

①—yam Du—wa mi e—ma—ya—(a) kan nu ki—ba—a—
來　我們　　　找　　　　祢　靠

②—yan na—ni—ya— m da—da—La—n (n)i ri wa—ki pa—
道路　　　清掃　照亮

Am
| 1 6 | 6 — | 6 — | 3 3 | 3·6 | 5 35 | 6·6 | 65 32 |

①—wa kan nu ke—De—ngu mi a— Di a— La—La— pu-si
帶領　　　不要　　　放手

②—se—na— ni puke- Da— ngi mi a— Di pa— re— 'a— te—li
給力量　　　　　遺棄

| 3 — | 3 — | 5 35 | 6 56 | 3 2 1 | 6 1 | 21 23 | 3 21 |

① mi na mi—pa— me— li— ya-n(e) le— 'a-La- wi mi
我們的　罪過　　　　護佑

② mi na ma—i— ra— pi— 'an-(e) pa-La—La—da—mu mi
勞苦　　　　　教導

| 2 32 | 1 6 | 6 — | 6 — |

① ka— a i—na— a
母親

② ka— a i—na— a

〔題解〕

　　聖母瑪利亞在天主教信仰中有著獨特的地位。這首〈天主之母〉通常在彌撒之後獻唱，懇請聖母繼續轉求。陸森寶手抄本題作〈聖母歌〉，但天主教版及陸賢文版皆題作〈天主之母〉，從之。

〔翻譯〕

（1）i yu ina-(a) na laman kaniyam,
　　　Duwa mi emay-(a) kan nu kiba-awa kan nu.
　　　keDengu mi aDi aLaLapusi mi,
　　　na mipameliyan(e) le'aLawi mi ,
　　　ka-a ina-an.

　　　祢，憐憫我們的聖母
　　　我們來尋找祢、投靠祢，
　　　請帶領我們，莫放手。
　　　我們的罪過，求祢迴護
　　　聖母啊……。

（2）i yu ina-(a) na inukasayan,
　　　naniyam dadaLan (n)i riwaki pasenani.
　　　pukDangi mi aDi pare'ateli mi,
　　　na mairapi'an-(ne) paLaLadamu mi,
　　　ka-a ina-an.

　　　祢，我們共同的母親
　　　我們的道路求祢清理、照亮，
　　　賜給我們力量，莫遺棄
　　　我們的勞苦，求祢開導
　　　聖母啊……。

18. 再見大家

kaiku la aLi-aLiya

詞曲：陸森寶

$\frac{4}{4}$ | 3 5　5　5 - | i 5　6 5　3　1 2 | 2 · 6　5 2　3 2 | 2 - - - |

① ka-i— ku la　a- Li— a-Li-ya　ka-i— ku la　a-na— a-na— ya₁
　要走了　　　　男伴們　　　　　　　女伴們

② ka-i— ku la　ni- ru-ma-'e-nan　ka-i— ku la　Li-wa-wa-di—yan
　　　　　　　親戚　　　　　　　兄弟們

| i 2　2 i　3 · 3 | 2 2　i 6 5　3 - | 3 5　5 3　5 6　i 2 i |

① ki-ka—Du-ka-Du la　wa-wa—di-ya—na₂　ka-sa—Li-ke-si-k la mu
　留著　　　　弟妹們　　　　　健康　　　你們的

② a- e— ma— n(a)　ma-re-ka-ba-Lu　ma— ra-ya— sa　ta
　不要　　　　彼此忘記　　　　經常　　　我們

| 6 5　6 6　6 - | i · 6　i · i　5 6 | 3 2　3 5　5　5 6 |

① ka-Li- Da-De- kan　suwa—re— su— r ku-Da　ka-ba— ba-Li—yan a —
　身體　　　　迎向　　我將　　風　　遙遠

② ma-re-wa-Da- ngi　mu- Ta— La- Ta—La-w　ka-ba— bu-La—nan nga—
　互訪　　　　圓　　　　　月　　等待

| 1 · 2　3 5　6 5 | 3 3 2　1 1　1 - | 1 - 5 · 3 | 5　6　i 6　5 5 |

① -da— wil ku　ka— ka-wa—ngan　　sa— yo— na-ra Li-wa-wa-di—
　　　我的　　路程　　　　　　　　弟妹們

② -nga— ra ku la　mu ra—re-de—kan　sa— yo— na-ra si-na-ba-ke—
　　　你　到來

| 5 - 3 · 2 | 3 3　i 2　6 - | 6 - i 6 | i i　5 i　i - | i - 0 0 ‖

①-yan　再 見　大家 再　見　　　再 見　大家 再　見

②-nan　再 見　大家 再　見　　　再 見　大家 再　見

〔題解〕

　　這是陸森寶一九六一年特別為吳花枝（hanay）寫的。吳花枝是南王民生康樂隊的主唱之一，深受陸森寶的賞識。一九六一年她遠嫁長濱，陸森寶在她婚禮前夕完成此作，做為她拜別部落的禮物。雖然如此，由於這首歌詞曲優美，頗能反映新娘和親友的情感，所以，之後便成了部落婚禮大家共同愛唱的歌曲。

　　這首歌最後一段副歌：「sayonara Liwawadiyan，再見大家再見，再見大家再見。」根據吳花枝的說法，原本是沒有的，她自己演唱時，都習慣將其刪除。但是，我們查考陸森寶一九八四年的手抄本，最後這段詞譜卻都俱在。可見，這首歌創作之初，誠如吳花枝所言，並沒有最後那幾句，那是後來加上去的，只是增飾者顯然不是別人，而是陸森寶自己。所以，即使唱完增添的部份，應該也不違背陸森寶創作的本意。至於吳花枝的流行唱法，除了刪除最後那一段之外，用字遣詞也略有出入，附錄於後。

〔翻譯〕

（1）kaiku la aLi-aLiya , kaiku la ana-anaya ,
　　　kikaDukaDu la wawadiyana ,
　　　kasaLikesik la mu kaLiDaDekan ;
　　　suwaresur kuDa kababaLiyan ,
　　　adawil ku kakawangan .
　　　sayonara Liwawdiyan , 再見大家再見，
　　　再見大家再見。

　　　我要走了男友們，
　　　我要走了女伴們；
　　　留下來吧，我的兄弟姐妹，
　　　保重身體。
　　　我將迎風而行，
　　　路程遙遠。
　　　再見了弟妹們，再見大家
　　　再見大家，再見。

（2）kaiku la niruma'enan , kaiku la Liwawadiyan ,
　　　a-eman(a) marekabaLu ,
　　　marayasa ta marewaDangi ;
　　　muTaLaTaLaw a kababuLanan ,
　　　ngangara ku la mu raredekan .
　　　sayonara Liwawdiyan , 再見大家再見，

再見大家再見。

我要走了親愛的家人，
我要走了弟妹們；
不要彼此忘記，
而要經常互訪。
當月圓的時候，
我將等待你們的到來。
再見了親友們，再見大家
再見大家，再見。

〔註釋〕

1. aLi-aLiya，泛指男性的朋友們；ana-anaya，泛指女性的朋友們。

2. wawadiyan，泛指家族的兄弟姐妹們；第二段的Liwawadiyan，也是同樣的意思。

〔流行版本〕

（1）kaiku la ina-ama-a , kaiku la emu-emu-a ,
　　　　　　　父母　　　　　　祖父母

kikaDukaDu la wawadiyana ,

kasaLikesik la mu kaLiDaDekan ;
　健康　　　　　　　　身體

suwaresur kuDa kababaLiyan ,
　迎向　　　　　　　風

sasekaD ku i sinaliyawan .
　遍訪　　　　　海岸

我要走了爸爸媽媽，
我要走了祖父祖母，
留下來吧，我的弟妹，
保重身體。
我將迎風而行。
踏遍浪潮翻滾的海岸。

（2）kaiku la wawadiyana , kaiku la eba-eba-a ,
　　　　　　　　　　　　兄姐們

kikaDukaDu la wawadiyana ,

kasaLikesik la mu kaLiDaDekan ;
suwaresur kuDa kababaLiyan ,
sasekaD ku i sinaliyawan .

我要走了弟妹們，
我要走了哥哥姐姐，
留下來吧，我的弟妹，
保重身體。
我將迎風而行。
踏遍浪潮翻滾的海岸。

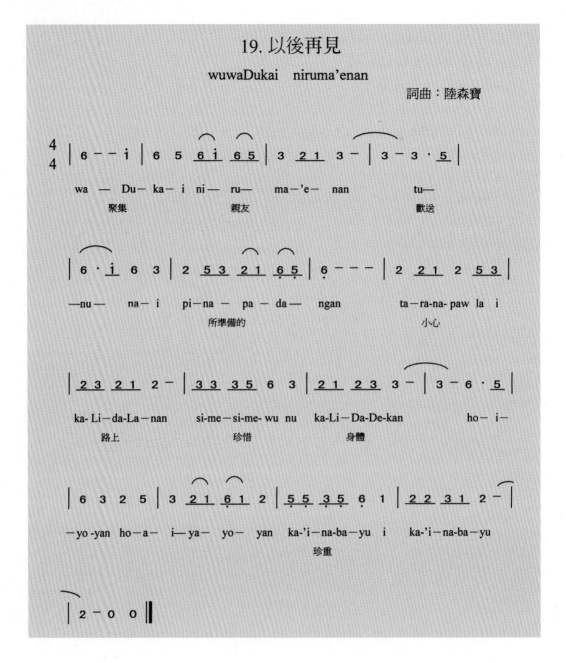

〔題解〕

　　一九六一年，吳花枝結婚後按習俗歸寧。返回長濱夫家前夕，親友設宴歡送，陸森寶作了這首歌助興，後來也成了族人惜別常唱的歌。

　　這首歌和〈再見大家〉可視為一組，是以親友的立場送別新娘的曲子。天主教版和陸賢文版，皆題作〈祝福歌〉，但陸森寶手抄本則題作〈以後再見〉，今從之。吳花枝的流行唱法，仍以新娘的角度填詞，因而歌詞方面略有更動，同樣收錄於後。

〔翻譯〕

waDukai niruma'enan ,

tununai pinapadangan ,

taranapaw la i kaLidaLanan ,

simesimewu mu kaLiDaDekan .

hoiyoyan ho-a-i-ya-yo-yan ,

ka'inabayu i ka'inabayu .

親友聚集，

歡送這新人。

一路小心，

保重身體。

吼依喲央，吼啊依也喲央，

珍重，珍重。

〔流行版本〕

pawatekai ana-anayan

　　送　　　女伴們

tununai aLi-aLiyan

　　送　　男友們

taranapaw la i kaLidaLanan ,

simesimewu nu kaLiDaDekan .

hoiyoyan ho-a-i-ya-yo-yan ,

wuwa la wuwa ,

　去吧　　去吧

以後再見，

以後再見，

惜別女伴們，

揮別男友們；

一路小心，

保重身體。

吼依喲央，吼啊依也喲央，

去吧！去吧！

以後再見，

以後再見。

20. 懷念蘭嶼

kasare'eDan　i　kababuTulan ₁

詞曲：陸森寶

$\frac{4}{4}$　3 3 | 6 · i 3 · 2 i6 i | 6 − 0 6 532 | 3 · 5 6 2 i65 |

① se−me− nan　a−ka−bu-La−na−　n me-La−Ti a ka-Li−da-La−
　　皎潔　　　　　月亮　　　　明亮　　　　道路

② me-nga−ra− nga−ra　mi　Da sa-su− dang ₂ i ka-ba−bu-Tu−
　　等待　　　　　　我們　　船　　　　蘭嶼

③ me-re− dek mi ka-mi-na-to-a−　n ka-Di − yu i ka-sing-ko−
　　抵達　　　　港　　　　那邊　　　　新港

| 6 − − − | 3 6 5 32 1 6̣ 6̣ | 5 · 3 2 3 6 5 32 |

①−nan　me-nga-ra-nga-ra　ku　e−ba−a re−ti−gi−ti−
　　　　　等　　　　　　　　　佇立

②− lan　mu-ka- sa-ka−sa　mi　ta− mi−na te-mu− ngu-tu−
　　　　　一齊　　　　　　　船

③− an ₄　mu-ka- sa-ka−sa　mi　mu−da− re ₅ me-ri−ngi-ri−
　　　　　一同　　　　　　　下 來　　　望著

| 1 6̣ 1 21 6̣ 1 6̣ 6̣ | 6̣ − − − | 6 · 6 65 3 5 6 |

①−gir ku ka-na bi− na-li− yan　te− mu− ngu-tu- ngu-L
　　　　　　　樹蔭　　　　　眺望

②−guL mi pi − ya − 'a − mi　ba− Li−yan i　e-me−
　　　　北方　　　　　　　起風　　作浪

③−ngiT mi pi − ya − ti − muL　na− ni−ya-m(e) nire-la−
　　向南方　　　　　　　我們　　駛過

〔題解〕

　　這首歌陸森寶的手抄本題作〈コイシ蘭嶼〉，天主教版有中文譯名〈美麗的蘭嶼島〉（koisi kababuTulan）；陸賢文版則題作〈懷念的蘭嶼島〉，並直譯成族語「kasare'eDan i kababuTulan」。我們將中文譯名精簡些，題作〈懷念蘭嶼〉。一九七一年，當時的台東縣長黃鏡峰率女青年康樂隊赴蘭嶼勞軍，陸森寶和部落青年亦受邀隨行。回程時，遇天候惡劣，風高浪大，舟船無法航行，大家只好滯留島上，等待天氣好轉，前後竟是兩個多星期，陸森寶作曲紀念這難忘的經驗。

〔翻譯〕

（1）semenan akabuLanan , meLaTi a kaLidaLanan ;

　　　mengarangara ku eba-a ,

　　　retigitigir ku kana binaliyan .

　　　temungutunguL ku misasa , kana sinnanan ;

　　　kasare'ere'eD a karauban ,

　　　maruniruni a kuLiLing .

月光皎潔，照亮路徑；
我等著啊哥哥，
佇立在樹蔭下。
我一個人張望，月光照亮的遠方；
真是引人思念的夜晚，
蟋蟀叫聲四起。

（2）mengarangara mi Da sasudang i kababuTulan；
mukasakasa mi tamina，
temungutunguL mi piya'ami．
baLiyan i emelang na ine kemeLukeLun；
emayi-ayip mi Da 'ersunganan，
kanDuna wuwaruma'an．

在蘭嶼，等著船來；
一起湧向港口，
向北方眺望。
風吹起浪，海水翻騰；
我們數著那
回家的日子。

（3）meredek mi kaminato-an，kaDiyu i kasingko-an，
mukasakasa mi mudare，
meringiringiT mi piyatimuL．
naniyam(e) nirelangan na ine meLaTiLaTi；
pasaresareb ina kanatal，
kaDiyu i kababuTulan．

抵達港口，那新港；
一同下船，
回首南方。
我們駛過的海面，閃閃發亮；
蘭嶼島
朦朧在霧中。

〔**註釋**〕

1. buTul，即卑南人對蘭嶼的稱法。

2. sasudang，日語，船。

3. 'ersungan，原意為夜晚，卑南語拿它來計算天數。「saya 'ersungan」，即「一個晚上」，也是「一天」的意思。

4. 「minato」、「singko」皆為日語。minato，即港口；singko，即新港，今之成功鎮。卑南語原來沒有「o」音，因此，有人將「o」唸作「u」。

5. 「mudare」，乃複合詞，「dare」是土、地的意思。「mu-dare」為動詞，即「下地」、「下來」。此處，轉譯作「下船」。

21. 聖聖聖
na miyaLigu [1]

詞曲：陸森寶

$\frac{2}{4}$ 5̣ 5̣ 5̣ | 1 1 | 1 2 2̲1̲3 | 2 − | 2 3̲2 3̣1 | 2̲1̣6̣ 6̣ 1̲2 | 1 − |

na mi-ya− Li-gu na mi−ya-Li− gu na mi− ya− Li− gu
聖　　　　　聖　　　　　聖

1 − | 2 2̲1 | 2̲3̲2 1 2 | 3̲3̲2 3̲5 | 5 − | 3 3̲1 | 2 2̲6̣ |

a−ma-wu i − yu na ki-na-ku-wa-ku− wa na ma− 'i-Dang i
是　　稱　　至高無上的　　　　　最大

1̲3̲2 1̲1 | 1 − | 3 ·5̲ 3̲2 | 3 ·2̲ 1̲2 | 5̲2̲ 3̲2 | 2 − | 3 1̲2̲1 |

ma− ka-sa− T na-nu i-ka-La-Li- gu i Te − me- peng ka−Di
上天　　　　聖　　　　充滿

6̣ 1 | 2 6̣ ·5̲ | 5 − | 1 1̲ ·3̲ | 2 − | 3 ·2̲ 1̲2 | 3 ·2̲ 3̲5 |

i-saT ka-Di da− re ho-sa− na [2] se-me- kaD i ma-ka-sa- T
天上　　　地下　　　　抵達　　上

2̲ ·1̲ 1̲1 | 1 − | 3 ·5̲ 3̲2 | 3 ·2̲ 1̲2 | 3 ·2̲ 3̲5 | 3̲1̲ 2 |

pa−ta−ri-sek− sek na−nu i-ka − La− Li- gu i ke-ma−i ka− nu nga-LaD
各角落　　　　聖　　　來自　各　名字

1 1̲ ·3̲ | 2 − | 3 ·2̲ 1̲2 | 3 ·2̲ 3̲5 | 2̲ 3̲1̲ | 2 1 | 1 1 ‖

ho-sa− na · se-me- kaD i ma-ka-sa-T pa− ta−ri-sek − se-k

〔題解〕

　　〈聖聖聖〉是彌撒「聖祭禮儀」感恩經「頌謝詞」之後的「歡呼歌」，接著神父便要祝聖餅酒，使其成為耶穌的聖體聖血。陸森寶作這類彌撒曲時，大都摹擬卑南族古調，以示莊嚴。

〔翻譯〕

　　na miyaLigu na miyaLigu ,

　　na miyaLigu .

　　amawu iyu na kinakuwakuwa ,

　　na ma'iDang i makasaT .

　　nanu ikaLaLigu i Tempeng ,

　　kaDi isaT kaDi dare .

　　hosana ,

　　semekaD i makasaT patariseksek ;

　　nanu ikaLaLigu i kema-i kanu ngaLaD ,

　　hosanna ,

　　semekaD i makasaT patariseksek .

　　聖聖聖，

　　祢是至高無上萬有的主；

　　祢的聖善充滿天地。

　　賀三納，

　　歡呼之聲響遍天上每個角落。

　　祢的聖善來自祢的名字，

　　賀三納，

　　歡呼之聲響遍天上每個角落。

　　又，天主教彌撒中，正式的漢譯如下：

　　聖、聖、聖，

　　上主、萬有的天主，

　　祢的光榮充滿天地。

　　歡呼之聲響徹雲霄。

　　奉主名而來的當受讚美。

　　歡呼之聲，響徹雲霄。

〔註釋〕

　　1. miyaLigu，聖善的、光榮的、讚頌的。

　　2. hosana，即「hosanna」，賀三納。乃歡呼之聲，為希伯來語呼求讚美上主的歡呼。通常在彌撒頌謝詞之後歌唱或誦念。

22. 奉獻詠

patabang na senay

$\frac{2}{4}$ ‖: 0 55 | 1̇ 1̇ | 3̇ 3̇2̇ | 1̇ 3̇2̇ | 1̇ · 5 | 6 6̇3̇ | 5 5̇6̇ |

① ku-re-na-nga ta kan—ta ra—ga—n1 pa— ta—
　隨同　　　　　　祭司　　　獻上

② e-ma-ba—k(e) Da e— ra—w ka— Di ta-ki—l na ra—
　裝　　酒　　　　　　杯　　　祭司

5 — | 5 — | 1̇ 6̇5 | 6 2̇ | 1̇1̇ 6̇5 | 6 1̇ | 5 55 32 | 1 — |

①-bang ka— na 'a— ba— i2 ka-na wa-wa-ri-wa—ri
　　那　　餅　　　　　　　　每天

②-gan tu Da-u— la—i Da sa-ta-le—pu Da 'e— nai
　　混合　　幾滴　　　　　　水

5 55 5 2 | 3 5 3 2 | 1 — | 1 — | 3 5 5 | 6 6 5 6 | 1̇ 5 |

① ka— na de— ma— wai ta su— na-na—nai ta
　　　　天主　　　　　　　獻出

② pa-re-wa-lu ka—n— ta ta ki-na wu-Le-pan ma—re—
　象徵　我們　　　　　辛苦　　混同

6 5 6 1̇ | 5 5 | 5 — | 5 — | 1̇ — | 6 — | 2̇ 2̇1̇ |

① ki— na wu-Le— pan ka— na wa—wa—
　辛勞　　　　　　　每天

②-pu— ka— sa kan-tu da— muk kan—
　　祂的　　　　血

6 1̇ 3̇2̇ | 1̇ — | 1̇ — | 0 — :‖

①-ri— wa— ri

②-i Ye— se
　耶穌

〔題解〕

　　〈奉獻詠〉是彌撒聖祭禮儀準備祭品（餅、酒）時詠唱的，信友的心態要放平，歌的表達則必須不疾不徐、不卑不亢。「patabang」，是奉獻的意思；陸賢文則題作〈奉獻歌〉。為強調它是彌撒曲，我們沿用天主教版的曲目：〈奉獻詠〉。

〔翻譯〕

（1）kurenanga ta kanta ragan ,

　　　patabang kana 'abai kana wawariwari .

　　　kana demawai ,

　　　ta sunananai ta kina wuLepan ,

　　　kana wawariwari .

　　　隨同祭司，

　　　獻上麵餅和我們的每一天。

　　　向天主

　　　奉獻我們每日的辛勞。

（2）emabak(e) Da eraw kaDi takil na ragan ,

　　　tu DauLai Da satalepu Da 'enai ,

　　　parewalu kanta .

　　　ta kina wuLepan marepukasa kantu

　　　damuk kani Yese .

　　　祭司倒酒在聖爵內，

　　　又加點水，代表我們。

　　　將勞苦

　　　結合於耶穌寶血中。

〔註釋〕

　　1. ragan，卑南語的祭司，此處亦可直接翻譯成「神父」。

　　2. 'abai，原是一種卑南族的麻糬，但此處指彌撒中象徵耶穌的麵餅。

23.天主羔羊

tu siri na demawai

詞：陸森寶
曲：卑南族古調

① iyu　　　tu si—　ri ₁ ka—　na　de-ma—wai na me—La-La- pu- s
　祢　　　　　羔羊　　　　　　　造物主　　　　赦免
② iyu　　　tu si—　ri ka—　na　de-ma—wai na be—na-ke—ba—
　　　　　　　　　　　　　　　　　　　　　　　　解除
③ iyu　　　na me—La-La—pu-s ka-na　pa—me-li—ya-n i
　　　　　　　赦免　　　　　　　　　　　　　　　罪

① ka- na pa-me— li— yan　　　ka-la La- pu- si mi　　Di- ya-n
　　　　　罪　　　　　　　　　　　　脱免　　　我們
② —k ka-na ra— pi— 'an　　　ka-la ba- ke-ba-ki mi　　Di- ya-n
　　　　勞苦　　　　　　　　　　　　　　　　　　　
③ pu- na— pu— nan　　　ka-la be- ra- yi mi　　Di- ya-n
　世間　　　　　　　　　　　　賜給　　我們

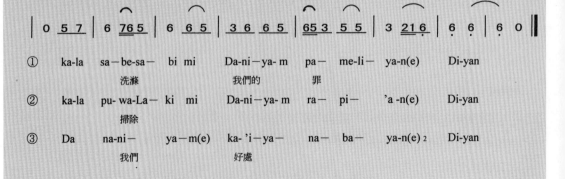

① ka-la　sa-be-sa— bi mi　Da-ni—ya- m　pa— me-li— ya-n(e)　Di-yan
　　　洗滌　　　　　我們的　　罪
② ka-la　pu-wa-La— ki mi　Da-ni—ya- m　ra- pi— 'a -n(e)　Di-yan
　　　掃除
③ Da　na-ni— ya—m(e) ka-'i-ya— na- ba— ya-n(e) ₂ Di-yan
　　　我們　　　　　　好處

〔題解〕

　　〈天主羔羊〉是彌撒中領聖禮前誦唸的歌，突顯耶穌基督做為除免世罪之羔羊的身份。陸森寶為同樣的頌詞寫了兩首曲子，為區別起見，另一首題作〈除免世罪〉。兩首皆是擬古調的創作，不過本首〈天主羔羊〉的唱腔更為古奧，另一首則較平緩。

〔翻譯〕

（1）　iyu tu siri kana demawai,

　　　　na meLaLapus kana pameliyan.

　　　　kala Lapusi mi Diyan,

　　　　kala sabesabi mi

　　　　Daniyam pameliyan(e) Diyan.

　　　　祢，造物主的羔羊

　　　　赦免罪惡者，

　　　　請來脫免、洗滌

　　　　我們的罪。

（2）　iyu tu siri kana demawai,

　　　　na benakebak kana rapi'an.

　　　　kala bakebaki mi Diyan,

　　　　kala puwaLaki mi

　　　　Daniyam rapi'an(e) Diyan.

　　　　祢，造物主的羔羊

　　　　解除勞困者，

　　　　請來鬆脫、免除

　　　　我們的苦痛。

（3）　iyu na meLaLapus kana pameliyan

　　　　i punapunan.

　　　　kala berayi mi Diyan

　　　　Da naniyam(e) ka'iyanabayan (e)Diyan.

　　　　祢，除免世罪者，

　　　　請賜給我們平安。

〔註釋〕

　　1. siri，羊，指做為犧牲的耶穌。

　　2. ka'iyanabayan(e)，指為我們好的事。此處可譯作「平安」。

24. 懷念年祭

mi kiyakarunan ku i siDumayan 1

詞曲：陸森寶

$\frac{2}{4}$ | 6 65 | 3 i | 6 · i | 6 5 | i 65 | 3 3 | 3 — | 3 — |

mi ki-ya— ka—ru — na—n ku i si — Du— ma-yan

有　　工作　　　　　　　　　外地

| 3 5 | 6 i | 6 53 | 2 5 | 3 21 | 6̣ 6̣ | 6̣ — | 6̣ — |

a — Di ku pa — ka — wu-ru— ma-ru — ma

不能　　　我　　　經常回家

| 5 — | 3 5 | 6 — | 6 i | 2̇ · i | 6 6 | 6 — | 6 — |

ho — i—yan ho— i—yan i — ya — ho-hai— yan

| 2 — | 1 3 | 2 1 | 6̣ 6̣ | 3 · i | 6 · 5 | 3 — | 3 — |

a — Di ku a — ba-Lu so — no —mu-ka— si 2

沒有　　　忘　　　故事

| 3 5 | 6 i | 6 5 | 3 2 | 1 · 2 | 3 5 | 3 — | 3 — |

tu pu — 'a-pu-Ta — i ku ka—n na-na— li

戴花環　　　　　　母親

| 5 3 | 3 5 | 6 6 | 6 i | 2̇ · i | 6 6 | 6 — | 6 — ‖

mu—ka ku mu—wa—ra—ka i pa— La-ku-wan

去　　跳舞　　　會所

〔題解〕

　　這是一九八八年陸森寶生前最後的遺作，寫在白板上。根據多人的口述證實，這是一首未完成的曲子，計畫中陸森寶似乎要填三段歌詞，可惜他終究無法完成。陸森寶的三兒子陸光朝說，這首歌是父親揣摩他的心境寫的。不過，寫下來之後，它顯然已成為所有外出工作的遊子共同的心聲。白板上的手稿沒有題上曲目，曾建次、陳光榮在合編天主教版時，給它冠上了〈懷念豐年祭〉的名字。陸賢文版改成〈懷念年祭〉，應該和「原舞者」一九九二年的演出有關。

〔翻譯〕

mi kiyakarunan ku i siDumayan ,
aDi ku pakawurumaruma ,
hoiyan hoiyan iyahohaiyan ;
aDi ku abaLu sonomukasi ,
tu pu'apuTai ku kan nanali ,
muka ku muwaraka i paLakuwan .

我有工作在外地，
不能經常回家，
吼依央吼依央，依呀吼嗨央，
我沒忘記那古老的傳統，
母親給我戴上花環，
我到會所跳舞。

〔註釋〕

1. siDumayan，指外地。
2. sonomukasi，日語，意指故事或傳統。

附錄四

「陸森寶相關大事年表」

說明：

　　本年表雖以陸森寶為主軸，但為突顯他所屬的時代，我們將他之前以及和他同時的相關人物和事件也收錄進來。我們甚至將他過世之後的延伸發展，都做了必要的整理。一方面讓我們學習從脈絡中去認識一個人，另一方面也可以讓我們瞭解一個精彩的生命其實是「雖死猶生」。

　　其次，日據時代原住民歲數的計算常有主角記憶、文獻和口述報導間的出入，這的確造成不少的困擾，我們雖盡可能加以考訂，但若干未能完全相合之處，仍有待未來的努力。

附錄四：陸森寶相關大事年表

1895（明治28年）　中日甲午戰爭結束，日人據台，由台灣第一任總督樺山資紀延攬的相良長綱出任代理恆春支廳長。

1896（明治29年）　相良長綱4月21日真除，著手創立「恆春國語傳習所」，並設「豬勝束社分教場」，開啓蕃人教育的端緒。同時，他亦積極籌設「台東國語傳習所」，於5月22日率員登陸台東，與卑南社頭目姑拉老、馬蘭社頭目潘骨力見面，說明「綏撫工作」的重點。4月，先成立國語學校師範部，以培育國語傳習所和公學校的日籍教員為目的，在日本本土招生，來台後實施二年教育。

1897（明治30年）　5月，地方行政改制，台東獨立設廳，相良長綱被任命為台東廳長。5月18日，台東國語傳習所獲准設立馬蘭社分教場和卑南社分教場。11月3日，「台東國語傳習所卑南社分教場」宣告成立，現代教育正式在卑南族的社會誕生。

1898（明治31年）　台灣總督府發佈「公學校令」，明文規定應在台灣各地設立「公學校」，導致原國語學校師範部無法應付龐大的師資需求。

1899（明治30年）　4月，台灣總督府創設以培育台籍公學校教員為主的師範學校。

1902（明治35年）　因就學狀況不佳，總督府廢除台北師範學校、台中師範學校，並將其工作併入國語學校師範部，分甲科、乙科。甲科負責原來的日籍教員之培育，乙科則繼續以培育台灣籍教員為主。

1903（明治36年）　阿納（ana）老師自「卑南社分教場」第一屆甲科畢業認定考試以第一名的成績畢業，為陸森寶進入公學校之後的老師。同年泰萬等亦從分教場通過考試，第一名泰萬、第二名南志信、第七名孫三元（samguan）。

1904（明治37年）　因就學狀況不佳，總督府廢除台南師範學校，並將其工作併入國語學校師範部，分甲科、乙科。甲科負責原來的日籍教員之培育，乙科則繼續以培育台灣籍教員為主。

1905（明治38年）　「台東國語傳習所卑南社分教場」改制為「卑南公學校」（六年制），培育了一批優秀的卑南族知識份子。同年發生日俄戰爭。

1908-1909（明治41、42年）   日本政府明令禁止對卑南社老頭目kuralaw（姑拉老）的納
貢及服勞役。

1910（明治43年/ 1歲）   陸森寶11月2日出生，卑南族名為BaLiwakes，母親biyin，父親
aredapas，屬raera氏族。同年，日本殖民政府實施「五年理番
計畫」。

1912（大正元年/ 2歲）   台東製糖株式會社獲准於卑南街設立。

1915（大正4年/ 5歲）   4月，入蕃人公學校就讀一年級，為期四年。

1917（大正6年/ 7歲）   總督府公佈「移住獎勵要領」，逐漸擴大日本內地向台灣東部
的官、私營移住。

1919（大正8年/ 9歲）   3月，蕃人公學校畢業，開始三年的放牛生活。有一天和阿姨沙
卡普（sakap）去放牛的時候，為阻止偷吃別人甘蔗的母牛而誤
砍了牠的後腳跟。同年，台灣總督明石元二郎發佈「台灣教育
令」，台北師範學校和台南師範學校重新設立。10月，田健治郎
出任台灣第一任文官總督。完成台東平原之業主權查定工作，
確立原住民完全的私有財產制。此外，卑南區改稱為台東區，
自古以「卑南」做為台東平原一帶代稱的情況從此改變，無論
在空間概念或行政區劃上，台東與卑南從此分開。

1921（大正10年/ 11歲）   一邊放牛，一邊參加卑南蕃人公學校專為升學考試而開辦的輔
導課，還和二姐陸秀蘭（inaLan）一起到台東賣菜賺錢。

1922（大正11年/ 12歲）   進入少年會所（Takuban），第一次參加猴祭。同年2月，台灣總
督田健治郎進一步修訂「台灣教育令」，廢除日台區別的教育雙
軌制，轉變成日台一體的單軌制，並規定師範學校設置小學師
範部及公學師範部，修業年限為普通科五年、演習科一年。此
外，師範學校的課程中，「體操」每週的教學時數為三小時，
乃語文相關課程外份量最重的科目。同年，陳實畢業於台北師
範學校。

1923（大正12年/ 13歲）   考進台東公學校插班四年級。（本條按：學籍資料與敘述資料
的年歲紀錄有所出入。早期的原住民社會，年月和歲數的記憶
和計算都不像現在這麼精準，類似的出入乃常發生的事。）

1924（大正13年/ 14歲）   台南學甲人王登科移居台東平原，陸續帶動西部漢族之東移，
徹底改變了台東平原的人口結構。知本的陳實，結業於台南師

範「學力補充講習科」（三個月）。

1925（大正14年/15歲）　南王人陳重仁，畢業於台南師範舊制本科。

1926（大正15年/16歲）　3月，畢業於台東公學校。4月，同校高等科一年級入學。總督府修訂師範學校的課程規則，體育時數明顯提高，男生的體育課增設擊劍及柔道，普通科第五學年和演習科教育實習課程增設三小時的軍事講習。同年，花東縱貫鐵路全線通車，路經初鹿、斑鳩、賓朗、馬蘭至台東，橫跨台東平原。

1927（昭和2年/17歲）　考上台南師範學校，4月5日入學，先入普通科五年，再入演習科一年。11月11日，日本裕仁天皇的叔叔朝香宮鳩彥親王參訪台南師範學校時，在親王面前演奏鋼琴。同年，鄭開宗畢業於台灣總督府農林專門學校農業科，王葉花畢業於台北第三高等女學校。

1929（昭和4年/19歲）　就讀台南師範學校普通科三年級。卑南社在族人和日本政府共同主導下，由原來的台東平原中心地帶向西遷移至今天南王部落之所在地，並定名為「南王」；中間有花東縱谷公路貫穿，自然分割成南、北部落。同年，王葉花畢業於台北第一師範公學校教員養成講習科。

1930（昭和5年/20歲）　賓朗的孫德昌，畢業於台南師範演習科。

1931（昭和6年/21歲）　就讀台南師範學校普通科五年級。10月25日，在台南師範學校校友會主辦的第11回運動會上，分別打破400公尺和800公尺賽跑、800公尺和1600公尺接力賽的大會紀錄。

1932（昭和7年/22歲）　接讀台南師範學校演習科第一學級。2月22日，獲10000公尺賽跑乙種賞牌。同年10月23日，在校友會第12回運動會上，獲得400公尺冠軍，其隊伍再次刷新800和1600公尺接力賽紀錄。同年，陳耕元畢業於嘉義農林學校。

1933（昭和8年/23歲）　元月，獲得長距離賽跑獎項，同時在柔道方面有所表現。之後由台南師範學校演習科畢業，並取得台灣公學校甲種本科正教員資格，入新港公學校（今成功鎮三民國小）擔任訓導。

1934（昭和9年/24歲）　南王人古仁廣，畢業於台南師範演習科。

1936（昭和11年/26歲）　由明治三十八年（1905）以來，即不斷增修的卑南大圳工程終

於完成，刺激台東平原土地的水田化。

1938（昭和13年／28歲）　轉任寧埔公學校（今長濱鄉寧埔國小）訓導。

1939（昭和14年／29歲）　11月3日與陸夏蓮結婚，同年12月27日，長女陸彩英出生。

1941（昭和16年／31歲）　被認定為「國語家庭」，並從「バリユワクス」改名為「森寶一郎」。回任新港公學校訓導，同時擔任新港庄新港青年學校指導員，指導棒球、相撲、體育、音樂、文藝等。同年9月7日，次女陸素英出生。12月7日，日本偷襲珍珠港，太平洋戰爭爆發。

1943（昭和18年／33歲）　任小湊國民學校（今成功鎮忠孝國小）訓導。

1944（昭和19年／34歲）　元月1日，三女陸淑英出生。所任職的小湊國民學校成了台東廳小學體操示範學校。

1945（昭和20年、民國34年／35歲）　第二次世界大戰結束，日本戰敗投降。10月29日，台東接管會派鄭開宗為台東農業專修學校校長。

1946（民國35年／36歲）　改漢名為陸森寶。同年8月8日，長子陸宗獻出生。台東農業專修學校遷至今康樂里，9月改制為「台東縣立初級農業職業學校」。先留任小湊國民學校（今成功鎮忠孝國小），後接受鄭開宗（Dingsai）之邀，擔任台東農校（今國立台東專科學校）的體育和音樂老師。

1947（民國36年／37歲）　7月，鄭開宗辭職，由陳耕元接任。同年，台灣發生「二二八事件」，卑南族南志信（卑南社）、馬智禮（初鹿）介入協調。

1949（民國38年／39歲）　10月26日，么女陸華英出生。國民政府遷台。

1951（民國40年／41歲）　曾修花入學台東農校，是陸森寶早期的學生之一。

1952（民國41年／42歲）　元月4日，次子陸誠惠出生。

1954（民國43年／44歲）　8月21日，三子陸光朝出生。

1958（民國47年／48歲）　南王部落南、北會所廢除，留下中央會所做為族人聚會之處；時任台東縣議員的南信彥鑒於南王人每年收穫祭和大獵祭，都必須前往知本附近的panapanyan祭祖，頗為不便，遂發動族人前往panapanyan分出神竹兩株，移植於部落北邊的palangan做為未來部落祭祖的地方；陸森寶因而創作〈頌祭祖先〉，記錄當時

迎請祖先的行動。此外，金門發生八二三炮戰，創作〈美麗的稻穗〉、〈思故鄉〉、〈當兵好〉鼓舞族人。同年，陳耕元因車禍喪生，英年早逝。

1959（民國48年/ 49歲）　元月10日，么子陸賢文出生。中央會所遭颱風襲擊倒塌，南王整個會所制度，旋即廢弛。

1960（民國49年/ 50歲）　12月20日，長女陸彩英與高源吉結婚。同年，亞洲鐵人楊傳廣獲得奧運十項銀牌，做為他啓蒙老師的陸森寶特別寫了一首歌來恭賀他。

1962（民國51年/ 52歲）　自台東農校退休，之後仍受聘兼課。

1964（民國53年/ 54歲）　7月18日，次女陸素英與陳光榮結婚。同年，在新接任的村長蔡勇貴（anting）及古仁廣等人號召下，由族人出錢出力，在原中央會所位置重建干欄式的水泥建材會所。

1965（民國54年/ 55歲）　1月28日，三女陸淑英與胡炳南結婚。

1969（民國58年/ 56歲）　7月24日，么女陸華英與蔡子展結婚。

1971（民國60年/ 61歲）　聖誕節（12月24日）領洗，由即將晉陞神父的洪源成授洗，聖名斯德聖，他的大兒子陸宗獻和他一同受洗。

1972（民國61年/ 62歲）　創作〈祝賀神父〉（〈神職晉鐸〉），紀念知本的兩位青年曾建次、洪源成晉鐸。

1974（民國63年/ 64歲）　4月20日，長子陸宗獻與潘麗華結婚。同年，南王本堂神父瑞士籍的賀石神父因車禍重傷，返回瑞士長期治療。

1977（民國66年/ 67歲）　南王互助社的股金累積到三千萬元，為了鼓勵族人再接再厲，創作〈達到六千萬〉，讓大家往六千萬邁進。

1983（民國72年/ 73歲）　1月16日，次子陸誠惠與林淑英結婚；10月23日，三子陸光朝與蔡美雪結婚。

1984（民國73年/ 74歲）　應王洲美之請，彙編手抄本作品集《山地歌》。

1985（民國74年/ 75歲）　創作〈海祭〉，將傳說故事入歌，是卑南人感恩、回饋的祭儀。同年，三子陸光朝在台北開設「惠友樂府」音樂教室。

1988（民國77年/ 78歲）　3月25日辭世。創作的最後一首曲子是二女婿陳光榮從書房白板上抄錄整理的，原本沒有題目，後來定名為〈懷念年祭〉。

1991（民國80年）　11月，曾建次編輯天主教會版歌謠《群族感頌（卑南族）》。

1992（民國81年）　7月14日至8月4日，由原舞者所製作的「懷念年祭」於全國六場巡迴演出。

2000（民國89年）　外孫陳建年以「海洋」獲第11屆金曲獎最佳國語男演唱人獎。

2001〈民國90年〉　9月，原舞者年度製作「再懷念・年祭——原舞者十年」。

2003（民國92年）　12月，妻陸夏蓮過世。

2004（民國93年）　9月20日，二姐inaiLan過世。同年3月，原舞者發行首套「年的跨越」有聲CD專輯，裡面收錄了陸森寶創作的歌謠。

2006（民國95年）　4月~6月，原舞者於各大專院校舉辦「年的跨越」巡迴示範講座，其中亦包括陸森寶的作品。

2007（民國96年）　元月，么子陸賢文在二姐夫陳光榮之協助下，完成陸森寶作品之彙整；同時也完成《我所知道的陸森寶先生》之編輯初稿。6月，外孫陳建年以「東清村3號」獲第18屆金曲獎演奏類之最佳專輯製作人獎。9月，陳建年又以〈雙河戀〉勇奪96年台灣原創流行音樂大獎原住民族語組首獎。10月底孫大川著陸森寶傳記《BaLiwakes，跨時代傳唱的部落音符——卑南族音樂靈魂陸森寶》出版。紀念歌謠CD也完成。11月10日、17日分別在台北耕莘文教院和台東史前館舉辦兩場紀念音樂會及研討會。

附錄五

田野訪談名錄

附錄五：田野訪談名錄

文字/照片：林宜妙

※家族訪談

人物一：**陸賢文**

訪談時間：96.2.24

訪談地點：台東南王部落陸森寶家

排行雖小，責任重大的小兒子陸賢文

訪談剪影：陸賢文是陸森寶的小兒子，也是訪談對象中年紀最輕的一位。排行雖小，卻承擔了家族整理、蒐集陸森寶先生資料的任務，初次訪談主要藉由賢文了解陸森寶相關資料的掌握情形，並分享他對父親的回憶。年近五十的賢文，依然保有一顆年輕熱忱的心靈，言談舉止間保有家傳的謙和與誠懇，神貌更與陸森寶先生有幾分相似，是我們此次能順利執行本計畫的重要關鍵人物與推手。除了慷慨地提供多年來蒐集保存的許多照片、錄音帶、手稿以及陸森寶先生創作歌謠之外，過程中還得不時地接收我們發派的許多麻煩「功課」，並幫忙處理妥當，包含照片的辨識，兄弟姊妹的生日、結婚日、父母親、祖父母、親人的種種關係網絡等，逼的他也得處處尋索找答案。還有，在紀念歌謠CD的錄製以及紀念音樂會節目的安排構想中，也給予了相當多的協助與支持，並負責召集兄弟姊妹們的參與，打點孫姪輩、親人們的表演節目，付出的心意與心力，真的是沒話講。

人物二：**陸光朝**

訪談時間：96.5.11

訪談地點：山上餐廳、譜尤瑪樂器館

訪談剪影：陸賢文是陸森寶的三兒子，訪談的內容主要在於詳細地了解陸森寶先生在台北的最後時光以及分享光朝對家人與父親的回憶。陸光朝承襲了陸森寶先生音樂方面的才情與天賦，開設譜尤瑪樂器館，專門負責維修小提琴、從事樂器的調音等工作，也是國內難得能製作小提琴的樂師。性格浪漫，行事低調，保有家族一貫的傳統。

性格浪漫的三兒子陸光朝

人物三：**陸敏喜**，部落九十歲耆老胡富善陪同受訪。

訪談時間：96.5.17

訪談地點：台東南王部落陸敏喜家

陸森寶弟弟陸敏喜

訪談剪影：陸敏喜為陸森寶的弟弟，已經是一個八十五歲的老

人家了，雖然耳朵重聽，卻相當善飲且風趣幽默，然而對過往生活歲月的記憶則斷斷續續地，飄邈的像似一縷輕煙，難以捕捉。只能在老人家帶有酒味而沙啞的歌聲中，感同世事之變遷、歲月之滄桑。

人物四：**陸淑英**，由夫婿胡炳南陪同。

能言善道的三
女兒陸淑英

訪談時間：96.5.25

訪談地點：花蓮中信飯店

訪談剪影：陸淑英為陸森寶的三女兒，已經從工作崗位退休，擔任孫子
的保母。在陸森寶的眾多兒女中，陸淑英遺傳了母親的「能
言善道」，講起話來直爽俐落、毫無保留。因此，往往能從她的
言談之間體會到許多事情的真實面，貼近了解陸森寶先生的生活世界。

人物五：**陸華英**，由陸淑英陪同受訪。

天真溫和的四
女兒陸華英

訪談時間：96.6.1

訪談地點：花蓮陸華英家

訪談剪影：陸華英為陸森寶的小女兒，嫁軍人為妻，住於眷村中。與
三姐陸淑英皆定居花蓮，姐妹倆經常往來，感情親近，相對
三姐的直爽俐落，陸華英較為天真溫和，因而回憶的內容也
比較多在於描述童年與父親及家人相處的快樂時光，在想念的
氣氛中兩姐妹更獻唱小時候父親教唱的日本童謠，溫馨感人。

人物六：**陳光榮**，太太陸素英、兒子陳建年陪同。

二女兒陸素英與
二女婿陳光榮

訪談時間：96.6.2

訪談地點：台東南王部落陳光榮家

訪談剪影：陳光榮長老與陸森寶先生的關係
亦師亦友；既是他台東農工的學
生、二女婿，也是他長期倚賴的
得力助手，還是可以談心的朋
友。陳長老長期擔任天主教會之
傳教工作，雖已退
休多年，依然義務
地服務部落教友們，通曉卑南語，也具備日文的能力，陸森寶
先生過世之後，自然地成為解讀陸森寶先生相關資料的重要人
選，整理保留了許多珍貴的記憶。此次的訪談主要在於循跡追
查陸森寶先生日本同學以及學弟的消息與相關往來的書信資
料，藉以掌握陸森寶先生求學時期生命的軌跡與人格風貌。來
訪時，七十歲的陳長老甫因輕度中風調養中，所幸行動與言語
已回復無礙，往事娓娓道來，依然生動如昔。

陳光榮與兒子陳建年

※親友訪談

人物一：**孫貴花**

訪談時間：96.5.17

訪談地點：台東下賓朗部落孫貴花家

訪談剪影：九十多歲的老姆姆是此次訪談對象中
最為年長者，與陸森寶先生屬同一時
代的卑南族人，問起她對陸森寶先生
的印象，回憶似乎混沌一片，彷彿逝

最資深的受訪者老姆姆與小兒子孫大川

去的部落，不可復在。只有偶而聽著大伙練唱陸森寶先生歌謠時，記憶才稍稍
回神，一旁坐定，輕輕低唱，陪伴大家，想念充滿歌聲的部落時光。

人物二：**曾建次**

訪談時間：96.5.17

曾建次輔理主教

訪談地點：知本天主堂

訪談剪影：卑南族的曾輔理主教是陸森寶先生台東農工的學生，晚年
陸森寶入教後更多了一層神父與教友之關係，創作歌曲中
〈祝賀神父〉即1972年曾神父、洪神父晉升神父時，陸森寶
特別為他們所作的歌。透過此次的訪談藉以了解陸森寶先生於
台東農工教書時的風範以及信奉天主之後與教會之間互動往來的信仰
生活。

人物三：**陳德清**

訪談時間：96.6.2

心繫「paLakuwan」傳
統的部落耆老陳德清

訪談地點：下賓朗部落孫秀女家

訪談剪影：八十歲的部落耆老，靈魂深處保有對傳統「paLakuwan」
制度堅定的信仰與堅持。藉由陳長老的口述，了解傳統卑
南族人人格養成的方式與意義，試圖詮釋陸森寶先生嘗試用
音樂召喚年輕族人重回paLakuwan的心情。

人物四：**陳雄義**

訪談時間：96.7.5

擁有超凡記性的
陳雄義長老

訪談地點：台北天母陳雄義家

訪談剪影：陸森寶台東農工學生。離鄉背井海外漂泊三十多年為國奉
獻，退休之後，致力於卑南族語言的研究工作。雖然年近
八十，然而對陸森寶先生的記憶以及當時卑南族社會歷經的
時代變遷與部落歷史，皆鮮明的印記在腦海中，憶及往事，如

數家珍，相當肯定並佩服陸森寶先生默默地培育部落人才的貢獻，且提供了許
多珍貴的影像資料，協助我們拼湊那消逝的部落蹤影。

人物五：**吳花枝**（hanay）

道地的部落歌者hanay

訪談時間：96.7.11

訪談地點：台東南王部落吳花枝家

訪談剪影：陸森寶先生部落的歌唱女弟子，南王民生康樂隊的主唱之
　　　　　一，堪稱道地的部落歌者。憶起過去陸森寶老師耐心教她
　　　　　唱歌的情景，滿懷激動，非常感激陸森寶先生讓她有機會接
　　　　　受學習與教育。隨著hanay阿姨的憶往，回到陸森寶先生用歌唱帶
　　　　　領部落族人的時光隧道中，感受充滿音樂活力的部落年代，令人懷
　　　　　念。

人物六：**孫來春**

台東農工的畢業生孫
來春話說從前

訪談時間：96.7.11

訪談地點：台東下賓朗部落孫來春家

訪談剪影：來春阿姨是陸森寶先生台東農工的學生。訪談時邊翻閱著
　　　　　古老的畢業紀念冊，邊訴說著學生時代的生活點滴，讓我們
　　　　　得以具體地了解陸森寶先生於台東農工教書時的教育環境與概
　　　　　況。七十五歲的來春阿姨也是下賓朗媽媽小姐合唱團的成員之一，與眾多部落
　　　　　的媽媽小姐們都相當熟悉陸森寶先生創作的歌曲，有些歌唱著唱著，真的就從
　　　　　年輕唱到老了，歌聲依舊，歷史悠遠。

人物七：**黃貴潮**

阿美族宜灣部落
活字典Lifok

訪談時間：96.8.1

訪談地點：台東市黃貴潮家

訪談剪影：年近七十六歲的黃貴潮先生為宜灣阿美族人，通曉宜灣部
　　　　　落的文化與歷史。讀小湊國小五、六年級時曾受教於陸森
　　　　　寶老師，並曾被學校分配到陸森寶老師的家中協助家務打雜
　　　　　等工作。在Lifok的回憶中，當時陸森寶老師在學校教授的課程
　　　　　主要以體育與音樂為主，陸老師彈奏風琴帶著大家歌唱的樣子他更是永遠記
　　　　　得，可以說是他音樂的啟蒙老師。此外，陸森寶與部落的互動也頗為密切，擔
　　　　　任過部落青年軍的樂舞指導老師，許多被他帶領過的部落族人，皆留有深刻的
　　　　　印象，「BaLi桑，一級棒」是當時許多阿美族人對他的讚賞。這樣的人格風
　　　　　采，至今仍活在許多老一輩族人的心中。

卑南族語書寫系統表

輔音

發音部及方式	書寫文字
雙唇塞音（清）	p
雙唇塞音（濁）	b
舌尖塞音（清）	t
舌尖塞音（濁）	d
捲舌塞音（清）	T
捲舌塞音（濁）	D
舌根塞音（清）	k
舌根塞音（濁）	g
喉塞音（清）	'
舌尖擦音（清）	s
喉擦音（清）	h
雙唇鼻音	m
舌尖鼻音	n
舌根鼻音	ng
舌尖顫音	r
舌尖邊擦音	l
捲舌邊音	L
雙唇半元音	w
舌面半元音	y

元音

發音部位及方式	書寫文字
前高元音	i
央中元音	e
央低元音	a
後高元音	u

說明：

(1) 本書之族語書寫系統，主要依據教育部、原民會頒布之「原住民族語書寫系統」。

(2) 因陸森寶為南王人，原則上皆以南王音拼寫。

(3) 為尊重族老的書寫習慣，捲舌塞音（清）「tr」改作「T」，捲舌塞音（濁）「dr」改作「D」，舌尖邊擦音「lr」改作「l」，捲舌邊音「l」改作「L」。

參考書目

專書

- 王河盛等，《台東縣史·人物篇》。台東：台東縣政府，2001。
- 台灣總督府臨時台灣舊慣調查會原著、中央研究院民族學研究所編譯，《蕃族慣習調查報告書：第二卷阿美族·卑南族》。台北：中央研究院民族學研究所，2002。
- 石德富，《台灣卑南語構詞法研究》。北京：中央民族大學博士班論文，2004。
- 宋龍生，《台灣原住民史料彙編4：卑南族的社會與文化》（上冊）。南投：台灣省文獻委員會，1997。
- 宋龍生，《台灣原住民史料彙編4：卑南族的社會與文化》（下冊）。南投：台灣省文獻委員會，1997。
- 宋龍生，《台灣原住民史·卑南族史篇》。南投：台灣省文獻委員會，1998。
- 宋龍生，《卑南公學校與卑南族的發展》。南投：台灣省文獻委員會，2002。
- 李園會，《日據時期台灣師範教育制度》。台北：南天，1997。
- 李雄揮纂修，《台東縣史·文教篇》。台東：台東縣政府，2001。
- 李玉芬，《消失中的都市部落？台東市馬蘭社阿美族生活空間的行程與轉變》。高雄：麗文文化，2007。
- 吳文星等，《日治時期台灣公學校與國民學校國語讀本》。台北：南天，2003。
- 林豪勳、陳光榮，《卑南族神話故事集錦》。台東：台東縣文化中心，1994。
- 孟祥瀚，《台東縣史·開拓篇》。台東：台東縣政府，1997。
- 孟祥瀚、王河盛，《成功鎮志·歷史篇》。台東：台東縣成功鎮公所，2003。
- 胡台麗，《文化展演與台灣原住民》。台北：聯經，2003。
- 財團法人原舞者文化藝術基金會，《移動的部落——都市叢林裡的原舞者》。台北：順益台灣原住民博物館，2006。
- 孫大川，《夾縫中的族群建構：台灣原住民的語言、文化與政治》。台北：聯合文學，2000。
- 孫大川，《山海世界——台灣原住民心靈世界的摹寫》。台北：聯合文學，2000。
- 許佩賢，《殖民地臺灣的近代學校》。台北：遠流，2005。
- 黃連生，《白冷會在中國傳教史料》。台東：台東天主教教義中心，1995。
- 劉美蓮，《台灣兒歌與民謠之旅》。台北：台北音樂教育學會，1999。
- 陳文德，《台東縣史·卑南族篇》。台東：台東縣政府，2001。
- 潘繼道，《清代後山平埔族移民之研究》。台北：稻鄉，2001。
- 蕭明治等，《成功鎮志·社會文化篇》。台東：台東縣成功鎮公所，2003。
- 鄭全玄，《台東平原的移民拓墾與聚落》。台北：知書房，1995。

期刊論文

- 丁邦新，〈古卑南語的擬測〉，《中央研究院歷史語言研究所集刊》第四十九本第三份。台北：中央研究院歷史語言研究所，1978。
- 川上和一著、鄭瑞明譯，〈台東恆春兩廳轄區調查書〉，《台灣慣習記事》中譯本第三卷下。南投：台灣省文獻委員會，1987。
- 中村孝志著、許賢瑤譯，〈1655年的台灣東部集合〉，《台灣風物》第四十三卷第一期。台北：台灣風物雜誌社，1993。
- 王學新，〈日據初期台東地區抗日戰事中原住民族群向背之分析（一八九五－一八九六）〉，《台灣文獻》第四十七卷第四期。南投：台灣省文獻委員會，1996。

● 王學新、許守明，〈日治時期東台灣地區原住民勞動力之利用〉，《東台灣研究》第四期。台東：東台灣研究會，1999。

● 台灣慣習研究會著、吳文星譯，〈台東移民史〉，《台灣慣習記事》中譯本第四卷上。南投：台灣省文獻委員會，1989。

● 林復原著、黃宣衛編譯，〈我的蕃社生活〉，《東台灣研究》第三期。台東：東台灣研究會，1998。

● 林玉茹，〈殖民與產業改造──日治時期東台灣的官營漁業移民〉，《台灣史研究》第七卷第二期。台北：中央研究院台灣史研究所籌備處，2001。

● 林志興，〈卑南族聯合年祭對卑南族的影響〉，《第三屆台灣本土文化國際學術研討會論文集》。台北：台灣師範大學，1998。

● 林志興，〈南王卑南族歲時祭儀中的音樂〉，《原音繫靈：原住民祭儀音樂論文選》。花蓮：原住民音樂文教基金會，2002。

● 林志興，〈南王的發展：日本統治下卑南族的村落史〉，《「日本殖民主義與東亞人類學第二次漢城會議」會議論文集》，2003。

● 孫大川，〈被迫讓渡的身體──高砂義勇隊所反映的意識構造〉，《當代雜誌》第二一二、二一三期，2005。

● 孫大川，〈用筆來唱歌──台灣當代原住民文學的生成背景、現況與展望〉，《台灣文學研究學報》創刊號。台南：國家台灣文學館，2005。

● 孫大川，〈不再被歸零的國語〉，「山海的文學世界──台灣原住民族文學國際研討會」，2005。

● 曾振名，〈南王卑南族的遷移及其回饋〉，《國立台灣大學考古人類學刊》第四十三期。台北：國立台灣大學人類學系，1983。

● 郭祐慈，〈試論日治時期東台灣糖業發展的獨特性──從米糖相剋談起〉，《台灣風物》第五十五卷第二期。台北：台灣風物雜誌社，2005。

● 陳偉智，〈田代安定與《台東殖民地預察報文》──殖民主義、知識建構與東部台灣的再現政治〉，《東台灣研究》第三期。台東：東台灣研究會，1998。

● 陳文德，〈「族群」與歷史：以一個卑南族「部落」的形成為例（1929－）〉，《東台灣研究》第四期。台東：東台灣研究會，1999。

● 陳文德，〈民族誌與歷史研究的對話：以「卑南族」形成與發展的探討為例〉，《台大文史哲學報》第五十九期。台北：台灣大學，2003。

原始資料

● 台南師範學校（今改制為國立台南大學），《台南師範學校創立十週年記念誌》，1928。

● 台南師範學校《紅樓菁英》，1998。

● 台南師範學校《補報卅五年二月以前台灣總督府台南師範學校歷年畢業生名冊》。

● 陸賢文、陳光榮編譯，《陸森寶親筆自傳》，2007。

● 陸賢文編，《我所知道的陸森寶先生》，2007。

● 陸賢文彙編，《陸森寶創作曲》〈A民謠〉〈B聖歌〉，2007。

● 陸森寶親筆手抄本，《山地歌》，1984。

● 陸森寶親筆自傳（日文），1986。

● 曾建次編，《群族感頌（卑南族）》，1991。

● 《台灣總督府公文類纂》〈卑南近地各番社頭領姓名錄〉，第4507冊，十五年保存。

工具書

● 廖宜芳，《圖解台灣史》。台北：易博士，2004。

● 遠流台灣館編著，《台灣史小事典》。台北：遠流，2000。

國家圖書館出版品預行編目資料

BaLiwakes：跨時代傳唱的部落音符——
卑南族音樂靈魂陸森寶/孫大川著--初版--
宜蘭縣五結鄉：傳藝中心，2007.10
面；公分

參考書目：面

ISBN 978-986-01-1407-2（精裝附光碟片）

1.陸森寶 2.傳記 3.卑南族 4.原住民音樂

783.3886　　　　　　96020831

BaLiwakes，跨時代傳唱的部落音符
——卑南族音樂靈魂陸森寶

指導單位：行政院文化建設委員會
發行單位：國立傳統藝術中心
發行人：林德福
地址：26841宜蘭縣五結鄉五濱路二段201號
電話：03-9705815
網址：www.ncfta.gov.tw

執行單位：中華民國台灣原住民族文化發展協會
　　　　　山海文化雜誌社
計畫主持人：孫大川
地址：10462台北市中山區樂群二路220號6樓
電話：02-85093530　02-85093529
e-mail：tivb@ms21.url.com.tw

策劃：林志興、孫大川、方芷絮、張書豹、曾麗芬、劉信成

著者：孫大川
主編：林宜妙
編輯：陸賢文、林娜鈴、陳怡君
美術設計：曾明誠、陳秀美
印製：博創印藝文化事業有限公司

初版：2007年10月
定價：600元

ISBN：978-986-01-1407-2（精裝附光碟）
政府出版品統一編號：1009602921
